智能时代的军地协同项目管理

林　白　沈建明　赵丽坤　张汀舟　朱连宏　耿洋洋　著

电子工業出版社
Publishing House of Electronics Industry
北京·BEIJING

内 容 简 介

本书共分 6 章。第 1 章介绍智能时代背景下，项目管理人员面临的环境变化、组织与模式变革，介绍大数据、云计算、区块链、人工智能等新技术在项目管理方面的应用场景。第 2 章介绍智能时代的军地协同项目管理的基本理论、标准与知识体系、技术与方法。第 3 章提出智能时代的军地协同项目管理体系模型、组织机制、实施模式。第 4 章对军地协同项目全寿命周期如何管理问题进行系统的分析阐述，介绍武器装备项目纵向的 6 个阶段管理。第 5 章对军地协同项目要素管理的 3 个维度（共 22 个要素）进行系统分析，并针对在实践中应注意的问题进行点评。第 6 章以北斗导航卫星项目为例，对军地协同项目实施和管理过程进行全面分析，有助于读者理解和掌握军地协同的理论及应用实践。

本书既是智能时代军地协同项目管理的理论导论，又是具体的实践指南，是新时代从事军地协同管理的政府机关、研究机构、企业人员必备的参考用书，也可供其他项目管理从业人员参考阅读。

图书在版编目（CIP）数据

智能时代的军地协同项目管理 / 林白等著. —北京：电子工业出版社，2021.1
ISBN 978-7-121-31764-4

Ⅰ . ①智… Ⅱ . ①林… Ⅲ . ①国防建设－项目管理－中国 Ⅳ . ①E25

中国版本图书馆 CIP 数据核字（2018）第 294070 号

责任编辑：张正梅 特约编辑：郭 伟 曲 岩
印 刷：涿州市京南印刷厂
装 订：涿州市京南印刷厂
出版发行：电子工业出版社
　　　　　北京市海淀区万寿路 173 信箱 邮编 100036
开 本：720×1 000 1/16 印张：13.75 字数：240 千字
版 次：2021 年 1 月第 1 版
印 次：2021 年 1 月第 1 次印刷
定 价：98.00 元

凡所购买电子工业出版社图书有缺损问题，请向购买书店调换。若书店售缺，请与本社发行部联系，联系及邮购电话：（010）88254888，88258888。

质量投诉请发邮件至 zlts@phei.com.cn，盗版侵权举报请发邮件至 dbqq@phei.com.cn。

本书咨询联系方式：（010）88254757。

前　言

"凡益之道，与时偕行。"近年来，以大数据、云计算、人工智能、区块链等为代表的新兴技术快速发展，表明人类进入了一个新的智能时代。对军地协同项目管理而言，在这个智能时代里面临重大机遇和挑战，为管理创新营造更多可能，甚至推动管理思想、管理逻辑、管理模式发生重大变革。

军地协同发展是我国国防军工发展的必由之路，军地协同发展的根本是实现技术融合和管理融合。就管理融合而言，在国家层面，它涉及战略、体制、机制、政策、法规、制度等一系列的问题；在军队和国防军工领域，它更是一次战略层面、系统层面、项目层面的创新变革。军地协同是军、民两个体系相互交融、渗透，最终实现共用一个兼容性的经济技术基础的过程，不是简单地将"军转民"和"民参军"进行简单叠加，是资源在军、民两个系统间的优化配置。这些待解决的重大问题和各层面的创新突破，皆可看作是一个个项目，可以基于项目管理所提供的"道"与"术"，利用智能时代新的技术手段去解决。

为此，本书紧紧围绕当前我国军地协同的实际，以武器装备管理为主线，根据我国智能时代项目管理的背景及现状、国内外军地协同发展状况、军地协同项目管理的基本理论，研究并提出我国军地协同项目管理的体系及运行机制；阐述了纵向军地协同项目生命期的管理、横向军地协同项目的要素管理；介绍典型的军地协同项目管理案例，系统回答了军地协同项目管理"为什么、是什么、怎么做"的问题。

第 1 章概论，本章主要介绍项目管理的发展历程、智能时代项目管理的新变化，以及新技术在项目管理中的应用。

第 2 章项目管理理论概要。本章对项目管理的基本理论、标准与知识体系、技术与方法进行系统介绍和阐述，是智能时代军地协同项目管理的理论基础。

第 3 章军地协同项目管理体系。本章对军地协同项目管理的相关概念、基本原则和基础体系，以及军地协同项目管理体系模型、组织机制、实施模式等进行全面研究分析和阐述，是智能时代军地协同项目管理的顶层设计。

第 4 章军地协同项目全寿命期管理。本章按照武器装备项目的一般管理过程，从预研和演示管理、论证和方案管理、研制和试用管理、生产和部署管理、使用和保障管理、退役和报废管理 6 个阶段，对军地协同项目全寿命期的管理问题进行系统地分析阐述，是智能时代军地协同项目管理实践的指南。

第 5 章军地协同项目要素管理。本章对军地协同项目管理的 3 个维度（共 22 个要素）分别进行系统分析，并针对以上各方面在实践中应注意的问题进行点评。这部分也是智能时代军地协同项目管理从业人员的必备技能。

第 6 章北斗导航卫星项目群管理案例。本章以北斗导航卫星项目为例，对军地协同项目实施和管理过程进行全面分析，有助于读者理解和掌握军地协同的理论及应用实践。本案例是军地协同项目管理的最佳实践。

本书的撰写由林白、沈建明提出，林白、沈建明、赵丽坤、张汀舟、朱连宏、耿洋洋一起讨论提纲并共同撰写，段涵特、王卓同学参与了前期调研和部分章节图表的绘制工作。在出版过程中，张玥、田琳对全稿进行了细致的审校。编撰本书时参阅了许多国内外文献和图书资料，在此，对参考文献中的专家和学者致以最诚挚的谢意。

我们对本书虽力求完善，然而由于时间仓促和能力有限，书中难免存在不妥及疏漏之处，恳请各位学者、专家和广大读者不吝赐教，以使本书得以不断充实和完善。

作　者

2020 年 9 日

目　录

第1章
概论

　　人类历史上每一次重大的技术进步，都会促进社会进入新的变革时代。近年来，大数据、云计算、人工智能、区块链等新兴技术的快速发展及在不同场景中的创新应用，让管理者们看到了业务创新与技术融合的巨大能量，向我们展示了一个新的智能时代即将到来。智能时代是创新的时代，对项目管理来说，也面临重大机遇与挑战。一方面，新技术使得项目形态不断变化，项目新技术含量日益增加，项目管理的环境和目标对象越来越复杂，管理出现多处"痛点"；另一方面，新技术又创造更多可能，为管理者提供了丰富和灵活的支持，甚至推动管理思想、管理逻辑、管理模式发生重大变革。时刻保持对新技术的敏感性，深度思考、拥抱创新，将成为项目管理发展的时代主题。

　　本章主要介绍项目管理的发展历程、智能时代项目管理的新变化，以及新技术在项目管理中的应用。

1.1　项目管理的发展

1.1.1　项目管理实践的发展

　　在古代，人们就进行了许多项目管理方面的实践活动，如我国的万里长城、都江堰水利工程，埃及的金字塔等，这些不朽的伟大工程都是古人运作大型复杂项目的范例。有项目就有项目管理思想，如两千多年前春秋战国时期的《考工记》就记载了很多"以计划为基础"的基本思想。

　　项目管理实践及其发展历程如图 1-1 所示，经历了由活动到方法再到学科的发展进程。

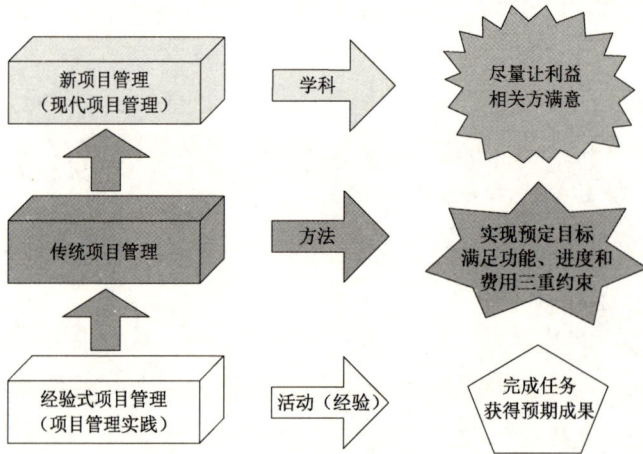

图 1-1　项目管理实践及其发展历程

1.1.2　项目管理概念的演进

基于对国际项目管理界的几种主流观点的关注和对项目管理学科形成与发展历程的系统研究,我国学者将项目管理概念及其演变与发展进程归纳为如图 1-2 所示的四个层面的主要变化。

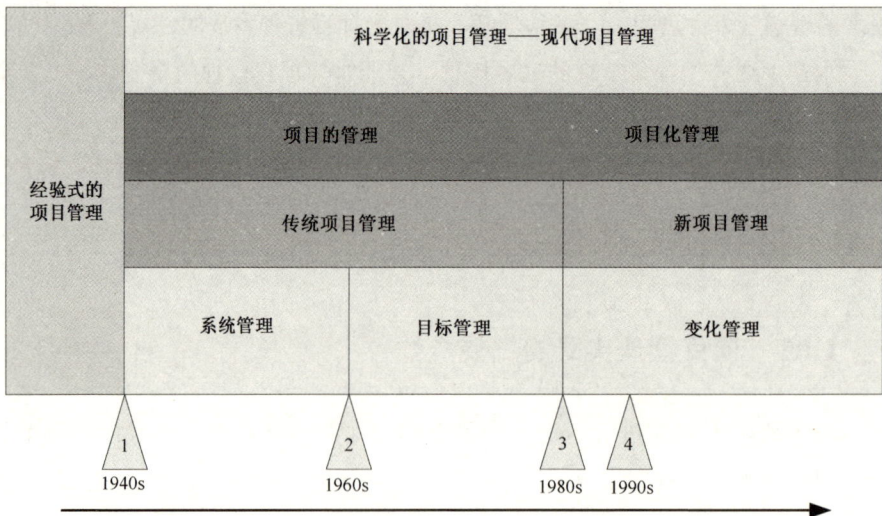

图 1-2　项目管理概念及其演变与发展进程

（1）项目管理由经验管理走向科学管理。项目管理由"经验式的项目管理"阶段步入"科学化的项目管理"阶段可以说是项目管理学科发展的真正起点。

（2）现代项目管理源于科学地管理好项目，走向组织的项目化管理。现代项目管理的发展源于科学地管理项目这类一次性任务需要。在"项目的管理"（Management of Project，MOP）基础上，长期性组织产生了"项目化管理"（Management by Projects，MBP）。

（3）现代项目管理由重视计划到关注变化。现代项目管理（Modern Project Management，MPM）在相当长的一段时间内是基于相对稳定环境中的项目管理问题展开研究的，其工作重点是针对项目一次性的特点探索有效保障项目目标实现的方法。

到 20 世纪 80 年代后期，瞬息万变的市场环境对项目管理提出了新的挑战，人们称为"新项目管理"（New Project Management，NPM），而把前一阶段的项目管理称为"传统项目管理"（Traditional Project Management，TPM）。

（4）现代项目管理由以目标为导向的系统管理方法到面向对象的变化管理方法论。现代项目管理的发展从其内涵主体特征上看可以分为三个阶段，"系统管理"（System Management，SM）阶段、"目标管理"（Management by Objectives，MBO）阶段和"变化管理"（Change Management，CM）阶段。

随着时代的发展，项目管理的范畴也在逐渐扩大，特别是"一切皆项目"观点的提出，当代项目管理也进入了崭新的历史阶段。2016 年 12 月，美国参众两院一致批准一项《项目集管理改进与责任法案》（PMIAA），使得项目管理进入国家法规层面，增强责任制，提升整个联邦政府的项目与项目集管理最佳实践，把项目管理推入新的历史发展阶段。

1.2　智能时代项目管理的新变化

1.2.1　智能化的项目管理空间

2019 年 10 月，全球知名信息技术研究和顾问公司 Gartner 公布了企业机构在 2020 年需要研究的十大重要战略科技发展趋势，它包括：超自动化（Hyperautomation）、多重体验（Multiexperience）、专业知识的民主化

（Democratization of Expertise）、人体机能增强（Human Augmentation）、透明度与可追溯性（Transparency and Traceability）、边缘赋能（The Empowered Edge）、分布式云（Distributed Cloud）、自动化物件（Autonomous Things）、实用型区块链（Practical Blockchain）和人工智能安全（AI Security）。

Gartner 将这些战略科技发展趋势定义为具有巨大颠覆性潜力、脱离初期阶段且影响范围和用途不断扩大的发展趋势，预测它们将在未来五年内迅速增长、高度波动、达到临界点，从而影响人类生活的方方面面。战略科技发展趋势并非孤立存在，通过对其进行规划，找到合适的组合方式，可以更高效地驱动创新。Gartner 副总裁 David Cearley 表示："以人为中心的智能空间（people-centric smart spaces）是用来组织战略科技发展趋势并评估其带来的主要影响的核心结构。""智能空间建立在以人为中心的理念上，是一个人与科技系统能够在日益开放、互联、协调且智能的生态中进行交互的物理空间。人、流程、服务及物等多项元素在智能空间汇聚，创造出沉浸度、交互性和自动化程度更高的体验。"

"做正确的事，正确地做事"始终是项目管理的目标，"在规定用来实现具体目标和指标的时间内，对组织机构资源进行计划、引导和控制"一直是项目管理的核心内容。在智能时代，项目管理工作将在智能空间中进行，在不确定的开放环境下展开，同时要面对复杂的社会制度、文化差异，以及不断快速涌现的新变化和新科技，不仅要处理现实的人-人关系，还要解决虚拟的人-机关系。另外，由于项目是生产力的集中反映，其发展道路必然和科技发展相适应，新的科技发展趋势会催生新的项目形态，项目开发也会有新的方式，这些都给项目管理工作带来新的机遇和挑战。

现代项目管理的目标是对项目进行标准化、精准化管理，以获取最大的经济效益，这是工业时代项目管理理念的延续，到了互联网时代，已经遭受到巨大冲击，而发展到智能时代，冲击更是颠覆性的。不论是"互联网+项目管理"运作模式，还是"智能空间+项目管理"运作模式，都将改变项目管理传统的生态环境，激发项目管理新的需求。项目管理将更加透明、公开，呈现出敏捷柔性、虚实结合、分布协作、智能应变的时代特征。现有的项目组织结构、管理模式和内容面临改造与更新，相应的项目管理理论框架也将面临巨大的变化，甚至要全面变革，探寻一种更为高效的、全新的项目管理最佳实践。

1.2.2　智能化的项目管理利器

"利器"一词，可以解释为锋利的武器，也可被称为精良的工具，甚至可以用来比喻杰出的才能。这个词用来形容创新科技在管理中的作用，再合适不过。凡利器，皆用于关键之处。项目管理的关键之处和痛点问题很多，包括：需求不断变更问题，原始劳动力（缺乏）问题，资源分配不合理问题，管理信息滞后问题，管理偏离战略（商业）目标问题，风险管理不足问题，人员沟通不畅问题，全寿命管理不衔接问题，估算不准确问题等，这些问题都会导致项目的延期和失败。对于项目管理来说，如果项目活动范围大，跨平台部署、实施周期长，影响因素多，客户和市场易变、复杂且模糊，管理的痛点必然会发作，此时唯有靠利器去治理。

1. 信息时代

在信息时代，项目管理域一直非常关注信息化建设，不断发展各种利用信息技术去承载低效管理流程的方法，通过构建软硬件平台来优化执行效率和沟通效率。1985 年，美国国防部就提出了计算机辅助后勤保障概念(Computer Aided Logistic Support，CALS)，利用信息技术将装备研制生产过程中的大量纸质数据资料进行电子化、数字化改造，缩短采办周期，降低费用；1988 年，又将装备设计、制造等环节数据资料纳入 CALS 中，利用信息技术实现了生产工作办公自动化，为装备维护维修保障提供有力支持，这一阶段的 CALS 发展为"计算机采办与后勤保障"(Computer Aided Acquisition and Logistics Support)；1993 年，美国国防部再次将网络、多媒体等信息技术应用于武器装备的全寿命管理中，在合同制定、设计、制造、培训、使用与维修过程中，制定相应的数据存储与交换标准，构建数据与信息共享环境，打通整个制造链的信息传输和集成通道，CALS 进而发展成"持续采办和寿命周期保障"(Computer Aided Acquisition and Life Cycle Support)；1994 年，CALS 技术从军事后勤领域延伸至民用制造领域，与电子商务迅速结合，在商业、制造业经营管理中广泛运用，演变为"光速商务"（Commerce at Light Speed）。

从 CALS 的发展演进过程来看，它从单一的数据管理到采用多种信息技术进行综合管理，实践了基于产品全寿命周期管理(Product Lifecycle Management，PLM)的战略思想，现代化生产组织模式的持续改进的理念和方法。CALS 以多种网络信息技术为基础，按照统一数据格式与标准，将供应链上下游不同供需企业的信息通过一定的密级及层级进行存储、集成与共享，从客户需求出发，寻求快速获取产品解决方案的一系列现代化制造持续改进的生产模式，进而使企业内部和企业间形成有机整体，让更多企业参与到产品研发、生产、销售和维护维修中，达到快捷、高效、低成本获取产品的目的以及对产品全寿命周期的保障支持。CALS 大大缩短了产品研制和开发的周期，全面提升企业的综合效益、管理水平和工作效率。

2. 智能时代

进入智能时代，人们面对的是一个 VUCA 世界，VUCA 具有"四性"——易变性、不确定性、复杂性和模糊性，这四个特征，描绘出了企业当前和未来的发展场景，项目管理工作的本质就是要在这种易变、模糊、复杂和不确定的场景下进行一系列决策。虽然决策向来是人类独有的智慧，但随着创新科技的不断涌现和快速发展，VUCA 世界里的很多项目管理难题，都可以找到以技术替代人类的解决方案。比如，人工智能技术，既能模拟人类管理智慧进行管理，也能替代人类执行案例分析、决策，减少项目规划和过程管理中的不确定性，提升预测的准确性，帮助项目管理人员塑造"预见力"和"洞察力"，使项目管理工作更加顺利、更有价值。

当前，人工智能技术已经可以在项目管理的很多领域产生积极影响。

（1）资源规划和管理优化：精确定位利益相关方，辅助项目管理者实现最优工作分配，学习管理者技能，借鉴其发展、成就和偏好数据，深度学习项目数据，为项目活动进行合理的资源规划、分配和动态优化。

（2）制定预算和预测成本：分析以往项目经费历史数据，从项目原始需求出发，利用智能算法对比分析，评估数千种进度可能性和预算执行情况，预测判定最佳方案提供给项目管理者，减少人为偏见，降低人工审核工作量，提高预算管理效率。

（3）项目调度和结果预测：系统地利用项目数据，识别数据中的重要趋势和重要关联（战略目标、交付时间、经费约束、法律义务等），预测项目中每个人每个活动的实际情况与承诺水平，细化调整项目执行工作，减少失误、加强问责。

（4）节省时间和减少失误：帮助项目管理者处理大量单调琐碎、重复耗时、价值不高的工作，比如处理邮件，整理文档，制作报表，合并数据，协调交付，更新系统等，让项目管理者把注意力放在机器无法完成的工作上。

（5）风险评估与交付成果：使用智能评估模型，分析内部相互依存关系和外部环境产生的各种可能性和概率数据，从风险到质量快速制定出相对准确的评估，避免人类的主观偏好，更快地发现问题，提高计划和预测的质量，减少不确定性，提高项目成功的机会。

（6）总结教训和最佳实践：智能分析项目计划、执行和结束过程中生成、捕获和存储的数据，从中总结归纳经验教训（原始进度表、团队成员、技能组合、职能以及任务复杂性），解释项目成功或失败的原因，识别或验证最佳实践。

（7）虚拟管理和知识管理：通过商务智能而非项目经理协调项目组织的运转，采用聊天机器人完成与人员互动互助，使用人工智能技术集中团队知识，提高解决问题一致性。

（8）改善沟通和凝聚团队：智能分析并选定团队的交流模式，消除通信隔阂，改善沟通渠道，根据项目出现特定问题的频率，或者团队成员讨论特定问题的耗时，预测团队成员的挫折感水平变化。

1.2.3　"军地协同、云端聚合"的管理模式

在这一轮科技革命中，新技术创新的策源地正逐步转向民用领域，民用部门逐步取代军事部门成为新技术发展的开路先锋，民用领域许多新技术取得突破，并呈星火燎原之势，展现出巨大的军事应用前景。从人机围棋大战、无人驾驶汽车、智能机器人到虚拟现实技术，无不展现出新技术运用于军事领域的无限空间。有智库预测，到2030年，更多先进的军事技术将来自民用领域而非军工行业，越来越多可能推动军队未来发展的关键技术将来自民营企业，全要素、多领域、高效益的军地一体协同发展模式，成为各国发展的必然选择。以美国为例，自2015年以来，美国不断加强美军与私营企业、科研机构的无缝对接，竭力培育创新文化，先后在硅谷、波士顿和奥斯汀设立国防创新试验机构，力图将新创意、新技术和新产品快速引入军事应用。

军地协同发展是一种涉及多元化主体的发展模式，主要参与实体包括军事机构、军队、政府部门、军工企业、民营企业等，这些主体在发展过程中扮演着不同的角色。这种发展模式下的项目管理将是一种复杂异构环境下的分布式协同、共享推进的管控模式。云计算服务，正是这种分布式协同管理的最佳载体，是实现无缝集成、编排和协作的最佳选择。随着所有对象（应用程序、平

台和基础设施）都被定义为可公开发布、可网络访问和可自我描述的自发多租户服务，云平台成为高效能的协作中心，将分布在不同地点的、不同属性的组织或个人集合/聚合起来，共享信息，一起完成项目需求、设计、开发、测试、部署、运营及终止的全寿命周期管理，实现项目管理、业务过程管理和业务数据管理三个层面的协同。

云联万维、云联万物的概念对项目管理是一种巨大的推动力，考虑到军地协同项目管理在保密和安全方面的要求，可采用混合云的模式，将本地私有云和公有云服务相结合，为项目管理部门带来更高的价值。例如，机密资料和数据可保存在高度安全的传统IT环境和私有云中，非关键性的工作负载发送到公有云，以增加灵活性和可扩展性。这样，位于云端的每个利益相关方，都能根据自己所拥有的管理访问权限，实时和透明地掌握项目计划、项目责任、执行进度、当前结果、沟通需求、资源分配情况等各类项目信息并进行相关过程管理。

1.2.4 "敏捷迭代、精益创新"的管理方法

现代项目管理诞生于工业时代，作为工业时代的管理思想和方法体系，具有明显的时代特征，即追求标准化、规范化、精准化，以"三化"来确保通用性和专业性，确保管理的理论方法能够应用于多个领域和组织，从而提高管理水平和经济效益。虽然由于社会与技术变革的挑战，项目管理在数十年的发展过程中一直在适应性改变，发展成一套成熟的现代项目管理理论与方法体系，但其所遵循的管理范式仍然是理性范式，标准、流程、规范以及从计划、评估到反馈是项目管理的基本架构。

工业时代看重的质量、成本和效率等组织能力，在信息时代、智能时代，已经被用户导向、创新和敏捷所取代，管理团队需要不断关注用户需求和痛点问题，通过敏捷迭代和精益创新，创造价值，提升竞争力。2001年《敏捷宣言》的发表，正式将敏捷的思想引入了产品研发领域，互联网技术、信息技术的兴起，既要求产品快速迭代交付，也要求项目管理的流程不断演进变化，更具灵活性和适应性，这才使得敏捷的意识、思维、方法与项目管理需求快速融合在一起。传统的项目管理聚焦在范围、时间和成本等约束内按计划行事，而敏捷管理则关注价值、质量和约束，价值才是目标，约束可随着项目的进展适时做出调整，如图1-3所示。

经过近 20 年的发展，敏捷迭代、精益创新的项目管理，已经发展成为一种积极拥抱变化的成功模式，被广泛用来处理高风险、不确定的产品开发项目，显著提高了项目的效率、适应性和成功率。"军地协同"项目，往往需求源于军，创新想法和先进技术来自民，多是极具前景、价值巨大的创新型项目。这类项目在概念研发和生产之间横亘着太多的变化和不确定性，风险难以判断，需要以创变时代的管理范式去管理，当前最为适用的模式仍是敏捷迭代和精益创新的思想模式。

图 1-3　项目管理传统三角与敏捷三角

1.3　新技术在项目管理中的应用

科技创新和转型升级是项目管理跨越式发展的原动力，不仅在智能时代，工业时代、信息时代也是如此，从信息战略—云战略—大数据战略—人工智能战略，科技转型发展的速度越来越快，新技术不断涌现。在项目管理领域中，这些新技术并不孤立，而是深度融合，甚至相互依存。比如，企业为了实现资源集约和统筹管理而部署了云计算，通过云将内外资源集中、整合，实现了数据的大连接，生成了服务于项目管理的大数据，为数据处理、数据挖掘、机器学习、深度学习、区块链等技术提供了生产资料。借助这些技术的创新应用，项目管理更加透明、便捷、智能、高效，从而真正验证了"科技是第一生产力"。

1.3.1　大数据

大数据（Big Data），是以容量大、类型多、存取速度快、应用价值高为主要特征的数据集合，正快速发展为对数量巨大、来源分散、格式多样的数据进行采集、存储和关联分析，从中发现新知识、创造新价值、提升新能力的新一代信息技术和服务业态。大数据既是一种具有 4V 特征（规模性 Volume、高速性 Velocity、多样性 Variety、价值性 Value）的数据资产，也是以数据为本质的新一代信息技术。

大数据技术应用涵盖了项目全寿命周期管理的各个环节，可为项目进度的精准计划、科学调整、自动监控提供数据支撑；挖掘出项目关键成本管控指标，实现项目成本管理的过程管控和风险预警；为质量策划、控制、改进和保证提供全过程决策依据；等等。

1.3.2 云计算

云计算（Cloud Computing），是基于互联网的一种分布式计算技术，它将大量的远程服务器或终端通过网络连接在一起，使用分布或集中式的数据存储，提供在线的资源请求接入或计算服务。云计算的最终目标，就是任何人在任何时间、任何地点，都能访问到自己所需要的资源。云计算服务包括基础设施即服务（IaaS）、平台即服务（PaaS）和软件即服务（SaaS）。IaaS 提供虚拟化计算资源，Paas 为开发、测试和管理软件提供按需开发环境，SaaS 提供按需付费的应用程序。

云计算技术改变了项目管理全生态的服务模式，涵盖项目管理培训、咨询、技术平台服务等多个方面，云模式的项目管理软件是企业持续提升项目管理能力、优化项目管理过程的重要支撑工具，帮助项目管理人员实现分布式管控和企业的精准定位。

1.3.3 人工智能

人工智能（Artificial Intelligence，AI），是研究与开发用于模拟、延伸和扩展人的智能的理论、方法、技术及应用系统的一门新的技术科学。人工智能分为弱人工智能和强人工智能。弱人工智能也称狭义人工智能（Narrow AI），是指人工系统达到专用特定技能的智能；强人工智能也称通用人工智能（General AI），是指达到或超越人类水平的、能够自适应地应对外界环境挑战的，具有自我意识的人工智能。

人工智能技术可在项目管理过程中作为数据分析和优化决策的工具，自动完成各种约束条件下决策分析，如关键路径分析、计划评审、工作结构分解、挣值分析、风险评估等，提高项目产品的质量和生产效率，从而推动项目管理水平的快速提升。

1.3.4　区块链

区块链（Blockchain），是一种利用加密算法和点对点传输技术构建的分布式网络数据存储技术。从应用的角度看，它就是一个分布式的共享账本和数据库，具有去中心化、不可篡改、全程留痕、可以追溯、集体维护、公开透明等特点。其中，去中心化是区块链最本质的技术特征。区块链不再将数据存储于第三方管理机构或硬件设施中，而是由权利和义务对等的节点来共同维护，没有中心管制，各个节点实现了信息的自我验证、传递和管理。

区块链技术在项目管理中可行的应用场景包括项目费用管理、项目采购管理、项目合同管理、项目协同管理等。图 1-4 介绍了一个基于区块链技术的项目管理架构实例。

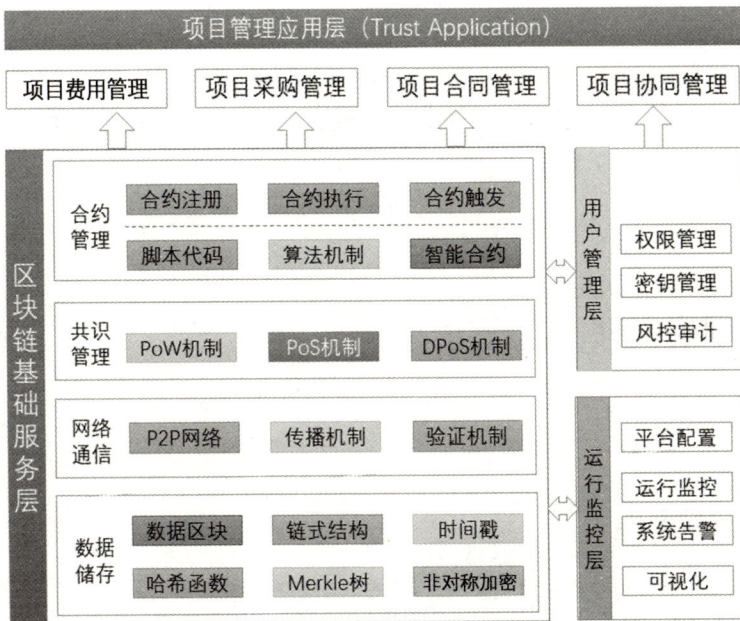

图 1-4　基于区块链技术的项目管理架构

第 2 章
项目管理理论概要

　　智能时代的军地协同项目管理是一个领域级的项目管理,它的理论基础是项目管理理论。项目管理是第二次世界大战后发展起来的一种先进的管理理论,作为一门学科,它具有成熟的理论基础和方法体系。它是指在项目活动中运用系统的思想、统筹的观念,专门的知识、技能、工具和方法,使项目能够在有限资源限定条件下,实现或超过设定的需求和期望的过程;它注重项目目标,注重计划,注重利益相关方及管理变化,将一些先进的管理理念和方法运用于项目管理中,可以极大地提高项目管理的效率。

　　本章主要介绍项目管理的基本理论、标准与知识体系、技术与方法等内容。

2.1　项目管理基本理论

2.1.1　项目的概念

1. 项目定义

　　项目来源于人类有组织的活动。随着人类的发展,有组织的活动逐步分化为两种类型:一类是连续不断、周而复始的活动,人们称为"作业或运作"(Operations),如企业流水线生产产品的活动;另一类是临时性、一次性的活动,人们称为"项目"(Projects),如三峡工程、"神舟"飞船项目等。

　　国际标准化组织 ISO 21500 给出的定义如下:项目是由一组独特的有开始和结束日期的包括协调和控制活动的过程组成的,执行该过程以提供符合特定需求的可交付成果并实现项目目标。

美国项目管理学会（PMI）在其项目管理知识体系指南（PMBOK 第六版）中将项目定义如下：项目是为创造独特的产品、服务或成果而进行的临时性工作。

从广义的概念来讲，项目是一个特殊的将被完成的有限任务，它是在一定时间内，满足一系列特定目标的多项相关工作的总称。

此定义实际包含以下三层含义：

（1）项目是一项有待完成的任务，有特定的环境与要求。这一点明确了项目自身的动态概念，即项目是指一个过程，而不是指过程终结后所形成的成果。

（2）在一定的组织机构内，利用有限资源（人力、物力、财力等）在规定的时间内完成任务。任何项目的实施都会受到一定的条件约束，如环境、资源、理念等。这些约束条件成为项目管理者必须努力促其实现的项目管理的具体目标。

（3）任务要满足一定数量、质量、技术指标等要求。项目是否实现、能否交付用户，取决于是否达到事先规定的目标要求。功能的实现、质量的可靠、数量的饱满、技术指标的稳定，是可交付项目必须满足的要求，项目合同对于这些均有严格的要求。

从上述项目的概念可以看到，项目的外延是广泛的。正像美国项目管理专业资质认证委员会主席 Paul Grace 所讲："在当今社会中，一切都是项目，一切也将成为项目。"按项目进行管理将成为未来企业管理模式发展的主要方向。

2. 项目特征与属性

项目作为一类特殊的活动（任务），一般具有如下特性：

（1）项目的一次性。项目是一次性的任务，具有确定的起止时间，项目实施是一次性的，每个项目都有自身独特的个性需求，应根据具体条件进行系统管理。

（2）项目目标的明确性。项目要建成何种规模，达到什么技术水平，满足哪些质量标准，建成后的服务年限等都应明确而详细。这些目标是具体的、可检查的，实现目标的措施是明确的、可操作的。

（3）项目的整体性。项目是为实现目标而开展的任务的集合，它不是一项孤立的活动，而是一系列活动的有机组合而形成的一个完整的过程。项目的整体性体现在强调项目的过程性和系统性，对项目进行有效的管理，必须采用系统管理的思想和技术方法。

（4）项目的多目标性。项目的具体目标由性能、时间、成本等多个维度构成，这些具体目标既可能是协调的、相辅相成的，也可能是互相制约、相互矛盾的。项目目标又具有层次性，项目管理应力图把多种目标协调起来，实现项目系统优化而不是局部优化。

（5）项目的不确定性。项目"从摇篮到坟墓"通常包含若干不确定因素，达到项目目标的途径并不完全清楚。例如，研制新一代歼击机，其起飞重量、飞行速度、火力控制等事先可明确确定，但应用何种材料、采用何种工艺等还需要在实施过程中不断研究和探索，而不能事先完全确定。因此，必须进行项目风险管理。

（6）项目资源的有限性。项目实施及组织管理需要资源支撑，然而任何一个组织，其资源都是有限的。在确定的时间和预算内，通过不完全确定的过程，提交预期的成果，需要通过管理合理调配资源。

（7）项目的临时性。项目只在一定时间内存在，参与项目实施和管理的人员是一种临时性的组合，人员和材料设备等之间的组合也是临时性的。

（8）项目的开放性。项目活动是一种系统工程活动，绝大多数项目都是一个开放系统，项目的实施要跨越若干部门的界限。项目经理需要协调好项目团队内外的各种关系，以开放的心态，寻求与项目有关的人员支持。

因此，项目具有一次性、临时性、唯一性、整体性的基本特征，以及多目标属性、生命期属性、矛盾冲突属性、相互依赖属性。

2.1.2　项目管理的概念

1. 项目管理定义

"项目管理"源于"对项目进行管理"。项目管理是一种管理活动、一种组织方式、一套管理方法，现已发展为一门管理学科。

国际标准化组织 ISO 21500 给出的定义：项目管理是将方法、工具、技术和能力应用于项目，是项目生命周期的各个阶段的整合。

美国项目管理协会 PMBOK 第六版给出的定义：项目管理就是将知识、技能、工具与技术应用于项目活动，以满足项目的要求。

项目管理就是以项目为对象的系统管理方法，通过一个临时性的、专门的柔性组织，对项目进行高效率的计划、组织、指导和控制，以实现项目全过程的动态管理和项目目标的综合协调与优化。

实现项目全过程的动态管理是指在项目的生命期内，不断进行资源的配置和协调，不断做出科学决策，从而使项目执行的全过程处于最佳的运行状态，产生最佳的效果。项目目标的综合协调与优化是指项目管理应综合协调好时间、费用及功能等约束性目标，在相对较短的时期内成功地达到一个特定的成果性目标。

2. 项目管理特点

项目管理概念的层次由低到高分为项目管理活动、项目组织方式、项目管理方法、项目管理方法论。现代项目管理的主要特点如下：

（1）项目管理的对象是项目或项目化的运作；

（2）项目管理的全过程都贯穿着系统工程的思想；

（3）项目管理的组织具有临时性、柔性和扁平化的特点；

（4）项目管理的体制是一种基于团队管理的个人负责制；

（5）项目管理的方式是目标管理；

（6）项目管理的要点是创造和保持一种使项目顺利进行的环境；

（7）项目管理的方法、工具和手段具有系统性、先进性、开放性。

3. 项目管理核心思想

（1）项目管理的核心理念：用系统的思维方式，以目标为导向，以计划为基础，以控制为手段，以客户为中心；

（2）项目管理的管理方式：程序化、动态化、体系化、可视化；

（3）项目管理的管理特征：优化整合，责权结合；

（4）成功的项目管理目标：利益相关方满意。

2.1.3　项目生命期与管理过程

1. 项目生命期

项目生命期定义为项目从开始到结束的阶段。为了在整个项目生命期内有效地管理项目，每个阶段都要执行一系列活动，项目阶段统称为项目生命期，这些阶段由项目决策点划分，决策点可取决于组织环境的变化。最后阶段结束，项目应该提供所有可交付成果。

项目生命期通常规定：

（1）项目的各个阶段应当从事何种技术工作；

（2）项目各阶段可交付成果应何时生成，以及如何审查、核实和确认；

（3）项目各阶段由哪些人员参与；

（4）如何控制和批准项目各个阶段。

2. 项目阶段

每个项目阶段都以一个或数个可交付成果的完成为标志。从项目生命期的一个阶段转到另一个阶段通常是某种形式的技术交接，这种阶段转移通常也由这种技术交接确定。

为了有效地控制，每一阶段都要正式启动，都要根据该阶段的具体情况提交该阶段规定和预期的某项成果。项目生命期内的典型阶段序列如图 2-1 所示。

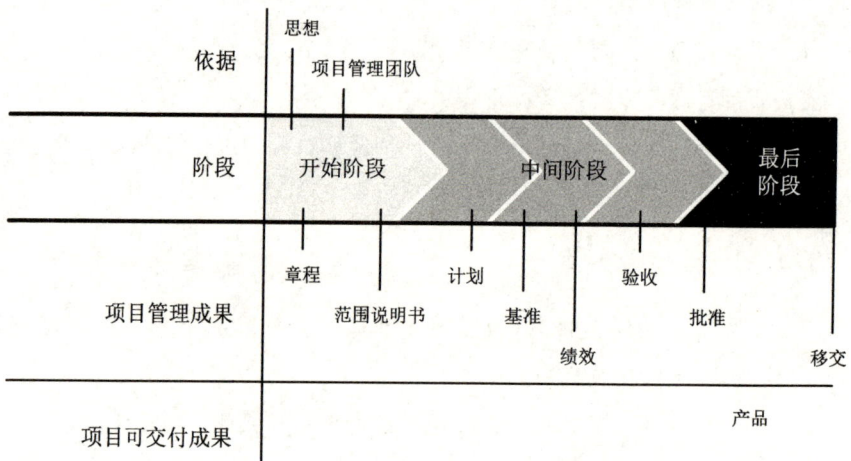

图 2-1　项目生命期内的典型阶段序列

项目生命期与产品生命期的关系如图 2-2 所示，产品生命期开始于经营计划，经过构思到产品，再到日常经营和产品退出市场。项目生命期经历创造这一产品的一系列阶段。

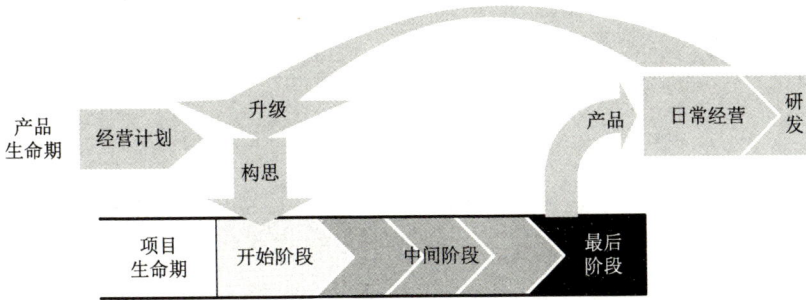

图 2-2　项目生命期与产品生命期的关系

3. 项目生命期各阶段管理特征

项目在其生命期中，通常有一个较明确的阶段顺序。这些阶段可通过任务的类型来加以区分，或通过关键的决策点来加以区分。根据项目类型的不同，阶段的划分和定义也有所区别。

划分项目阶段应说明每个阶段应达到的目标，阶段性的交付物、应做的主要工作及可采用的工具、方法和技术。图 2-3 反映了国际上普遍接受的项目生命期四个阶段（概念阶段、规划阶段、实施阶段、结束阶段）的划分及其主要管理特征。

4. 项目管理过程

项目管理是一项综合性活动，由一系列规划好的相互依赖的过程构成，其中一个过程的活动可能会影响其他过程。图 2-4 给出了现代项目管理的五个基本过程组。

（1）启动过程组用于开始一个项目或项目阶段，定义项目阶段或项目目标并授权项目经理进行项目管理工作；

（2）计划过程组用于开发计划的细节，此细节应足以用来建立项目实施和测量控制项目绩效的基线；

（3）执行过程组用来执行项目管理活动，支持按照项目计划提供可交付物；

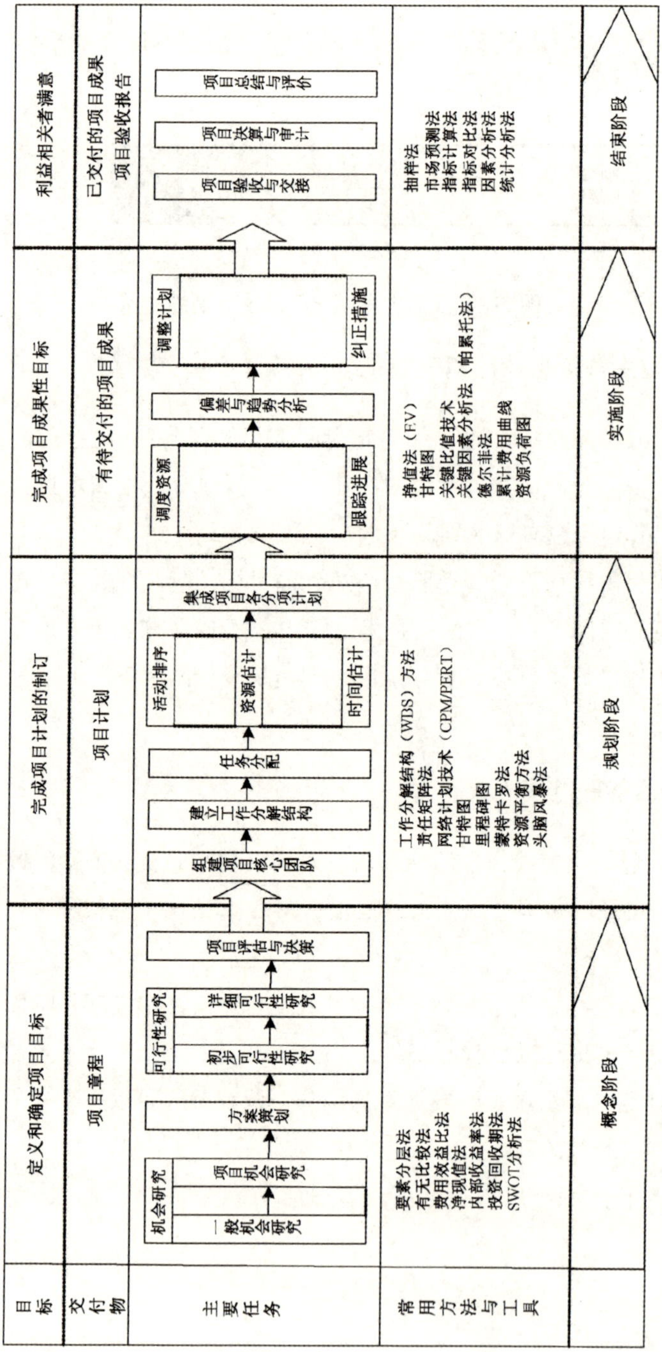

	概念阶段	规划阶段	实施阶段	结束阶段
目标	定义和确定项目目标	完成项目计划的制订	完成项目成果性目标	利益相关者满意
交付物	项目章程	项目计划	有待交付的项目成果	已交付的项目成果 项目验收报告
主要任务	机会研究（一般机会研究、项目机会研究）、方案策划、可行性研究（初步可行性研究、详细可行性研究）、项目评估与决策	组建项目核心团队、建立工作分解结构、任务分配、活动排序、资源估计、时间估计、集成项目各分项计划	调度资源、跟踪进度、偏差与趋势分析、调整计划、纠正措施	项目验收与交接、项目决算与审计、项目总结与评价
常用方法与工具	要素分层法、有无比较法、费用效益比法、净现值法、内部收益率法、投资回收期法、SWOT分析法	工作分解结构（WBS）方法、责任矩阵法、网络计划技术（CPM/PERT）、甘特图、里程碑图、蒙特卡罗法、资源平衡方法、头脑风暴法	挣值法（EV）、甘特图、关键比值技术、关键因素分析法（帕累托法）、偏尔非法、累计费用曲线、资源负荷图	抽样法、市场预测法、指标计算法、指标对比法、因素分析法、统计分析法
	概念阶段	规划阶段	实施阶段	结束阶段

图 2-3 项目生命期各阶段的划分及其主要特征

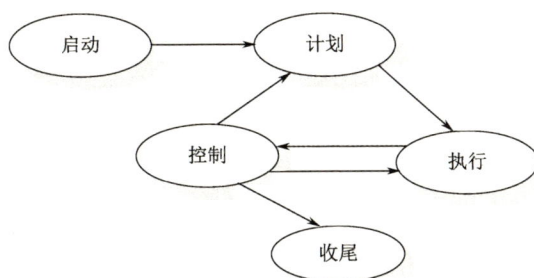

图 2-4　现代项目管理的五个基本过程组

（4）控制过程组根据项目计划监视、测量和控制项目绩效，因此为了达到项目目标，必要时可能采取预防和纠正措施及请求变更；

（5）收尾过程组用于正式确立项目阶段完成或项目完成，并做好经验教训积累以便在必要时考虑和实施。

项目各管理过程组通过各种方式相互关联和发生交互作用，不同阶段中各过程组发生的时间、活动的强度和重叠的程度均有所不同。

过程的交互作用往往跨越项目阶段，随着项目阶段的不断推进，项目中的多个过程不断重复发生（见图 2-5）。当项目划分为阶段时，同样的过程组一般在项目生命期的每一阶段都重复，并有效地推动项目完成。

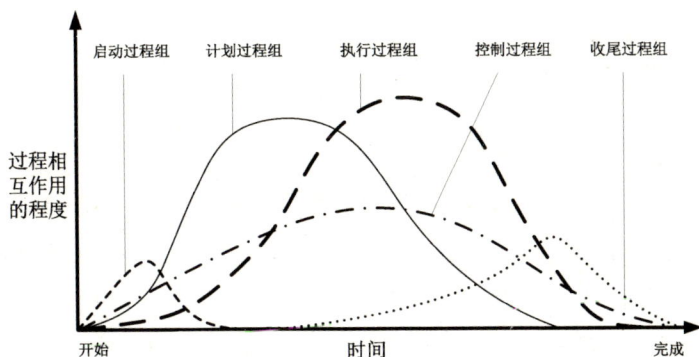

图 2-5　项目管理过程组之间的相互作用

项目管理过程组之间的输入输出关系如图 2-6 所示。

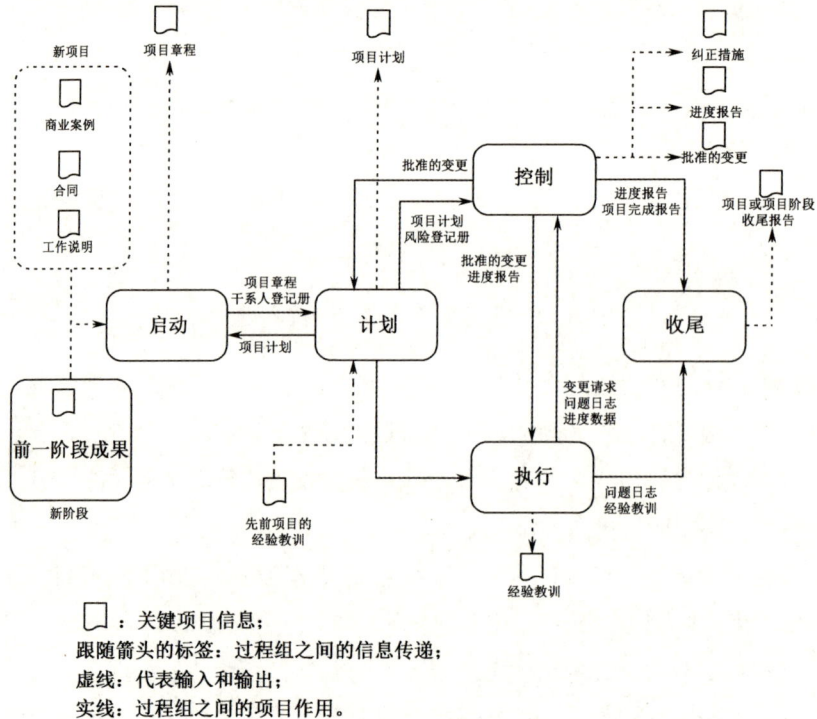

：关键项目信息；
跟随箭头的标签：过程组之间的信息传递；
虚线：代表输入和输出；
实线：过程组之间的项目作用。

图 2-6　项目管理过程组之间的输入输出关系

2.1.4　项目要素管理

目前国际公认的项目要素管理有 10 个领域，具体如下：

（1）项目整合管理，包括 7 个子过程：制定项目章程；制订项目管理计划；指导与管理项目工作；管理项目知识；监控项目工作；实施整体变更控制；结束项目或阶段。

（2）项目范围管理，包括 6 个子过程：规划范围管理；收集需求；定义范围；创建 WBS；确认范围；控制范围。

（3）项目进度管理，包括 6 个子过程：规划进度管理；定义活动；排列活动顺序；估算活动持续时间；制订进度计划；控制进度。

（4）项目成本管理，包括 4 个子过程：规划成本管理；估算成本；做预算；控制成本。

（5）项目质量管理，包括 3 个子过程：规划质量管理；实施质量保证；控制质量。

（6）项目资源管理，包括 6 个子过程：规划资源管理；估算活动资源；获取资源；建设团队；管理团队；控制资源。

（7）项目沟通管理，包括 3 个子过程：规划沟通管理；管理沟通；监督沟通。

（8）项目风险管理，包括 7 个子过程：规划风险管理；识别风险；实施定性风险分析；实施定量风险分析；规划风险应对；实施风险应对；监督风险。

（9）项目采购管理，包括 3 个子过程：规划采购管理；实施采购；控制采购。

（10）项目相关方管理，包括 4 个过程：识别相关方；规划相关方参与；管理相关方参与；监督相关方参与。

2.1.5　项目层级管理

项目层级管理分为单项目管理、项目群管理、项目组合管理。

1. 单项目管理

单项目或称项目（Project）是指为了达到某个目标且相互有若干要素关联需要协调管理的项目。

单项目管理，就是构成一个完整目标或系统的项目，通过一个临时性的、专门的柔性组织，对项目进行高效率的计划、组织、指导和控制，以达成项目全过程的动态管理，实现项目的目标。

2. 项目群管理

项目群（Program，或称项目集、大型复杂项目、大型计划）是指为了达到某个战略目标而设立的一组相互关联且被协调管理的项目。项目群中也可能包括各单个项目范围之外的相关工作，一系列相关的项目、必要的组织改变、达到战略目标和既定的商业利益。

项目群管理（Program Management）是指对项目群进行统一协调管理，获取单独管理这些项目无法取得的收益，以实现项目群的战略目标和利益。

项目群管理并不是简单地同时管理多个项目，而是对项目群的总体进行管理，需要考虑项目之间的依赖性、优先排序问题和执行项目要实现的组织战略目标与目的。

3. 项目组合管理

项目组合（Portfolio）是指为了便于有效管理、实现战略业务目标而组合在一起的项目、项目群和其他工作。项目组合更多的是从企业战略和总体业务目标出发，根据分类评价和风险分析后归类到一起的一个组合（见图 2-7），组合中的各个元素之间可能并没有太多的业务或技术联系，仅是为了控制组合整体绩效以达到组织的商业目标需要。

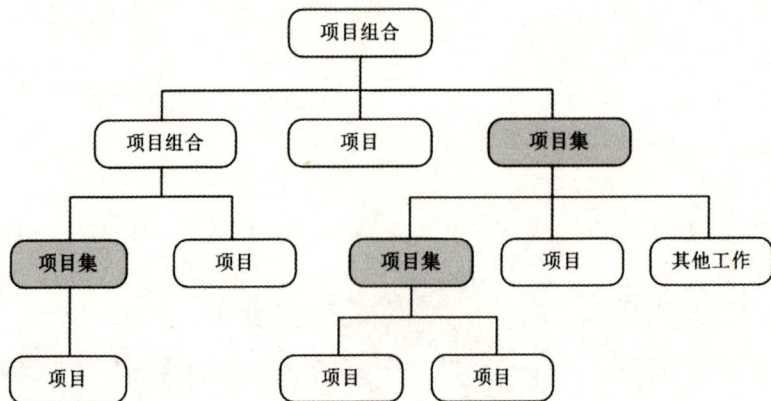

图 2-7　项目组合的构成关系

项目组合管理（Portfolio Management）是指为了实现特定的战略业务目标，将一个或多个项目组合放在一起，通过识别、优先级排序、优化资源利用、授权等，对其中的项目、项目群和其他工作进行的集中管理。

4. 项目组合、项目群与项目的关系

组织项目管理能力基准（OCB）给出了项目、项目群和项目组合的关系描述（见图 2-8）。

组织中的项目、项目群、项目组合都是服务于企业（或一个组织）战略的多层级管理关系，如图 2-9 所示。

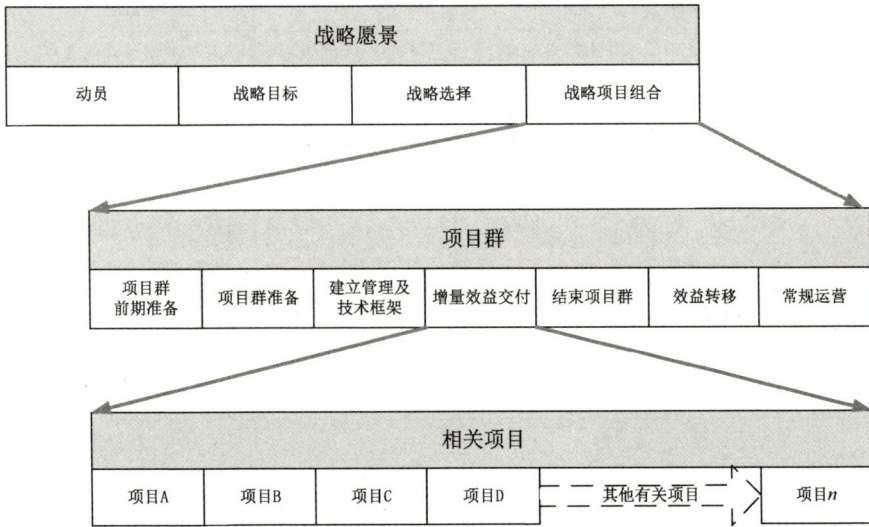

图 2-8　组织中的项目、项目群和项目组合关系

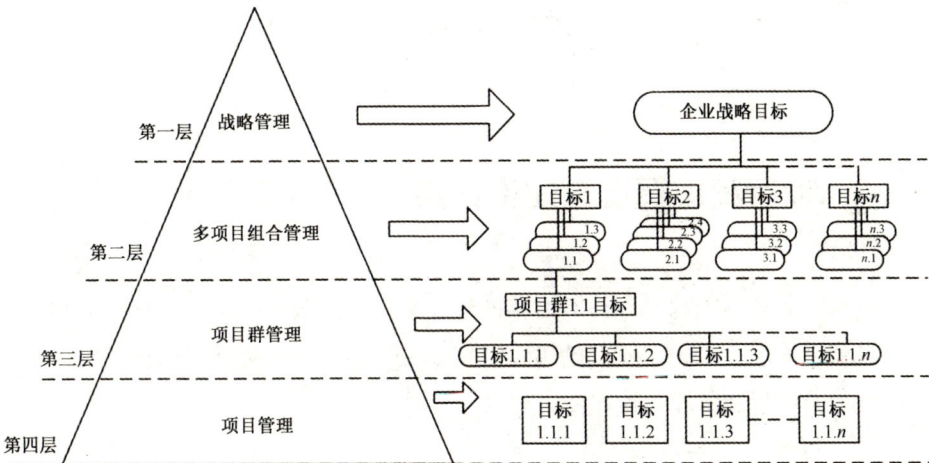

图 2-9　组织级多层级管理关系

在组织中对各个项目的项目管理所做出的所有努力，都必须要体现到对组织整体绩效的贡献和改善上。表 2-1 给出了项目、项目群和项目组合之间的总体比较。

表 2-1　项目、项目群和项目组合之间的总体比较

	项目	项目群	项目组合
范围	范围窄并针对特定的项目交付物	范围较宽而且可能不得不改变以适应组织利益期望	业务范围随着企业的战略目标而改变
变更	项目经理尽力将变更控制到最小以满足项目目标	不得不期望改变，并且接受相应变更	在一个很广的环境内持续监控变更
成功	主要以成本、进度和交付物质量等度量	以投资回报 ROI 来度量，或者新的能力提升等	根据项目组合中所有组合聚合后的总体绩效来度量
领导风格	领导风格聚焦在任务交付的产出物以满足项目成功准则	领导关系聚焦在项目间关系和冲突的解决。管理利益相关方的权利和政治	聚焦在增加组合决策的价值提升
管理	项目经理管理技术人员和专业项目成员	管理项目经理	可能是管理和协调组合管理中的组织和员工
关键技能	通过知识和技能激发整个团队的行动者	提供愿景和领导力	提供深刻的见解和整合能力的领导
计划	制订详细的计划以管理整个项目产品的交付	提供高级别的计划和目标作为项目详细计划制订的基础和依据	创建和维护必要的过程和沟通机制
监控	任务和任务产出物，问题和风险等	根据管理结构监控项目和项目的执行过程	监控整体绩效和价值的指示器

2.2　项目管理标准与知识体系

项目管理标准与知识体系在不断地发展，一些国家和组织依据国情和区域项目管理情况，制定了不同的项目管理知识体系，也有依据不同行业应用衍生的一些专门领域的项目管理知识体系。

2.2.1　ISO 21500 标准简介

2012 年 9 月，ISO 组织发布了 ISO 21500 标准，这是 ISO 针对单项目管理发布的首个国际标准。该标准由技术委员会 ISO/PC 236 负责编写、制定。

标准的构成包括引论与范围说明、术语与定义、项目管理概念、项目管理过程。

主要内容包括以下方面。

（1）术语与定义：给出了 16 项，包括活动、应用领域、基准线、变更申请、配置管理、控制、纠正措施、关键路径、滞后项、提前量、预防措施、项目生命期、风险登记册、项目利益相关方、投标书、项目分解结构词典。

（2）项目管理概念：给出了项目与项目管理、组织战略与项目、项目环境、项目治理、项目和运营、利益相关方和项目组织、项目人员能力、项目约束等概念。

（3）五大过程组（Process Groups）：启动（Initiating）、计划（Planning）、执行（Implementing）、控制（Controlling）、收尾（Closing），并给出了管理过程中 39 个典型活动的目的与输入输出关系。

（4）十个专题组（Subject Groups）：整合（Integration）、利益相关方（Stakeholder）、范围（Scope）、资源（Resource）、时间（Time）、成本（Cost）、风险（Risk）、质量（Quality）、采购（Procurement）、沟通（Communication）。

2.2.2　国际项目管理协会的项目管理知识体系简介

国际项目管理协会（International Project Management Association，IPMA）开发了大量的产品和服务，包括研究与发展、教育与培训、标准化与证书制、卓越项目管理模型、组织级项目管理能力模型等。

在 IPMA Delta®评估中的三种标准比较有代表性。一是国际项目管理专业资质认证能力基准（IPMA ICB®），用来评估选定的个人；二是国际项目管理卓越模型（IPMA PEM®），用来评估选定的项目或者项目群；三是组织项目管理能力基准（IPMA OCB®），从整体上对组织级项目管理能力进行评估。

1. 国际项目管理专业资质认证能力基准（IPMA ICB®）

国际项目管理专业资质认证能力基准是 IPMA 开发的一个通用的国际标准，其对项目管理专业资质认证所要求的能力标准进行了定义和评价。

ICB3.0 版将项目管理能力定义为能力=知识+经验+个人素质，并定义了包含 46 个项目管理能力要素的能力之眼（见图 2-10）。能力要素构成包括以下三个方面：

（1）技术能力要素 20 个；

（2）行为能力要素 15 个；

（3）环境能力要素 11 个。

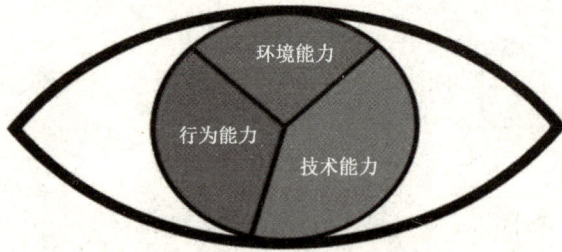

图 2-10　ICB3.0 能力之眼

　　ICB 强调项目经理（项目管理专业人士）应该以满足客户、产品和服务的交付者及其他利益相关方的需求为己任，为项目、大型项目和项目组合付出努力，还应该能激励专家们运用知识和经验，为项目、大型项目和项目组合的利益做出贡献。

　　为了支持项目、项目群与项目组合经理个人发展，IPMA 已经发展出了一套认证体系。IPMA 四个等级认证计划是促使能力发展过程持续不断。每一个等级都需要适当的知识、经验和评估能力的发展。以能力为基础的国际项目管理专业资质认证的四个级别如图 2-11 所示。

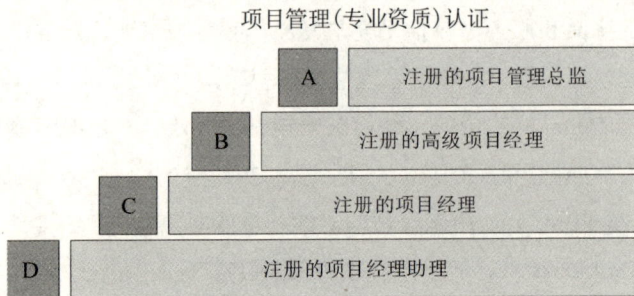

图 2-11　IPMA 四级认证结构

　　2015 年 10 月 IPMA 发布了 ICB4.0，2019 年正式实施。

2. 国际项目管理卓越模型（IPMA PEM®）

　　国际项目管理卓越模型以欧洲质量管理基础模型（EFQM）为基础，是衡量项目成果的一个工具。它被用来评估 IPMA 项目管理卓越奖的项目表现。

　　图 2-12 表示了 IPMA PEM®，左侧是一个项目中项目管理应用的五个标准：目标导向、领导、人员、资源和过程。右侧是项目结果的标准。

卓越项目（1000）

项目管理（500）

领导（80）

目标导向
（140）

人员（70）

过程
（140）

资源（70）

项目结果（500）

客户满意度（180）

人员满意度（80）

其他利益相关方的满意度
（60）

结果
（180）

改革和学习

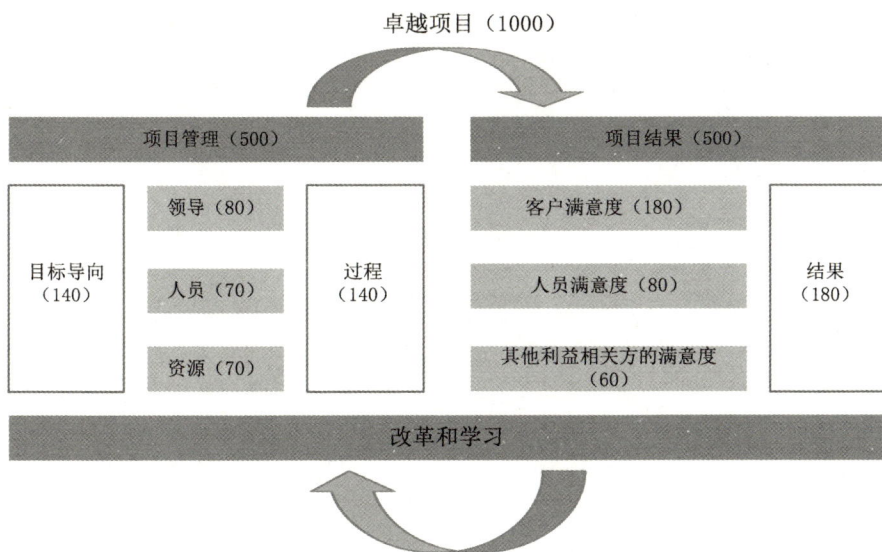

图 2-12　IPMA PEM®

高级管理层应该监督和控制所有项目群和项目组合的中期和长期结果（如项目的利益实现和组织变化、项目组合的财务结果和稀缺资源的使用），旨在实现组织的使命、愿景和战略。我国"神舟"六号飞船项目管理参加国际项目管理评估用的就是这个模型，并获得了当年国际项目管理协会重大项目特等奖，号称项目管理奥斯卡金奖。

3. 组织项目管理能力基准（IPMA OCB®）

国际项目管理协会的组织项目管理能力基准为世界上的项目、项目群和项目组合管理增加了一项重要的标准——项目管理的组织能力的概念。这是组织加强项目、项目群及项目组合管理的一个整体方法。

IPMA OCB®的主要目标是清晰地说明在管理项目、项目群和与项目组合有关的工作时组织扮演的角色。它描述了组织在管理项目、项目群和与项目组合相关的工作时表现的组织能力的概念，以及如何发挥其作用来以一种可持续的方式实现组织的愿景、使命和战略性的目标。**IPMA OCB®**还说明了如何对项目、项目群和项目组合（PP&P）进行持续不断的分析、评估、提高和进一步的发展。

将组织项目管理能力的概念定义为"在支持性的治理和管理系统中，组织在项目、项目群和项目组合中将人员、资源、过程、结构和文化整合起来的能力"。组织项目管理能力与组织的使命、愿景和战略一致，旨在实现结果，同时确保组织的可持续发展。组织项目管理能力评估与发展过程如图 2-13 所示。

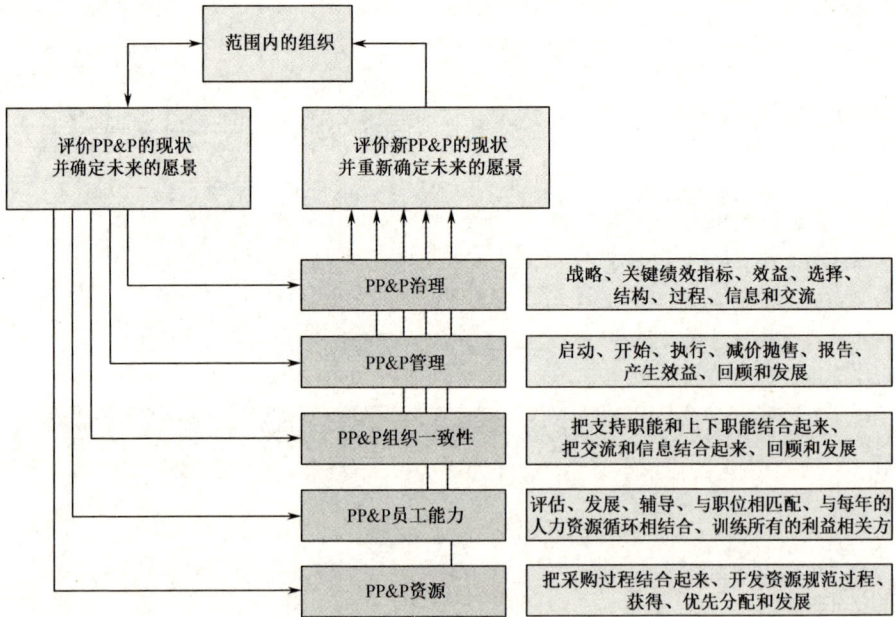

图 2-13 组织项目管理能力评估与发展过程

IPMA OCB®评估报告提供了五个能力级别（见表 2-2）。结合实际的级别和目标能力级别之间的差距及详细的调查结果，有助于促进 PP&P 能力发展长期战略。评估结果也可以识别组织的项目管理最佳实践及作为与内外部同行进行标杆管理的依据。

表 2-2 IPMA OCB®能力级别

	标准存在范围	标准的应用	标准的管理	利益相关方参与情况	与目标有关的结果	项目成果所在的层次
初始级	某一个项目	限制	没有	项目业主	有一些好的结果，但是经常超过目标的时间、预算和范围	个人级别
定义级	部分项目	某一个项目	受限制	项目业主和必要的内部利益相关方	在标杆结果之下	项目级别
标准级	大部分项目	部分项目	某一个项目	项目业主和所有相关的内部利益相关方	符合作为标杆的结果	以标准和程序为基础的项目
管理级	全部项目	大部分项目	部分项目	项目业主、所有内部利益相关方和必要的外部利益相关方	持续在标杆之上，方案组合结果超过标杆	项目集和/或项目组合中的项目

续表

	标准存在范围	标准的应用	标准的管理	利益相关方参与情况	与目标有关的结果	项目成果所在的层次
优化级	根据项目调整标准	全部项目	持续改进	所有利益相关方	大部分项目达到了结果，只有非常少的方案组合超支	与组织战略一致的 PP&P，通常能够实现其目标

2.2.3　美国项目管理知识体系简介

美国项目管理协会（Project Management Institute，PMI）开发的项目管理知识体系（PMBOK®）得到较为广泛的认可。PMI 还推出了项目集管理、项目组合管理等相关指南。

1. 项目管理知识体系（PMBOK 第 6 版）

PMI 开发的项目管理知识体系（Project Management Body of Knowledge，PMBOK），目前已经升级到第六版，其知识领域包括项目整合管理、项目范围管理、项目进度管理、项目成本管理、项目质量管理、项目资源管理、项目沟通管理、项目风险管理、项目采购管理、项目相关方管理等。

2. 项目集管理标准（第 3 版）

PMI 将项目集定义为"经过协调管理以便获取单独管理这些项目时无法取得的收益和控制的一组相关联的项目"。项目集的组成如图 2-14 所示。

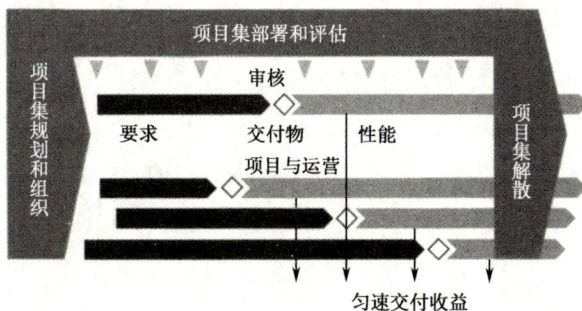

图 2-14　项目集的组成

基于项目的组织是将组织的大部分活动作为项目来进行管理，并且/或者将项目凌驾于功能性方法之上的组织，它们为了增强自身的竞争力，采用项目集将多个业务流程紧密联系起来，在不同要素之间实现协同作用。项目集方法为战略决策管理流程的中心。项目集管理与战略整合的关系如图 2-15 所示。

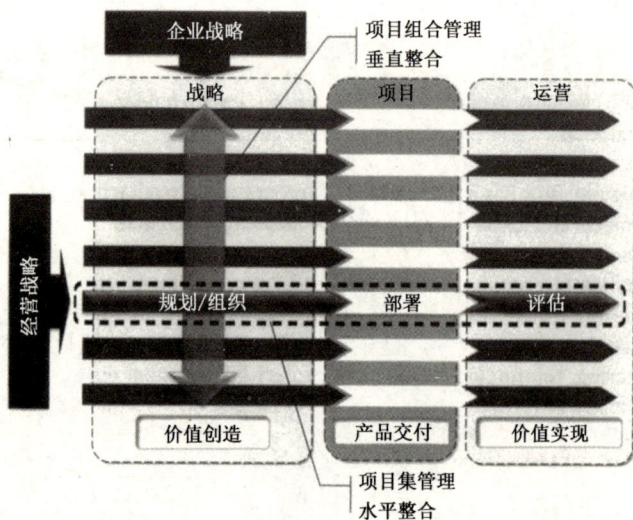

图 2-15　项目集管理与战略整合的关系

项目集管理主要包括决策管理、项目集治理、干系人管理、收益管理及从项目集掌控到功能掌控。其内容还有项目集成熟度和项目集文化、项目集要素、项目集成员、项目集生命周期及其管理过程。

3. 项目组合管理标准（第 3 版）

项目组合管理标准为项目组合管理专业人士提供了一套标准词汇。项目组合是为了实现战略目标而组合在一起管理的项目集、项目或运营工作。项目组合中的组件不一定相互依赖或具有相关性。项目组合组件应该是可以量化的，可以对它们测量、排序和确定优先级。

一个项目组合之所以存在，是为了实现组织的一个或多个战略计划和目标，可能由一系列过去的、现在的、规划的或未来的项目组合组件构成。随着新的项目被纳入，项目组合或项目集往往有更长的周期，不像项目有确定的开始和结束时间。

项目组合管理是对一个或多个项目组合的协同管理，以实现组织战略计划和目标。它包括利用组织过程来评估、选择、确定优先级及分配有限的内部资源，以最好地实现组织战略计划与组织愿景、使命和价值的统一。

项目组合管理的核心内容包括：有效管理资源；识别和管理干系人；评估机会价值；最小化威胁的影响；应对市场、法律和监管环境的挑战；重点关注关键运营活动。

2.2.4　英国项目管理知识体系简介

英国政府商务部（OGC）提出了受控环境下的项目管理（Project in Controlled Environments，PRINCE）。PRINCE2（2009）描述了如何以一种逻辑性的、有组织的方法，按照明确的步骤对项目进行管理。它既不是一种工具也不是一种技巧，而是结构化的项目管理流程。它强调在项目管理中将原则、主题、流程和项目环境 4 个要素相结合，并强调项目治理。

PRINCE 最早于 1989 年由英国政府计算机和电信中心（CCTA）开发，作为英国政府 IT 项目管理的标准，但很快就被应用于 IT 以外的项目环境中。PRINCE2 在 1996 年作为一种通用的项目管理方法正式出版，最新版本是 OGC 于 2009 年出版的 PRINCE2（2009）。PRINCE2 现在已发展成为通用于各个领域、各种项目的管理方法。

PRINCE2 涉及 8 类管理要素（Component）、8 个管理过程（Process）及 4 种管理技术（Technology）。管理要素包括组织（Organization）、计划（Plan）、控制（Control）、项目阶段（Stage）、风险管理（Management of Risk）、项目环境中的质量（Quality in a Project Environment）、配置管理（Configuration Management）及变更控制（Change Control）等。8 类管理要素是 PRINCE2 管理的主要内容，贯穿于 8 个管理过程中。PRINCE2 提供了从项目开始到项目结束覆盖整个项目生命周期的基于过程（Process-based）的结构化项目管理方法，共包括 8 个过程，每个过程描述了项目为何重要（Why）、项目的预期目标何在（What）、项目活动由谁负责（Who）以及这些活动何时被执行（When）。管理过程包括项目准备（Start on up a Project，SU）、项目计划（Project Planning，PL）、项目活动（Initiating a Project，IP）、项目指导（Directing a Project，DP）、阶段控制（Controlling a Stage，CS）、产品交付管理（Managing Product Delivery，MP）、项目阶段边界管理（Managing Stage Boundaries，SB）和项目收尾（Closing a Project，CP），其中 PL 和 DP 过程贯穿于项目始终，支持其他 6 个过程。项目管理过程中常用的技术主要有基于产品的计划（Product-based Planning）、变化控制方法（Change Control Approaches）、质量评审技术（Quality

Review Techniques）及项目文档化技术（Project Filing Techniques）等。

2.2.5　中国项目管理知识体系简介

中国项目管理知识体系（Chinese-Project Management Body of Knowledge，C-PMBOK）是由中国（双法）项目管理研究委员会（PMRC）发起并组织实施的，2001 年 7 月推出第 1 版，2006 年 10 月推出第 2 版。

C-PMBOK 的突出特点是以项目生存周期为主线，以模块化的形式来描述项目管理所涉及的主要工作及其知识领域。

C-PMBOK 的特色主要表现在以下几点：

（1）采用了"模块化的组合结构"，便于知识的按需组合；

（2）以项目生存周期为主线，进行项目管理知识体系知识模块的划分与组织；

（3）体现中国项目管理特色，扩充了项目管理知识体系的内容。

面向构建中国项目管理学科体系的目标，基于体系化与模块化的要求，提出了如图 2-16 所示的 C-PMBOK 2006 体系框架和模块化结构。

对面向长期性组织的项目化管理知识的组织，C-PMBOK 2006 从一种面向对象的变化管理方法论的高度，构建了长期性组织项目化管理的体系结构，从项目化管理的理念（思想）、方法、组织、机制与流程 5 个方面组织相关的知识内容。

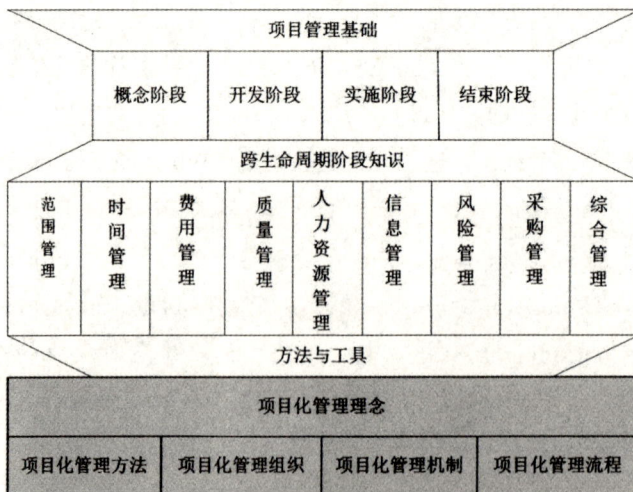

图 2-16　C-PMBOK 2006 体系框架和模块化结构

C-PMBOK 2006 采用模块化结构，共定义了 115 个知识模块，其中基础模块 95 个，概述模块 20 个，意味着既要强调知识模块的相对独立性，又要体现知识模块之间的相互关系以保证其系统性。

2.2.6　领域级项目管理知识体系简介

1.《美国国防部项目管理知识体系指南》

《美国国防部项目管理知识体系指南》的主要依据是美国国防部采办方法和程序的三个主要文件，即国防部 5000-1 号指令（DoDD 5000-1）、国防部 5000-2 号指示（DoDI 5000-2）和临时的国防采办指南（IDAG）。通过分析国防部项目管理的内外部环境，结合美国国防部项目采办管理的特点，提出了一套系统阐述国防项目管理的知识体系，共分为四个部分。

第一部分介绍了项目管理框架，包括国防部项目管理的内外部环境和过程。

第二部分阐述了项目管理的知识领域。美国国防项目管理知识领域包括项目一体化管理、范围管理、时间管理、费用管理、质量管理、人力资源管理、沟通管理、风险管理、采购管理。

第三部分阐述了美国国防采办知识领域，主要包括系统工程管理、软件采办管理、后勤管理、试验与鉴定管理、制造管理。

第四部分提供了项目管理的专用词语。

另外，美国国防项目管理知识体系还涵盖了国防采办系统、国防采办系统的运作以及临时的国防采办指南。

2. 欧洲航天局的项目管理知识体系

欧洲航天局的项目管理知识体系主要是以欧洲空间标准化合作组织（ECSS）标准的形式固化下来，经过多年实践规范化的管理体系，符合执行者的现有结构，并适应不断变化的项目的各个阶段及新项目。它包含从任务目标的确定到最后的处置，应用于空间项目管理的基本要求和总体原则，规定了有关工程与产品保证领域各种活动的范围和接口。

其核心思想包括以下几点：

（1）提出并描述由 ECSS 为进行管理方面和技术方面的活动而制定的文件，这些活动是同空间项目的开发和执行有关的；

（2）为空间项目的执行，规定基本管理规则；

（3）规定的这些规则适用于所有项目的执行者，执行者包括航天局及工业、科学实验室等；

（4）确定项目要求，而无须给执行者设立特殊的组织机构；

（5）为满足特定的项目需要，提出这些要求如何进行剪裁。

其结构分为三个主要部分，即管理、工程和产品保证。这三个部分分别由第 1 层次文件加以介绍，这些顶层文件具有标准和信息的双重性质。第 1 层次文件中论述的基本原理，在第 2 层次文件中进行详细的阐述。

（1）ECSS-M-00 对管理标准的范围、内容和结构作总的介绍，同时还涉及剪裁、风险管理和全面项目管理。

（2）ECSS-M 管理标准规定应用于项目寿命周期内全面活动的过程要求。这些标准描述为制定项目分解结构（如产品树、工作分解结构）、项目组织、成本和进度管理，以及包括技术状态管理、文件管理和综合后勤保障诸方面所需要完成的工作。

（3）ECSS-Q 空间产品保证标准规定了在空间项目期间产品保证活动的管理和实施方面的要求（质量保证，可信性，安全性，EEE 元器件控制，材料、机械零件及工艺控制，软件产品保证）。

（4）ECSS-E 工程标准是用于产品本身的，包括：应用于空间体系及其要素或功能的工程过程；用于完成空间任务或同空间任务有关的零件、组件、设备、分系统和系统的技术方面。

3.《中国国防项目管理知识体系》

2006 年《中国国防项目管理知识体系》第 1 版出版。根据国防项目管理及认证的特点与形势发展需要，2010 年修订了第 2 版，主要增加了 ICB3.0 的内容。2017 年修订出版了第 3 版。

第 3 版《中国国防项目管理知识体系》，在第 1、2 版的基础上，纳入近十年项目管理的最新变化，共分为 5 篇。

第一篇基础篇，主要介绍了国防项目管理的基本概念、演进和发展、地位和作用、范畴和分类、组织和结构，以及核心思想体系等基本知识。

第二篇流程篇，主要介绍了国防项目寿命周期过程，包括预研和演示、论证和方案、研制和定型、生产和部署、使用和保障、退役和报废 6 个阶段，阐述了国防项目管理的概念内涵、工作内容和管理过程及方法工具。

第三篇要素篇，主要介绍了国防项目管理的知识领域，包括国防项目的范围管理、进度管理、费用管理、质量和可靠性管理、技术与工艺管理、资源管理、采购与合同管理、沟通管理、风险管理、利益相关方管理、保障管理、集成管理12 个知识领域，阐述了概念内涵、工作内容、适用的方法和工具。

第四篇国防多项目管理篇，重点内容为组织级项目管理，主要介绍了国防项目群、项目组合管理的概念内涵、管理过程及内容、管理重点、适用技术与方法工具等。

第五篇技术、方法与工具篇，主要介绍了国防项目管理的方法与工具，从系统方法、系统技术、常用方法和工具等方面，阐述了国防项目管理方法和工具的基本原理及使用方法。

2.3　项目管理技术与方法

项目管理是一门应用学科，它是一整套管理项目的思维方法和技术，高度融合了管理学、经济学、系统学、工学、理学、文学、法学、哲学等多个学科，以及系统工程、价值工程、统筹学、运筹学、知识管理等多种方法，具有典型的跨学科性和复杂性。笔者认为，一切能为项目目标成功实现的技术与方法都可以作为项目管理的技术与方法使用。

1. 项目管理的三大法宝

项目管理理论体系有自己经典的实用工具，统称为三大法宝。一是在确定项目目标和范围时，即项目前期普遍用到的工作分解结构（Work Breakdown Structure，WBS）。它是项目管理中的一种基本方法，WBS 最后构成一份层次清晰、可以具体作为组织项目实施的工作依据。二是计划阶段的网络计划和评审技术。项目管理是从网络计划技术开始的，网络计划是以网络图为基础的计划模型，它最基本的优点就是能直观地反映工作项目之间的相互关系，使一项计划构成一个系统的整体，从而为实现计划的定量分析奠定基础。常用的网络计划技术包括搭接网络（PN）、决策关键线路法（DCPM）、图形评审技术（GERT）和风险评审技术（VERT）等。三是在实施控制阶段的挣值技术。挣值法实际上是一种分析目标实施与目标期望之间差异的方法，常被称为偏差分析法。挣值法通过测量和计算已完成的工作的预算费用与已完成工作的实际费用和计划工作的预算费用得到有关计划实施的进度和费用偏差，从而达到判断项目预算和进度计划执行情况的目的。因此，它的独特之处在于以预算和费用来衡量工程的进度。挣值法取名正是因为这种分析方法中用到的一个关键数值——挣值（已完成工作预算）。挣值法在西方得到普遍使用，在我国随着科学管理的普及和重视，已经被越来越多的有识之士关注和应用。

2. 项目管理的系统方法与技术

项目管理的系统方法主要有系统工程、并行工程、流程再造、价值工程、成熟度评估、知识管理、学习型组织、六西格玛、现场管理的 6S 方法等。

项目管理的系统技术主要有模拟仿真、QFD、寿命周期费用分析、网络计划技术、数学分析技术、综合评价技术、层次分析法、SWOT、TRIZ 技术、持续采办和全寿命支持等。

3. 项目管理的常用方法和工具

项目管理的常用方法和工具主要包括项目论证、项目进度管理、项目费用管理、项目质量控制、项目风险分析和控制等方面及通用的方法和工具等。

项目论证方面包括要素分层法、方案比较法、盈亏平衡分析、敏感性分析、概率分析、项目财务评价、国民经济评价方法、资金的时间价值等。

项目进度管理方面包括里程碑计划、甘特图、责任矩阵、进度偏差分析法、关键路径法、计划网络技术、计划评审技术等。

项目费用管理方面包括资源费用曲线、挣值法、有无比较法等。

项目质量控制方面包括质量控制的数理统计方法、质量因果图、质量控制图、质量控制流程图、质量直方图、帕累托图、质量趋势图等。

项目风险分析和控制方面包括情景分析法、风险可能和危害分析法、主观评分法、决策树法、故障树分析法、外推法、蒙特卡罗模拟法等。

项目管理通用的方法和工具方面包括工作分解结构、头脑风暴法、德尔菲法、优胜基准学习法等。

第3章
军地协同项目管理体系

建立科学的军地协同项目管理体系是一项基础性的工作，也是项目管理逐渐成熟的标志。它可以对军地协同项目管理进行理论和实践的指导，确保项目的有效实施，是成功的项目管理的有力保障。本章主要介绍构建体系的相关概念，以及智能时代军地协同项目管理体系模型、组织机制、实施模式等。

3.1 相关概念

3.1.1 概念

1. 体系

体系是指为实现某一特定目标，若干有关事物互相联系、互相制约而构成的一个整体。也就是说，体系是为了实现某一目标的需要，由组织机构、职责、程序、活动、能力和资源等构成的有机的综合体，有时也称为系统。

体系具有一系列特征：

（1）具有纵向、横向和纵横统一的立体结构；

（2）纵向：相互贯通性，可以分为大小系统、不同层次、时间次序等；

（3）横向：基础科学、应用科学（管理科学、项目管理）、人文科学等；

（4）各要素之间的相关性等。

2. 管理体系

管理体系是指建立方针和目标并实现这些目标的体系。一个组织的管理体系可包括若干不同的管理体系，如质量管理体系、财务管理体系或环境管理体系。将两种或两种以上的管理体系经过有机结合，而使用共有要素的管理体系称为综合管理体系。

项目管理体系是用来帮助企业顺利完成项目的一套科学、系统的方法和策略，一套真正好的并且适合企业自身的项目管理体系，不仅可以对项目进行有效的管理，大大提高项目完成的效率，而且能为企业积累并记录下丰富的项目管理经验，是企业发展的一笔宝贵财富。

3. 模型

模型就是一个系统。在系统工程中，模型是系统的代名词。我们说某一模型，就代表着某一类系统；反之，说某一个系统，就意味着使用它的某一些模型。

系统模型高于实际的某一个系统而具有同类系统的共性，所谓"同类"，其意义是比较广泛的，例如，一个机械系统与一个电路系统，人才管理与项目管理，似乎很不相同，但是在"相似系统"的意义上，它们可以是同类的，可以用一个便于建造的系统去代替另一个系统进行研究。

模型方法是系统工程的基本方法。研究系统一般都要通过它的模型来研究，甚至有些系统只能通过模型来研究。

对于同一个系统，从不同的角度或用不同的方法，可以建立各种模型。同一个模型，特别是数学模型，对它的参数和变量赋予具体各异的物理意义，可以描述不同的系统。系统、模型（系统模型，System Model）、仿真（系统仿真，System Simulation）3 个概念是一根链条上的 3 个环节，是一个工作程序的 3 个步骤。研究系统要借助模型，有了模型要进行运作——这就是仿真。根据仿真的结果，修改模型，再进行仿真（反复若干次）；根据一系列仿真的结果，得出现有系统的调整、改革方案或者新系统的设计、建造方案，中间穿插若干其他环节。这就是系统工程研究解决实际问题的工作过程。

3.1.2　构建体系的基本原则

构建体系的基本原则有以下 4 个方面：

（1）真实性：反映系统的物理本质。

（2）简明性：模型应该反映系统的主要特征，简单明了，容易求解。

（3）完整性：应包括目标与约束两个方面。

（4）规范化：尽量采用现有的标准形式，或对于标准形式加以某些修改，使之适合新的系统。因为标准形式往往有成熟的解法，有标准的计算机程序可以调用。规范化的要求并不排斥创造性；相反，应该积极创新，使之规范化，从而可以解决同一类的若干问题。

以上各条要求往往互相抵触，特别是真实性与简明性这两条。所以，掌握以下原则很重要：体系的作用不在于也不可能表达系统的一切特征，而是表达它的主要特征，特别是表达我们最需要知道的那些特征。一个成功的体系须在以上各条要求之间恰当地权衡、折中与取舍。体系的完整性，实际上体现了建立或运作一个系统的需要与可能两个方面。

建立体系是一种创造性的劳动，这不仅是一种技术，也是一种艺术和哲学思考。对于同一个系统，不同的人员建立的体系可能大不相同，有巧、拙、优、劣之分。没有一个所谓通用的标准，对一切系统都能照搬照用。必须一切从实际出发，具体问题具体分析。必须实事求是，从理论与实践的结合上解决问题。

3.1.3　现代项目管理三大基础体系

现代项目管理的知识体系、工作与职能体系及工具方法体系，被称为现代项目管理的三大基础体系。

1. 现代项目管理知识体系

现代项目管理知识体系在本书第 2 章已经有详细介绍。目前国际上比较认可的还是美国项目管理协会（PMI）颁布的《项目管理知识体系指南》（*A Guide to the Project Management Body of Knowledge*，PMBOK）和项目管理标准（ISO 21500）。ISO21500 的内容也是基本按照 PMI 颁布的《项目管理知识体系指南》的内容撰写的，从 1984 年至今该指南已经有 6 个版本，它已成为项目管理从业人员专业资质培训认证的主要内容，可以对项目管理从业人员的知识能力进行评估。它主要包括 10 个方面内容，即范围管理、进度管理、费用管理、质量管理、资源管理、沟通管理、风险管理、采购管理、项目相关方管理、整体管理等。

2. 现代项目管理工作与职能体系

1）基于项目逻辑

基于项目逻辑，可将项目按项目管理维度、技术与过程维度、组织与人员维度和一般日常管理维度进行划分。

（1）项目管理维度，包括系统管理、计划管理、项目周期确定、项目环境分析、项目评价、项目成败尺度设定、资源整合、过程控制、项目总结等。

（2）技术与过程维度，包括工作定义、计划制订、进度安排、预算、费用控制、绩效监测、风险管理、价值管理、变化控制等。

（3）组织与人员维度，包括组织设计、控制与协调、沟通、领导、指派代表、组建队伍、冲突管理、谈判协商、管理改进等。

（4）一般日常管理维度，包括运行与技术管理、市场与销售、财务、信息、法律、采购、质量、安全、劳资关系等。

2）基于项目寿命周期

基于项目寿命周期，可以将项目分为概念阶段、开发阶段、实施阶段和收尾阶段。

（1）概念阶段（论证），包括一般机会研究、特定项目机会研究、方案策划、初步可行性研究、详细可行性研究、项目评估、明确合作伙伴、风险确定、目标确定、项目商业计划书编写等。

（2）开发阶段，包括建立项目组织、项目背景描述、范围规划、范围定义、工作分解、工作排序、工作延续时间估计、进度安排、资源计划、费用估计、费用预算、质量计划、质量保证等内容。

（3）实施阶段，包括采购规划、招标采购的实施、合同管理基础、合同履行和收尾、实施计划、安全计划、项目进展报告、进度控制、费用控制、质量控制、安全控制、范围变更控制、生产要素管理、现场管理与环境保护、人员激励等内容。

（4）收尾阶段，包括范围确认、质量验收、费用决算与审计、项目资源与验收、项目交接与清算、项目审计、项目后评价、项目组织解散等内容。

3. 现代项目管理工具方法体系

现代项目管理工具方法体系体现了多学科知识与技能的融合，主要有要素分层法、方案比较法、资金的时间价值、评价指标体系、项目财务评价、国民经济评价、不确定性分析、环境影响评价、项目融资、模拟技术、里程碑计划、工作分解结构、责任矩阵、网络计划技术、甘特图、资源费用曲线、质量技术文件、并行工程、数理统计、偏差分析法、决策树、鱼骨刺图、直方图、生命周期成本等工具方法。随着计算机技术的不断发展，项目管理软件技术进步很快，项目管理工具方法体系更直接地体现在项目管理软件当中。

3.2　军地协同项目管理体系

3.2.1　概述

建立智能时代军地协同项目管理体系，必须深刻理解中国特色军地协同发展的内涵。中国特色军地协同发展的时代背景是当代科技革命、产业革命和新军事变革迅猛发展的需要；根本目的是实现富国和强军的统一；根本方法是统筹经济建设和国防建设；根本动力是不断推进改革创新；主要任务是建立和完善国防建设体系；基本要求是实现更广范围、更高层次、更深程度的融合。

当前，我国军地协同发展处在一个快速发展的新阶段，管理体制、机制、方式、步骤正在逐步形成和完善。2017 年 12 月，国务院办公厅发文明确了当前和今后一个时期是军地协同发展的战略机遇期，也是军地协同由初步融合向深度融合过渡、进而实现跨越发展的关键期，国防科技工业领域军地协同潜力巨大。国防科技工业是军地协同发展的重点领域，是实施军地协同发展战略的重要组成部分，对提升中国特色先进国防科技工业水平、支撑国防军队建设、推动科学技术进步、服务经济社会发展具有重要意义。

通过军地协同发展的项目管理体系建设，努力形成统一领导、军地协调、顺畅高效的组织管理体系，国家主导、需求牵引、市场运作相统一的工作运行体系，着力解决制约军地协同发展的体制性障碍、结构性矛盾等，充分发挥政府和市场的引导作用，带动民用科技工业部门广泛进入国防工业自主创新领域，不断提升国防工业自主创新能力和水平。

3.2.2　管理体系模型

军地协同项目管理体系总体模型如图 3-1 所示。

第一层面：战略规划层面。军地协同项目管理体系的顶层是军地协同国家战略，它包括规划体系、技术体系、管理体系 3 个部分。规划体系是核心，技术体系和管理体系支撑规划体系。

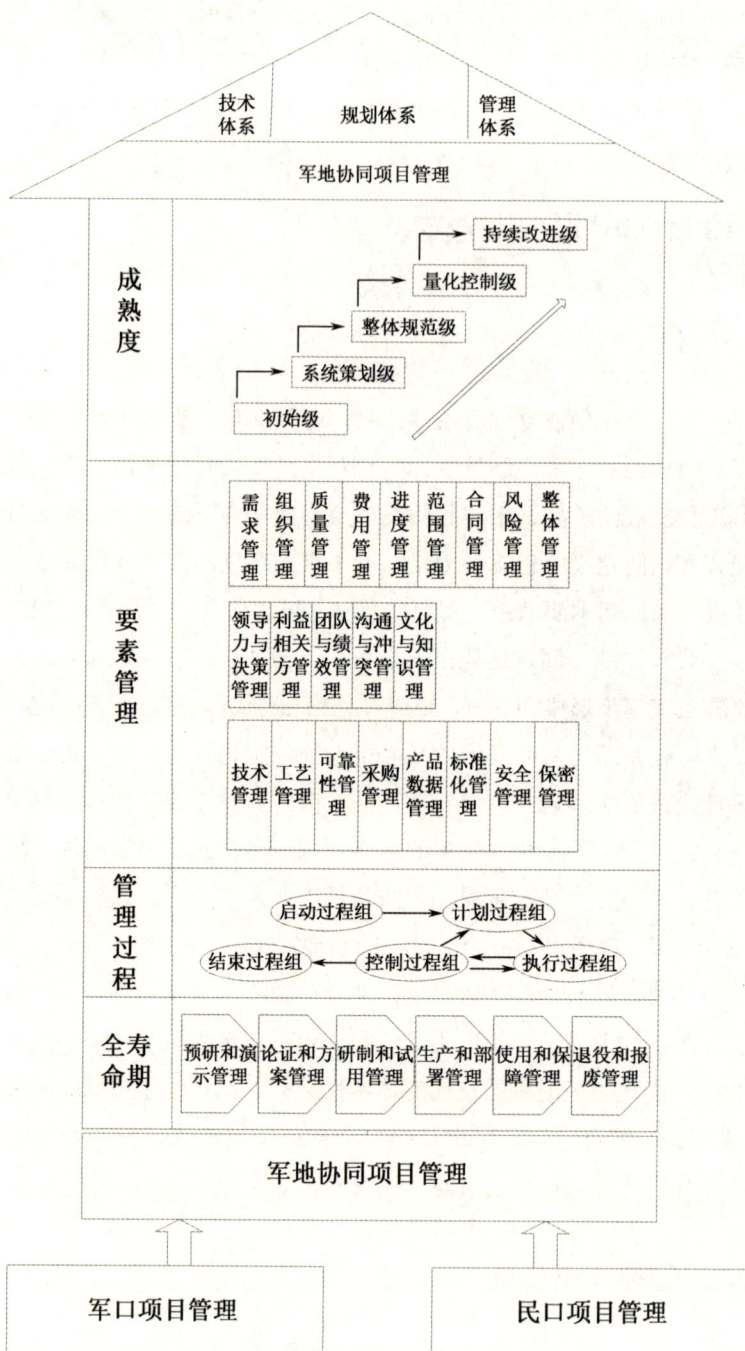

图 3-1　军地协同项目管理体系总体模型

第二层面：工作运行层面。军地协同项目运行层面，由军地协同项目纵向全寿命期、军地协同项目横向的要素管理、军地协同项目的管理过程、军地协同项目组织成熟度组成。

军地协同项目纵向全寿命期管理划分为 6 个阶段，分别为预研和演示管理、论证和方案管理、研制和试用管理、生产和部署管理、使用和保障管理、退役和报废管理。

军地协同项目横向要素管理分为 3 个层次 22 个管理要素，3 个层次为硬要素管理、软要素管理、领域要素管理。22 个要素分别如下：

硬要素管理 9 项：需求管理、组织管理、质量管理、费用管理、进度管理、范围管理、合同管理、风险管理、整体管理。

软要素管理 5 项：领导力与决策管理、利益相关方管理、团队与绩效管理、沟通与冲突管理、文化与知识管理。

领域要素管理 8 项：技术管理、工艺管理、可靠性管理、采购管理、产品数据管理、标准化管理、安全管理、保密管理。

军地协同项目的管理过程是 5 个过程组，分别是启动过程组、计划过程组、执行过程组、控制过程组、结束过程组。

军地协同项目组织成熟度的 5 个层级，分别为初始级、系统策划级、整体规范级、量化控制级、持续改进级。

工作运行层面的相互关系是：军地协同项目全寿命期 6 个阶段的纵向管理，军地协同项目横向的 3 个层级 22 个要素管理，全部的管理过程是按照启动、计划、执行、控制、结束的顺序进行 PDCA 循环的，管理的效果评价机制是以 5 级成熟度模型为标准进行评估的。

3.2.3　技术体系架构

智能时代涌现的大量新技术，为军地协同项目管理体系落地提供了各种技术手段，大数据环境下军地协同项目全寿命管理支持系统架构如图 3-2 所示。该系统用现代项目管理和系统工程理论做指导，在系统集成思想的统领下，采用云计算、大数据、人工智能等技术，实现项目全寿命期内多个管理要素的分布式协同管理。

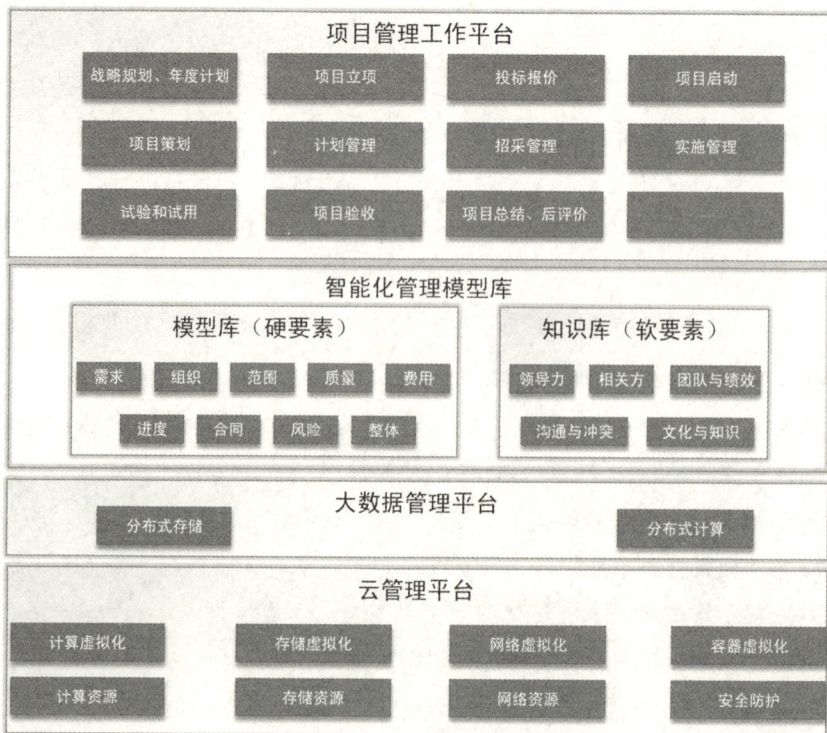

图 3-2　军地协同项目管理技术架构

其中，云管理平台，基于云计算、云存储，通过 KVM、Docker 等虚拟化技术，对管理范围内的计算、存储和网络资源进行运行管理与服务调度，实现快速创建、按需调度、自动伸缩、安全可靠的云计算环境；大数据管理平台，提供大数据存储管理和分析挖掘功能，为上层服务提供支撑；智能化管理模型库，包括项目管理 9 个硬要素管理模型和 5 个软要素管理模型；项目管理工作平台，为用户提供覆盖项目全寿命周期各阶段的管理应用。

3.3　军地协同项目管理组织机制

3.3.1　西方军地协同组织体系

西方国家凭借自身发达的资本市场体系，以有限的国防预算撬动社会资本参与国防工业建设，形成了根植国民经济体系、军地深度协同的国防工业体系。下面以美国为例进行说明。

　　1993 年，美国开始执行国防转轨战略，要求政府所属研究机构、大学、工业界三方合作，大力发展军民两用技术，并要求武器系统中大量采用民用技术和产品。在军民两用技术研发领域，政府承担研发投资的 50%。1995 年，美国私人企业研发投资高出政府投资，并持续增长。民用研发投资的持续增长和民用科技进步为武器科研提供了更广泛的技术储备，并奠定了工业基础。1997 年，美国国会颁布《国防授权法》，不仅再次强调"两用技术"的重要性，并且制定了"军民两用技术战略"，指出大力发展既满足军事需求又满足商业应用同时具有产业化发展潜力的技术。

　　在美国太空战略发展过程中，美国航空航天署也曾遭遇经费不足问题，1994 年推出"技术转移计划"，每年拿出预算的 20%支持商业合作伙伴研发新技术，降低进入太空的成本。在"技术转移计划"中，波音公司和洛克希德·马丁公司都是美国航空航天署的长期外包单位，两家航天公司主要设计了两种用途类似但结构不同的进化型一次性运载火箭，这不仅为美国航空航天署节省了一大笔研发费用，还大大提高了美国的火箭发射水平。

　　美国国防高级研究计划局（Defense Advanced Research Projects Agency，DARPA）是专门负责管理国防预先研究计划项目的机构。40 多年来，DARPA 为美国高新技术的发展做出了巨大贡献，例如，20 世纪 80 年代，DARPA 主持并研发了美国"星球大战计划"（又称"战略防御倡议"，the Strategic Defense Initiative，SDI）中的大部分技术项目（尤其是监视技术和定向能技术），而成为现代通信重要工具的互联网则是直接从 DARPA 研发成功的 ARPANET 进化而来的。同时，DARPA 为美军组织研发了许多重要的武器系统，如陆军的"轻标枪"导弹、OH-58D 战斗直升机及陆基战术导弹系统等，以及海军的F/A-18 舰载机、MIRACL 反弹道导弹系统、卫星导航系统等。

　　DARPA 是典型的扁平化项目管理组织，由 8 个技术项目办公室和 3 个职能办公室组成，其组织结构如图 3-3 所示。

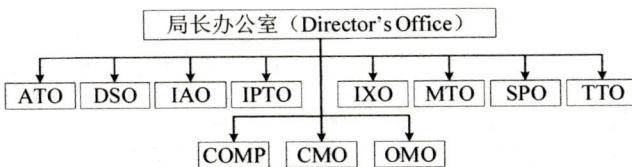

图 3-3　DARPA 的组织结构

1. 技术项目办公室

（1）先进技术办公室（Advanced Technology Office，ATO）。该办公室主要负责研发和演示验证军事应用 C^4I 技术、特种作战和信息战领域的技术项目。这些技术项目所产生的作战能力可以支持针对全谱冲突的军事行动。ATO 的职责就是探索新技术，并将最先进的技术用于军事系统中，最终目的就是生成高效费比的军事作战系统以应对新的或潜在的威胁。

（2）国防科学办公室（Defense Sciences Office，DSO）。其主要任务是利用具有重要应用前景的科学发现和工程创新来提升国防能力。DSO 负责的技术项目主要涵盖生物战技术项目、生物技术、新材料技术和数学方法。

（3）信息感知办公室（Information Awareness Office，IAO）。其主要任务是研发可用来实施国家安全预警、告警和决策的信息技术与系统，以应付非对称的威胁。

（4）信息处理技术办公室（Information Processing Technology Office，IPTO）。其主要任务是研发确保国防部对任何对手都具有军事优势的网络技术、计算机技术和软件技术。

（5）信息开发办公室（Information Exploitation Office，IXO）。其主要任务是研发可用于战场空间感知、探寻、指挥控制和地面基础设施的传感器、信息技术与系统。

（6）微系统技术办公室（Micro-systems Technology Office，MTO）。其主要任务是将电子学、光子学和微机电系统（Micro-Electro-Mechanical Systems，MEMS）芯片进行综合集成，产生新的武器系统，以保护美国不受生化武器和信息武器攻击。

（7）特种项目办公室（Special Projects Office，SPO）。其主要任务是找到系统的解决方法以应对当前和潜在的威胁。在应对当前的挑战方面，SPO 重点发展可精确杀伤移动目标、发射器及隐身（包括地下）目标的技术项目。在应对潜在威胁方面，SPO 重点发展可针对生物武器、核扩散、低成本、低技术的飞行器和导弹及 GPS 干扰的技术项目。当前 SPO 的技术项目主要包括先进传感器和雷达技术、信号处理技术及导航和制导系统。

（8）战术技术办公室（Tactical Technology Office，TTO）。该办公室致力于高风险、高回报的军事技术项目研发，重视应用系统和子系统方法研发航空、航天、陆基系统、嵌入式处理器及各种控制系统领域的技术项目。

2. 职能办公室

审计办公室（Office of the Comptroller，COMP）：对项目经济活动的真实性、合法性和效益性进行独立监督和评价。

合同管理办公室（Contracts Management Office，CMO）：对项目各类合同签署、实施的全过程进行管理和监督。

管理运筹办公室（Office of Management Operations，OMO）：对项目实施过程进行必要的管理和控制。

2000 年，DARPA 的项目管理办公室进行了调整。调整后的 DARPA 只有 7 个项目管理办公室和 2 个职能办公室，如图 3-4 所示。

图 3-4 中 ISO 是指信息系统办公室（Information Systems Office），ITO 是指信息技术办公室（Information Technology Office），MAO 是指军事助理办公室（Military Assistant Office），OLO 是指业务联络办公室（Operational Liaisons Office）。

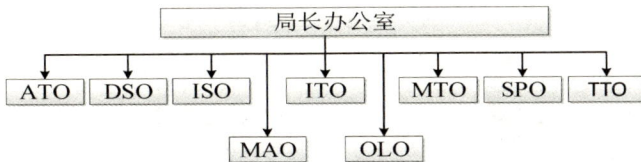

图 3-4　DARPA 在 2000 年的组织结构

3.3.2　中国军地协同组织机制

中国军地协同的组织机制是随着我国国防军工的发展逐步形成的。经过研究，下面对现行的军地协同项目的管理体制机制、组织运行方式、项目管理类型、项目管理模型进行介绍。

1. 管理体制机制

《现代汉语词典》中"机制"指的是有机体的构造、功能和相互关系，泛指一个工作系统的组织或部分之间相互作用的过程和方式，如市场机制、竞争机制、用人机制等。

"体制"指的是国家机关、企业、事业单位等的组织制度，如领导体制、政治体制等。

体制创新是保障，机制创新是动力。在国家层面，顶层是十分重视军地协同项目管理的体制机制建设的，并且已经把它作为一个项目实施管理，如图 3-5 所示。

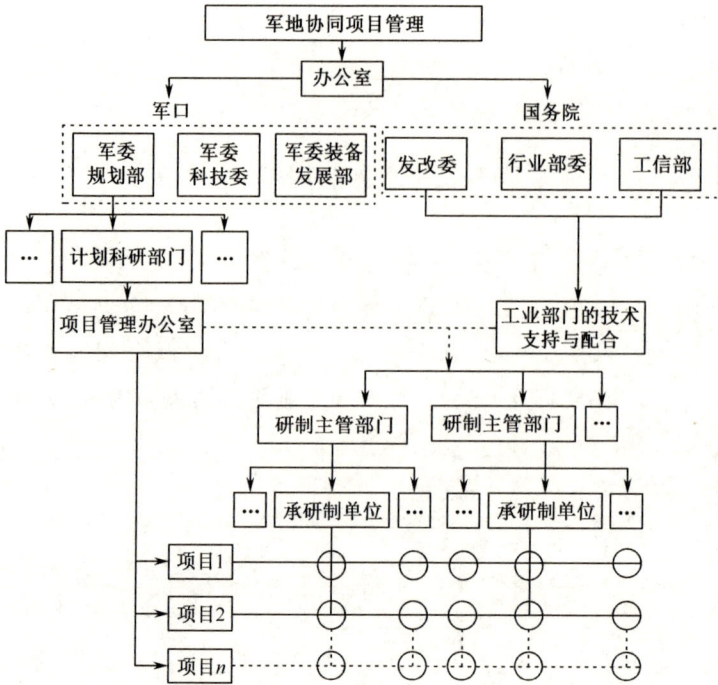

图 3-5　军地协同项目管理组织机制结构

军地协同组织机构主要是国务院、中央军委。国务院涉及的军地协同主要部委有发改委、国资委、工信部及其他相关部委。中央军委涉及的军地协同主要机构有军委规划部、军委科技委、军委装备发展部等有关部委。

军地协同下的武器装备型号项目，采取的是矩阵式的组织构架。军方提出项目需求，是项目的甲方、投资方，同时又是用户和使用方；国务院国资委和工信部所属的 11 大军工集团及相关单位是乙方、承包方，同时又是承研方和制造方。

2. 组织运行方式

军地协同项目管理的运作模式从军口和民口两个方面进行战略级、系统级、项目级的高度融合，以实现军地协同一体化发展的新格局。

在战略级层面，要从军地协同项目管理的体制、机制、战略等方面实现融合；在系统级层面，要从领域、体系、系统等方面实现融合；在项目级层面，要从企业、项目、产品等方面实现融合。军地协同项目管理的运行模式如图 3-6 所示。

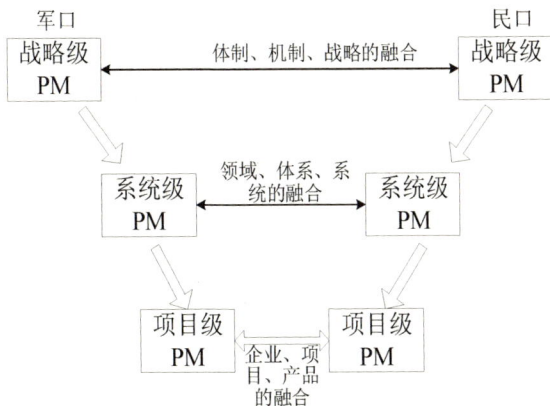

图 3-6　军地协同项目管理的运行模式

3. 项目管理类型

军地协同项目管理的分类有多种方式和维度。

（1）按层次分。包括军地协同战略级项目管理、军地协同系统级项目管理、军地协同项目级项目管理。战略级项目管理主要是国家和军队对军地协同项目管理的顶层战略、方向、政策、法规、体制、规划等的管理，目前阶段主要是由中央军地协同发展委员会领导下的国家和军队主要职能部门参加的，由工信部和军委装备发展部具体负责的军地协同战略级项目管理。系统级项目管理主要是国家和军队对军地协同项目管理的体系、系统、分类、规章制度等的管理，目前阶段主要是由科工局和军委装备发展部军地协同部门具体负责的军地协同系统级项目管理。项目级项目管理主要是军地协同的武器装备项目的管理，目前阶段主要是由各军兵种、军工集团、民转军企业具体负责的军地协同武器装备型号项目的管理。

（2）按甲方分。包括陆军军地协同项目管理、海军军地协同项目管理、空军军地协同项目管理、火箭军军地协同项目管理、战略支援军军地协同项目管理。甲方既是军队，是需求方，是武器装备的投资方，也是用户。

（3）按军工企业分。包括核工业军地协同项目管理、航天军地协同项目管理、航空军地协同项目管理、船舶军地协同项目管理、兵器军地协同项目管理、电子军地协同项目管理、发动机军地协同项目管理。乙方既是目前的国防军工企业，是承制方，也是目前的主要承包方。

（4）按武器装备全寿命管理阶段分。包括预研和演示项目管理、论证和方案项目管理、研制和试用项目管理、生产和部署项目管理、使用和保障项目管理、退役和报废项目管理。

（5）按武器装备性质分。包括战斗类项目军地协同项目管理、保障类项目军地协同项目管理。

（6）按军地协同内容分。包括军转民项目的项目管理、民转军项目的项目管理、军民一体化项目的项目管理。

4. 项目管理模型

军地协同项目管理主体四维模型主要包括管理主体维度、管理行业维度、管理生命期维度、管理要素维度。

1）管理主体维度

军地协同管理主体维度有两个，分别是军方（甲方）项目管理、国防工业部门（乙方）项目管理。

（1）军方（甲方）项目管理。军地协同军方（甲方）的项目管理主要指围绕国防战略和作战需求而产生的国防项目，它与一般项目管理最大的不同在于，它既是投资方，又是项目成果的使用方，并且国防项目的显著特点是系统性、时效性、威慑性、科学性。它的管理层级按照"军委管总、战区主战、军种主建"的职能划分，在国防项目上，按照军队各级装备机关管投资、管效益，军队各级型号项目办公室、军代表系统管项目，部队管使用的管理模式组织实施。

（2）国防工业部门（乙方）项目管理。军地协同国防工业部门（乙方）的项目管理主要指根据甲方需求和工业科技及制造能力，组织国防项目的预研、研制、制造、使用保障和报废处理的管理。目前管理层级基本是按照国防科工局及各大军工集团管总，各军工研发机构和主机厂（所）管装备的整体研发制造，各军工配套企业及有资质从事军工的民用企业配套研发制造的三级科研及研发制造体系。

2）管理行业维度

军地协同管理行业维度有 7 个，分别是：核工业军地协同项目管理维度、航天军地协同项目管理维度、航空军地协同项目管理维度、船舶军地协同项目管理维度、兵器军地协同项目管理维度、电子军地协同项目管理维度、发动机军地协同项目管理维度。

3）管理生命期维度

军地协同管理生命期维度有 6 个，分别是：预研和演示管理、论证和方案管理、研制和试用管理、生产和部署管理、使用和保障管理、退役和报废管理。

4）管理要素维度

军地协同管理要素维度有 22 个，分别是：需求管理、组织管理、范围管理、质量管理、费用管理、进度管理、合同管理、风险管理、整体管理、领导力与决策管理、利益相关方管理、团队与绩效管理、沟通与冲突管理、文化与知识管理、技术管理、工艺管理、可靠性管理、采购管理、产品数据管理、标准化管理、安全管理、保密管理。

3.4　军地协同项目管理实施模式

3.4.1　军地协同项目推广方式

根据我国军民两用技术成果的推广现状，结合我国国防科技工业市场经济体制尚不完善的具体实际，按照计划机制和市场机制的相互作用关系、程度及推广主体的不同，将我国军地协同项目实施模式分为政府主导型推广方式、企业主导型推广方式、科研机构主导型推广方式及协作型推广方式 4 种。

1. 政府主导型推广方式

政府主导型推广方式是指以政府军民两用技术成果推广部门为主体，立足国家科技创新系统，在计划机制作用下以贯彻落实政策法规、适应国家战略需要、实现军民协调发展为目标的推广方式。在这种推广方式中，政府作为主体处于主导地位，根据两用技术成果的公共物品性质或者重大战略规划，确定两用技术推广目标，并对整个推广过程实行统一的领导、调控及监管，充分发挥其行政职能。政府不仅是两用技术成果推广的拉动力和推动力，更是两用技术成果推广所需资金的提供者，保障两用技术有计划、有组织地进行推广应用。

2. 企业主导型推广方式

企业主导型推广方式是指以企业作为两用技术成果的推广主体，在市场机制作用下面向两用技术市场，以经济效益和社会效益为目标的推广方式。在这种类型的推广方式中，企业是两用技术成果的推广主体，企业自身负责资金的筹集使用，更有利于完善与利用多元化、多渠道的两用技术成果推广投融资体系，甚至有利于激活风险投资市场；同时企业以经济利益为中心，注重两用技术成果的推广应用前景，组织方式更加灵活、有效。两用技术成果推广过程更加系统、连续，可以提高军民两用技术成果推广的规模、水平。

3. 科研机构主导型推广方式

科研机构主导型推广方式是指以科研院所和大学等机构为推广主体，以政府或军工企业为引导，在充分发挥科研单位技术、信息、人才优势的条件下，以实现两用技术成果价值为目标的推广方式。政府或军工企业通过相关军民两用技术成果发展规划，选择并支持科研单位承担两用技术成果研发项目，提供两用技术研发及推广的主要资金。科研单位则负责承接政府或军工企业的两用技术课题、项目，并且通过直接或间接的方式将两用技术成果推广至技术需求方。可见，两用技术成果的推广主体是科研单位，便于充分发挥科研单位技术、人才及信息优势，能够将科研、推广有机结合起来，既提高了两用技术成果推广的成果率，又充分利用了各种资源要素。

4. 协作型推广方式

协作型推广方式是指两用技术科研单位与两用技术发展企业进行优化组合，并辅之以政府参与的两用技术成果推广方式。在协作型推广方式下，合作各方通过建立稳定的合作关系共同作为推广主体，两用技术成果既可以通过合作研发方式获得，也可以通过技术引进方式获得。联合主体经过技术培训、技术二次开发及技术示范等方式完成两用技术成果推广工作。推广资金来源于政府拨款和自筹经费，合作各方共同投资、共担风险。推广过程兼顾两用技术成果的经济效益和社会效益，不仅可以实现技术与资金的优势互补，而且可以避免两用技术推广风险过大而导致推广失败。

3.4.2　项目实施模式选择

军地协同项目实施的 4 种推广方式，每一种方式都有其优势和局限性，适应于不同种类的项目。项目管理者可根据具体项目的特点选择合适的项目实施模式。

军工集团在选择军地协同项目实施模式时，应主要依据以下因素：

（1）项目的复杂性和对项目的进度、质量、投资等方面的要求；

（2）投资、融资有关各方对项目的特殊要求；

（3）法律法规、部门规章及项目所在地政府的要求；

（4）项目管理者和参与者对该管理模式认知和熟悉的程度；

（5）项目的风险分担，即项目各方承担风险的能力和管理风险的水平；

（6）项目实施所在地市场的适应性，在市场上能否找到合格的实施单位。

一直以来，由于我国军地协同机制并没有完全建立起来，军民之间信息阻塞、信息不对称等问题普遍存在。因此，政府主导型推广方式是目前我国军民两用技术成果推广的主要形式，在我国军民两用技术成果推广体系中占据主体地位。

与政府主导型推广方式不同，军民两用技术成果的企业主导型推广方式是在市场机制的作用下完成的，是市场经济体制下政策法规、信息服务、金融机构、中介组织等条件不断完善、协同作用的结果。政府在两用技术成果推广中的主要作用是政策引导或服务监督。

科研单位主导型推广方式与协作型推广方式是计划机制和市场机制共同作用的结果，是对前两种军民两用技术成果推广类型的必要补充，在我国军民两用技术成果推广中发挥着不容忽视的作用。其中，协作型推广方式对于中小企业而言尤为重要。可以说，在我国国民经济系统中各行各业在资金、技术及信息等方面或多或少地存在着劣势，中小企业更是如此。这在一定程度上造成了两用技术成果推广的困难，这就需要政府搭建技术合作平台，给予政策支持，促进军民两用技术成果在中小企业的推广应用，提升我国中小企业技术创新水平和能力。

通过前面对军民两用技术成果推广机制及类型的分析，可以看出不同推广方式在作用机制、推广主体、适应范围及政府作用等方面既有区别又有联系，归纳得到如表 3-1 所示的不同类型军民两用技术成果推广方式的比较分析。

表 3-1 不同类型军民两用技术成果推广方式的比较分析

项目类型	作用机制	推广主体	主要适用范围	资金来源	政府作用
政府主导型	计划	政府	两用技术经济效益不明显，但公益性强，与重大战略相关	政府	确立目标、制定规划、推动实施
企业主导型	市场	企业	具有良好前景且效益高的两用技术，技术服务系统且连续	企业	政策引导、服务监督
科研单位主导型	市场+计划	科研单位	两用技术推广依托课题或者项目的研发进行	政府、科研单位	制定标准、政策引导
协作型	市场+计划	联合主体	两用技术推广风险较大，具有共同需求，优势互补	政府、科研单位、企业	制定优惠政策、构建合作平台

第 4 章
军地协同项目全寿命期管理

智能时代的军地协同项目全寿命期管理是指我国军地协同具体项目纵向过程的管理，包括从项目的产生到开发、使用、报废的所有过程。我国军地协同项目借鉴国际通行做法，结合我国国防项目全寿命期管理实施过程和具体特征，将军地协同项目全寿命期管理划分为预研和演示管理、论证和方案管理、研制和试用管理、生产和部署管理、使用和保障管理、退役和报废管理六个阶段。本章对每个阶段的内涵、管理过程及工作内容、实践中应把握的重点进行介绍。

4.1 预研和演示管理

4.1.1 内涵

1. 民口项目

民口项目一般不把预研阶段作为一个阶段来划分和实施管理，但民口的特大型项目，也会根据项目情况安排先期预研，按照预研的内容不同，预研型项目通常可分为产品预研及技术预研两类。

1）产品预研

产品预研指在市场前景尚不明确或关键技术难度较大的情况下，如果该产品与公司战略相符且有可能成为新的市场增长点，那么可以对该产品进行立项研究，着重探索和解决产品实现的可行性，使得能够在条件成熟时转移到新产品开发。与新产品开发相比，产品预研有以下特点：

（1）产品预研的目的是验证或引导客户的潜在需求，把握正确的市场方向和抓住市场机会；

（2）产品预研着眼公司未来发展和未来市场，一般在短期内不大量生产销售；

（3）市场前景尚不明确；

（4）存在较大的技术风险；

（5）主要关注核心功能的实现，一般不作商用要求。

2）技术预研

技术预研指在产品应用前景尚不明确或技术难度较大的情况下，如果有利于增强公司产品竞争力，那么可以对这些前瞻性技术、关键技术或技术难点进行立项研究，着重探索和解决技术实现的可行性，使得能够在需要时为新产品开发提供支撑。与技术开发相比，技术预研有以下特点：

（1）技术预研的目的是验证产品技术方案或产品技术，并做技术储备；

（2）着眼公司未来发展和未来市场；

（3）产品可能还没有明确的需求；

（4）技术预研实现难度较大；

（5）主要关注核心功能的实现，一般不作商用要求。

2. 国防项目

国防项目一般是把预研作为装备全寿命的一个阶段来进行管理的，通常可分为预研和演示两部分。

1）预研

预研是预先研究的简称，是指国防项目研制计划正式开始之前的一般技术准备活动，其主要任务是增长科学知识，发展高新技术，为开发新型国防项目奠定坚实的技术基础，为改进现有国防项目的性能提供实用的技术成果，为推动国防项目建设提供技术储备，促进高新技术成果转化为工程中的现实项目能力，以缩短国防项目开发周期，降低国防项目开发风险。国防项目预研分为应用基础研究、应用研究和先期技术开发三部分。

（1）应用基础研究。以军事应用为目的进行的探索新思想、新概念和新原理的研究活动，认识基本物理过程的性质，增长知识，为新原理、新概念、新方法和新材料在国防项目中的应用寻求科学依据，为国防项目开发的技术问题提供基本知识。成果形式一般是论著、论文、研究报告等。

（2）应用研究。运用应用基础研究或其他科学研究的成果，探索新思想、新概念或新原理应用于国防项目的可行性与实用性，确定其主要参数的研究活动，为国防项目的研制开发提供技术基础。成果形式一般是可行性分析报告、试验报告、样品、原理样机、软件等。

（3）先期技术开发。开发供试验用的技术项目（多为部件或分系统），运用应用基础研究和应用研究成果及工程经验，通过部件或分系统原型的研制、试验、演示、测试或计算机仿真，验证新技术项目的可行性和实用性，为国防项目的开展提供技术依据。成果形式一般是部件或分系统原型、示范性工艺流程、验证或鉴定性试验报告等。

2）演示

演示，是技术演示的简称，是指在预定的使用环境中，利用仿真和实物等手段，对新开发的技术进行实验、试验或演习，并按既定标准评审其是否达到要求。美军在国防项目管理实践中，提出了先期技术演示（Advanced Technology Demonstration，ATD）和先期概念技术演示（Advanced Concept Technology Demonstration，ACTD），这是两项加速预研成果转化的有效举措。

先期技术演示，是指在国防项目采办过程先期技术开发阶段，对来自探索性发展阶段的成果（多为部件或分系统）进行实验或试验，以评审其技术可行性、使用适应性和经济承受能力。先期技术演示是考核预研成果的主要手段，是确认向国防项目研制部门输送合格技术项目的重要步骤。

先期概念技术演示，是在原有先期技术演示工作基础上形成的一项综合工程，其目的在于使使用人员尽早参与国防项目研制开发过程，协调使用部门和科研部门的想法，加速将实验室中的新技术转化为能实际使用的国防项目工程，如武器装备。先期概念技术演示的宗旨是经济有效地综合应用预研成果以满足国防系统作战使用的紧急需求，为国防项目研制投资决策提供依据，帮助作战使用部门探索和拟订新国防项目的使用方案。

演示是连接国防型号项目预研与研制的桥梁，是把需求牵引与技术推动有机结合起来，加强对未来可能发展的国防项目的概念研究，为国防型号项目决策提供科学依据的有效手段。

3. 军地协同项目

在国家总体战略指导下，军地协同项目一般遵循军口需求优先的原则。由于国防项目的特殊需要和复杂程度，一般应该安排项目预研。按照预研的层次不同，可以分为应用基础研究、应用研究和先期技术开发三部分。

1) 应用基础研究

以产品应用为目的进行的探索新思想、新概念和新原理的研究活动，认识基本物理过程的性质，增长知识，为新原理、新概念、新方法和新材料在产品中的应用寻求科学依据，为项目开发的技术问题提供基本知识。成果形式一般是论著、论文、研究报告等。

2) 应用研究

运用应用基础研究或其他科学研究的成果，探索新思想、新概念或新原理应用于军地协同项目的可行性与实用性，确定其主要参数的研究活动，为产品的研制开发提供技术基础。成果形式一般是可行性分析报告、试验报告、样品、原理样机、软件等。

3) 先期技术开发

开发供试验用的技术项目（多为部件或分系统），运用应用基础研究和应用研究成果及工程经验，通过部件或分系统原型的研制、试验、演示、测试或计算机仿真，验证新技术项目的可行性和实用性，为项目的开展提供技术依据。成果形式一般是部件或分系统原型、示范性工艺流程、验证或鉴定性试验报告等。

4.1.2 管理过程与工作内容

1. 管理过程

军地协同预研和演示项目是根据军地协同战略和需求，落实军地协同中长期发展计划的背景研究阶段。一般属于国家指令性计划，也有企业自投的项目，但都应实行计划管理，必须按程序进行，一般分为 4 个子阶段，即项目论证阶段、方案论证阶段、研究试验阶段和成果鉴定与归档阶段。每个阶段工作完成后，需经主管部门审查批准，才能转入下一阶段工作，一般不得超越阶段进行。

2. 主要内容

预研和演示的主要工作内容：坚持需求牵引与科技推动、国内预先研究与国外技术引进、近期发展与中远期发展、重点背景项目发展与技术领域平衡发展相结合，从应用基础研究、应用研究、先期技术开发等方面，加强军地协同项目技术创新研究，对军地协同预研和演示项目能否满足某种需求进行评价或估计，对军地协同预研项目中诸多因素交织的复杂问题进行分析、综合和权衡，为研制新型项目提供技术支撑，为改进现役（在用）军地协同项目的性能提供实用的技术成果，为国家科学技术和国防项目发展提供技术储备，为缩短军地协同项目研制开发周期，降低国防项目研制开发风险提供服务。

4.1.3　实践中应把握的重点

【专家点评】

在预研管理阶段，实践中应把握的重点问题主要有以下几个方面：

（1）预研管理是关系到未来十几年甚至几十年以后我们国防能有什么武器装备，是如何做正确的事的范畴，比正确地做事更为重要，是军地协同战略项目管理的事情。美国的互联网、GPS 都是先由军方发起的，有了新一代了，逐步转为民用，这种军地协同的发展思路是我们应该借鉴的。

（2）预研项目的军地协同首先是国家层面要有机制保证，军口要超前，紧紧跟踪未来科学可以实现的前沿，抓住机遇，重点扶持，比如颠覆性的技术、原创技术等，利用好社会主义集中力量办大事的优势，把大国梦强国梦做实。

（3）预研项目的军地协同管理，在民参军方面，现状是目前整体还是军民各自为战，但近几年有了快速推进。对于民参军项目来说，民口是有很多的前沿优势的，但很多民间企业不懂得如何参军。本书为大家提供了很好的介入学习的程序和方法。

（4）预研项目的军地协同管理，在军转民方面，军口本身是国家高科技集中地，高科技的突出特点是投入大，见效周期长，军地协同预研项目应该多考虑一些军地两用项目，或称军地一体化项目，在预演阶段就统筹考虑，对国家来说是一件效费比很高很好的事情。北斗导航卫星工程就是典型的军民两用项目管理的最佳实践，本书在案例章节有详细介绍。

（5）预研项目是允许失败的，因此投资方式可以灵活一些，军费本身有限，又受国际瞩目，军方应加大和鼓励民口企业参与军方预研项目。

（6）民口参与军口预研项目，要学会应用基础研究、应用研究和先期技术开发的关系；要弄懂理论研究与工程化是两件事、两个层次；要善于紧盯国际前沿与中国实际相结合；要搞清进入军品研发的门槛，搞懂研发军品从预研到进入武器装备体制，再到进入装备型号的关系。

（7）军地协同项目的预研管理体制，是目前我国国防军工企业面临的重要课题，是军地协同项目战略管理层面的问题，预研项目管理经验和实践证明：军地协同项目预研管理实行决策系统、咨询系统、执行系统三个系统的管理模式。决策系统是预研管理的核心，咨询系统是决策系统和执行系统的技术支持，执行系统是贯彻预研决策的有力保证，三者是紧密联系、相互促进的有机整体，三个系统协调、有效地运转，将大大提高预研管理工作的效益。这种管理体制符合新形势下改革的精神，符合预研项目管理的规律。

4.2　论证和方案管理

4.2.1　内涵

立项管理是决策行为，其目标是"做正确的事情"（Do Right Things）。而立项之后的研发活动和管理活动的目标是"正确地做事情"（Do Things Right）。只有"正确的决策"加上"正确地执行"才可能产生优质的产品。

项目立项管理的目的是：

（1）采纳符合机构最大利益的立项建议，通过立项管理使该建议成为正式的项目（合法化）。

（2）杜绝不符合机构最大利益的立项建议被采纳，避免浪费机构的人力资源、资金、时间等。

军地协同研制项目的立项要经过综合论证、方案论证、招投标等阶段。由有关单位根据中长期发展规划和重点项目计划指南等提出，主管部门召集有关专家反复评审，对项目的软硬件环境和技术手段以及国际技术引进与合作的可能性提出评审意见和建议，采用科学的立项评价方法，对项目的可行性进行研究并排序，为相关部门决策提供依据，最终做出是否立项的决策。

论证管理是指对拟实施的军地协同项目技术上的先进性、适用性，经济上的合理性、盈利性，实施上的可能性、风险性进行全面科学的综合分析，为军地协同项目决策分析提供客观依据的一种技术研究活动，主要是对军地协同项目提出战术技术要求和论证技术可行性，探索各种备选方案。论证阶段可分为综合论证、方案论证。论证管理主要由甲方组织实施。

方案管理是指依据军地协同项目军事需求对军地协同项目各种备选方案进行分析、评价和确认，以降低军地协同项目风险的一种技术研究活动。方案管理主要由乙方根据甲方的需求提出的战技指标组织实施。

4.2.2　管理过程与工作内容

1. 综合论证管理

军地协同项目综合论证是项目立项的依据，一般是指列入军地协同建设计划和体制中的新上项目，由甲方及用户组织进行。综合论证的结果直接决定该项目是否可以立项。经批准的军地协同项目立项批复，作为制订年度计划和订立研制合同的依据。

1）项目的立项

军地协同项目的立项工作主要是在甲方及相关部门进行的。立项最初是由有关单位根据中长期发展规划和重点项目计划指南等提出，主管部门召集有关专家反复评审，对项目的软硬件环境和技术手段以及国际技术引进与合作的可能性提出评审意见和建议，采用科学的立项评价方法，对项目的可行性进行研究并排序，为相关部门决策提供依据，最终做出是否立项的决策。

2）主要内容

综合论证的主要内容包括：项目需求和必要性；作战使命任务；主要作战使用性能和作战效能；技术可行性和关键技术突破情况；经济可行性；进度和风险；配套设备、部件、电子元器件需求及可行性；经费预算；经费概算和全寿命费用分析；项目初步总体方案；试生产费用、项目订购价格与数量预测；可靠性要求和维修保障设备研制安排；项目在全寿命期间的改进潜力分析；项目命名建议；承研承制单位预选方案。

3）管理过程

管理过程主要由决策咨询研究机构组织有关专业和主要协作单位进行。主要工作有：

（1）经充分分析论证，明确该产品使命和应具备的战术技术性能；

（2）提出初步的技术方案设想，对关键设备提出初步战术技术要求；

（3）提出必须突破的关键技术、新技术和技改计划；

（4）进行风险分析，确定有潜在风险的领域和解决途径；

（5）进行初步的可靠性、维修性、可测试性、安全性和综合后勤保障分析；

（6）估计研制周期，确定初步研制计划，并绘制零级网络图；

（7）进行经济可行性分析，测算研制经费和产品成本。

主要交付成果是形成项目综合论证报告，报上级正式批准立项。立项综合论证报告主要包括该项目的使命任务、主要使用性能、初步总体方案、时间周期、经费概算、预研关键技术突破和经济可行性。

2. 方案论证管理

方案论证管理是指对拟实施的军地协同项目技术上的先进性、适用性，经济上的合理性、盈利性，实施上的可能性、风险性进行全面科学的综合分析，为军地协同项目决策分析提供客观依据的一种技术研究活动，其目的是避免或减少项目决策的失误，提高投资的效益和综合效果。

方案论证是第二次世界大战后在美国建立和发展起来的，后来在许多工业发达国家得到了普遍应用。它运用现代技术科学和经济科学的新成就，发展并形成了一套比较完善的理论和方法；它所研究的内容及其深度和广度，对指导军地协同项目的实施具有重要的实用价值。因此，项目论证已成为各类项目实施必不可少的重要环节，目前在我国已得到了广泛的应用。

方案论证的主要工作是进行产品方案的论证、验证，形成《项目任务书》，经批准的方案，作为项目考核的依据。

战术技术要求是承研部门进行方案论证的依据。在方案论证过程中，会有多种可能的方案，但无论何种方案，既要有指标的先进性，又要有实现的可能性，同时还要估计研制周期和所花费用等因素。

方案论证的主要工作内容有：经分析、计算、类比、论证、综合、权衡，确定最佳总体研制方案；确定并编制产品配套技术状态文件；绘制总体布置图；确定产品各系统的方案、原理和配套状态；制定初步的型号规范、系统设备设计要求和初步的各系统子项目任务书；编制新成品项目表；制定新技术、新结构、新材料、新工艺项目的风险分析及解决的措施计划；制定标准体系表；制订研制工作总计划，绘制零级计划网络图，给出关键质量控制节点；编制产品及各系统试验工作计划；进行研制条件分析，提出重大技术改造项目和技术引进项目的论证意见；进行系统或分系统功能开发试验或技术攻关试验；制定系统、分系统的主要设备的接口控制文件；选择关键成品承制单位并进行初步协调；制定产品可靠性大纲、维修性大纲和综合后勤保障大纲；制定产品质量保证大纲；估算研制经费；制定有关产品研制的管理文件；配合试制部门进行工艺方案论证。

方案论证工作一般应包括：所研制的军地协同项目系统的技术方案，系统组成的技术说明，实现方案需要采取的技术途径，关键技术攻关项目及其措施，确定产品质量和可靠性的指标及控制措施，估算经费、成本和价格，提出研究、试制和试验的部门以及关键原材料、元器件、设备、后勤保障条件等要求，制定计划网络图，明确研制周期，最后编制项目任务书。

《项目任务书》的主要内容包括：

（1）主要战术技术指标和使用要求；

（2）总体技术方案；

（3）主要系统和配套设备、保障设备方案；

（4）总进度及分阶段进度安排意见；

（5）试制数量；

（6）研制经费概算（附成本核算依据和方法说明）；

（7）需要补充的主要保障条件及资金来源；

（8）试制、试验任务的分工和生产定点及配套产品的安排意见；

（9）需试验基地和用户提供的特殊试验的补充条件。

3. 招投标管理

根据《装备采购方式与程序管理规定》，装备采购方式与程序的确定应当遵循统一领导、适度公开、竞争择优、注重效益、操作规范的原则。装备采购方式根据装备类型、保密要求、采购金额和装备采购市场等情况确定。装备采购采用公开招标采购、邀请招标采购、竞争性谈判采购、单一来源采购、询价采购以及经甲方认可的其他采购方式。

1）公开招标采购

公开招标采购是指按照规定的程序，通过发布招标公告的方式，邀请不特定的承制单位投标，依据确定的标准和方法从所有投标中择优评选出中标承制单位，并与之签订合同的装备采购方式。采购金额达到 300 万元以上、通用性强、不需要保密的装备采购项目，采用公开招标方式采购。

采用公开招标采购方式的，应当遵循下列基本程序：

（1）成立招标小组；

（2）组建评标委员会；

（3）拟制招标文件；

（4）报批招标文件；

（5）发标；

（6）投标；

（7）开标；

（8）评标；

（9）定标。

2）邀请招标采购

邀请招标采购是根据承制单位的资格条件，在一定范围内选择不少于两家承制单位向其发出投标邀请书，由被邀请的承制单位投标竞争，从中择优评选出中标承制单位，并与之签订合同的装备采购方式。采购金额达到 300 万元以上、符合下列情形之一的装备采购项目，可以采用邀请招标方式采购：

（1）涉及国家和军队安全、有保密要求不适宜公开招标采购；

（2）采用公开招标方式所需时间无法满足需要；

（3）采用公开招标方式的费用占装备采购项目总价值的比例过大。

采用邀请招标采购方式的，实施程序可参照公开招标采购。

3）竞争性谈判采购

竞争性谈判采购是指通过与不少于两家承制单位进行谈判，择优确定承制单位并与之签订合同的装备采购方式。采购金额达到 300 万元以上、符合下列情形之一的装备采购项目，可以采用竞争性谈判方式采购：

（1）招标后没有承制单位投标或者没有合格标的；

（2）采用招标方式所需时间无法满足需要；

（3）因技术复杂或者性质特殊，不能确定详细规格或者具体要求；

（4）不能事先计算出价格总额。

采用竞争性谈判采购方式的，应当在非公开状态下遵循下列基本程序：成立谈判小组；拟制谈判文件；报批谈判文件；确定邀请参加谈判的承制单位名单；谈判；确定承制单位。谈判小组应当将审定结果通知所有参加谈判的承制单位。

4）单一来源采购

单一来源采购是指只能从一家承制单位采购装备的采购方式。符合下列情形之一的装备采购项目，可以采用单一来源方式采购：

（1）只能从唯一装备承制单位采购；

（2）在紧急情况下不能从其他装备承制单位采购；

（3）为保证原有采购项目的一致性或者服务配套要求，必须继续从原装备承制单位采购。

采用单一来源采购方式的，应当在非公开状态下遵循下列基本程序：成立谈判小组；拟制谈判文件；报批谈判文件；谈判；报批谈判结果。

5）询价采购

询价采购是指向有关承制单位发出询价单让其报价，在报价基础上进行比较并确定最优装备承制单位的采购方式。采购金额在 300 万元以下、不需要保密，且符合下列情形之一的装备采购项目，可以采用询价采购方式采购：

（1）通用性强，规格、标准统一，货源充足的；

（2）价格变化幅度较小的。

采取询价采购方式的，应当遵循下列基本程序：成立询价小组；确定被询价的承制单位名单；询价；确定承制单位。询价小组应当将审定结果通知所有被询价的承制单位。

4.2.3　实践中应把握的重点

【专家点评】

在论证与方案管理阶段，实践中应把握的重点问题包括以下几个方面：

（1）论证也叫可行性研究，是军地协同项目可研阶段立项的基本依据，需求来自甲方，对我国来说甲方既是投资方，也是用户，还是需求提出方。军地协同项目的成果是要用于实战的，而且装备也是要按照能打仗打胜仗的要求来衡量的。需求来自作战，从大环境讲要根据国际环境、国家战略、军事战略、武器装备战略等考虑，从装备本身，要考虑装备体制、机制、编成、系统、合成等因素。因此，军地协同项目在实践中要从战略、规划、体制、结构、计划等方方面面考虑。

（2）论证是要解决如何做正确的事的问题，所以它与战略相关。由于环境和需求是变化和动态的，所以论证更需要高瞻远瞩，要有眼光。论证在甲方是有专门的组织机构的，对于重大装备项目的论证，都是在有预研基础上进行的。

（3）国家实施军地协同战略，是历史发展的必然。在当前，一些地方在实施落实军地协同战略时，更要注重归口管理，防止一哄而上；借鉴国际军地协同的经验教训，对于军事装备项目，直接涉及国家利益，必须做好顶层规划，必须归口管理，必须是有组织有计划的市场机制。

（4）方案严格讲是论证的一部分，方案是乙方（承制方）根据甲方（用户）的需求形成的装备战术技术指标，由乙方细化形成满足战技指标要求的产品。在装备研制阶段，方案就是研制任务书；方案也是要根据甲方的论证逐步完成的，在机会研究阶段，方案就是预研项目；在初步可研阶段，方案就是原理样机和初步设计计划；在详细可研阶段，方案就是研制任务书，就是详细设计方案。每个阶段是迭代进行的。

（5）方案不应是一个，在实践中往往有"低案""中案""高案"之分，这种分法不能仅依据费用的多少，更重要的是实现的方法、途径，因此，方案在很多地方称为技术方案，实际上就是技术实现的途径。

（6）方案根据项目的大小、类别是有不同要求的，军地协同项目更是这样。当前军地协同项目强调竞争，就是要解决部分落后军工企业垄断项目的情况，特别是保障类装备，更应该公开招投标，平等竞争。

（7）方案是开展研制的基础和依据，是产品实现的纲领性文件，因此，方案的好坏直接关系到产品的性能和质量。就我国装备研制情况来说，由于历史原因，还没有完全走出由仿制到自研的路径，由于基础工业的薄弱及人才、技术等方面的原因，研制方案阶段往往预研不充分，技术瓶颈没完全突破的情况还比较普遍。

4.3　研制和试用管理

4.3.1　内涵

研制也称工程研制，是根据《项目任务书》进行军地协同项目的工程设计、试验、评估、鉴定直到能生产为止所进行的各项活动。其主要任务是进行军地协同项目的研制、仿制和现有军地协同项目的改进、改型。

研制管理就是在研制体系结构设计和各种管理理论基础之上，借助信息平台对研制过程进行的团队建设、流程设计、绩效管理、风险管理、成本管理、项目管理和知识管理等的一系列协调活动。

研制管理是一个较为宽泛的管理范畴，可以从狭义和广义两个方面来进行理解。

（1）狭义的定义：对研制或技术部门及其工作进行管理，重点是产品开发及测试过程。

（2）广义的定义：研制工作实际上不仅仅包含技术开发工作，其范围涵盖新产品的全生命周期，包括产品创意的产生、产品概念形成、产品市场研究、产品设计、产品实现、产品开发、产品测试、产品发布等整个过程。从管理的角度来看，其范围涵盖产品战略与规划、市场分析与产品规划、产品及研制组织结构设计、研制项目管理、研制质量管理、研制团队管理、研制绩效管理、研制人力资源管理、平台开发与技术预研等领域。

试用管理是军地协同项目在完成项目研制工作之后，批量装备部队使用之前，进行的试用试生产阶段的管理。

4.3.2　管理过程与工作内容

1. 研制管理

研制管理包括团队建设、流程设计、成本管理、项目管理、绩效管理、风险管理等多方面内容。

（1）团队建设。研制是一项创造性的工作，卓有成效的研制需要优秀的研制团队来完成，可以说有什么样的研制团队就有什么样的研制成果。华为公司有句话："员工的成熟，铸就产品的成熟。"卓越的研制团队由三个因素决定：团队中的个人、团队机制和团队文化。

（2）流程设计。研制优势的唯一可持续源泉是卓越的研制管理流程。以某项卓越设计、天赐良机、对手的某个失策为基础的优势是不可能长久的，而优越的研制流程则始终能够发现最佳的方案，推出有竞争力的产品和服务，并以最快的速度把这些研制成果投入市场。研制流程改进是持续的过程，需要不断地持续改进。研制流程管控保证研制流程设计与改进的持续性、规范化、程序化。

（3）成本管理。随着微利时代的来临，企业要从各个方面节约成本，研制成本也要控制。研制成本控制并非指压缩研制规模或者减少研制投资，而是指减少研制中不必要的开支，用较少的投入获取较大的研制成果。研制成本管理要和研制成果收益结合起来。产品在其生命期的不同阶段，所能获取的利益不同，研制要在产品的不同生命期有不同的投入，比如在新产品开发的时候研制投入较大，但是研制收益几乎没有，一旦新产品开发出来，受到市场的欢迎，则要加大研制投入，改进产品性能。到产品的成熟期，市场竞争激烈，产品改进研制投入要收缩，直至完全取消。

（4）项目管理。研制属于动态作业，整个流程横跨所有部门，因此项目管理是研制管理的核心手段，不可或缺。

（5）绩效管理。研制团队的绩效管理能够有效地激励研制团队积极性，提高工作效率。研制管理的绩效管理过程也同样包括绩效计划、绩效辅导、绩效评价和结果运用四个部分。绩效评价指标通常会围绕研制绩效管理应该考虑的企业整体战略，应用平衡计分卡等工具制定研制绩效评估系统。

（6）风险管理。研制人员可能被竞争对手挖走、对外泄密或者恶意破坏。研制信息可能被泄密或者破坏，也可能因为遭受灾难、意外事件或者别人的攻击导致风险。研制出来的产品或者服务可能是过时的或者是不受欢迎的，或者研制的投入太大引致企业经营风险，或者研制的投入大于研制产生的效益。研制风险管理则是以研制风险计划为主要的控制目标，制定一系列规章制度有效将风险降低到可接受水准以下，否则必须增加控制措施。

2. 试用管理

军地协同项目的试用管理根据国防项目全寿命期理论，在完成项目定型工作之后，批量装备部队使用之前，应该经过试用试生产阶段。试用阶段主要包括预先准备、制定试用大纲、组织实施、评估等过程。在试用阶段，最主要的任务就是进一步考核军地协同项目的战术技术性能、可靠性、维修性、保障性和安全性，是否达到设计定型的要求。试用阶段的主要工作如下：

（1）预先准备阶段。向进行项目试用的单位下达试用的通知，进行试用准备，主要的工作内容包括试用配套设施修建、配备保障装备、配备检测设备等。

（2）制订试用计划。试用计划遵循"成套试用"的原则，主要内容包括试用任务、目的、指导思想、试用时间、保障条件、措施要求等。

（3）组织实施试用。在组织实施过程中，试用单位要及时、准确、系统、详细地记载各种试用数据和资料，注意积累经验，重视培养、保留技术骨干，建立试用情况报告制度。在组织实施阶段结束时，要做到：按照计划要求完成全部试用项目；获取系统、准确、可靠的数据和资料；编制相关的守则、手册、大纲并确保可以执行，上报试用总结。

（4）评估阶段。在评估阶段主要包括以下内容：产品是否满足作战使用要求；性能是否满足战术指标；可靠性、维修性、保障性和安全性指标是否达到设计要求；各种经费标准是否已经制定；各种技术法规是否可指导使用维修工作；各种保障装备、设备是否配套齐全；是否已形成持续、畅通的保障能力；是否可以批量装备用户等。

4.3.3　实践中应把握的重点

【专家点评】

在研制和试用管理阶段，实践中应把握的重点问题包括以下几个方面：

（1）军地协同项目研制试制是装备全寿命期的重点环节，也是管理的难点。通常在组织结构上采取矩阵式组织管理形式，在组织方法上采取"两总"制度，即行政总指挥和技术总师，强调项目经理负责制。

（2）军地协同项目研制中，通常会把研制试制中的难点和重点单独形成项目进行攻关，强化风险管控，攻克技术难点。

（3）军地协同项目研制和试用实践中要注意弄清和处理好甲乙方的管理关系。在研制阶段，乙方（承制方）是主体，主要任务是实现和试制产品，并接受甲方的考核；在试用阶段，甲方（使用方）是主体，主要任务是验证产品能否符合战技指标和用户使用的要求，乙方配合。

（4）军地协同项目研制过程中甲方对乙方产品进行的试验和试用的出发点，一是验证，二是纠偏，三是满足使用要求。军地协同项目的研制试验和试用包含三个方面：

试验：是指对新研制的装备的硬件或软件（包括模型、样机、生产设备和计算机程序等）进行实际测试，以获取有价值的数据和资料。

鉴定：是对试验所获得的数据、资料进行审查、汇编和分析，并与预期的性能进行比较，为决策工作提供科学依据。

试用：用户根据产品战技指标，组织部队使用方进行批量装备前的适应性试用，考核战技指标的可达性和部队使用的要求。

被试验试用的产品都有战术技术性能指标要求，通过试验把这些战术技术指标参数测试出来，检查是否符合使用方要求，如果不符合使用方的指标要求，就要把拟定型装备的缺陷提出来，以得到纠正。通过组织部队试用，检验产品满足使用方的要求情况。

4.4　生产和部署管理

4.4.1　内涵

生产是指从军地协同项目设计定型后开始，直至军地协同项目部署使用时结束这一过程所进行的各项活动，包括制造模型样机、初始小批量生产和项目的全额生产等活动。生产是军地协同科技成果转化为装备使用的关键环节，是军地协同项目全系统全寿命活动的重要组成部分。

部署是指为军地协同项目最初验收、运输、接收、组装、安装、检查、训练、使用、维修、存放、储存或为使军地协同项目达到全面使用要求所进行的各项活动。

装备生产主要由乙方（承制方）组织实施，部署主要由甲方（使用方）组织实施。

4.4.2　管理过程与工作内容

1. 管理过程

军地协同项目研制样机经使用部门试验鉴定认为符合原定要求后，向该军地协同项目主管部门申请投产，获批准后签订生产合同，完善军地协同详细设计，分析潜在环境对军地协同项目的影响，评估军地协同项目生产的经济承受性，制订与完善生产计划，确定生产工艺，落实生产工具与设施；进行初始小批生产试验并对试验结果进行分析评估，在确定军地协同项目生产已满足稳定、便于进行操作、便于进行保障、能够进行经济生产等要求后，将军地协同项目纳入正式的技术状态控制之下，实施军地协同项目的生产制造过程的系统工程管理，监控性能与质量，并验证纠正措施的有效性；进行后续的使用试验与评定来改进军地协同项目的质量，保证军地协同项目的可保障性和保障资源的可获得性，建立综合保障系统，保证军地协同项目及其配套设备、设施同步生产和部署，保证技术资料与军地协同项目同时交付作战使用部门，保证军地协同项目使用部门及时获得满足任务需求的作战使用能力。

在研制试验及评价和试用及评价中所发现的问题应得到解决，并通过使用方评价、实弹试验及评价来验证其改进的有效性，确认后才能投入全额生产。

2. 工作内容

生产和部署阶段的主要目标是达到能满足军地协同项目任务需求的作战使用能力，并通过使用试验及评价判定军地协同项目系统效能和作战适用性，因此，生产和部署阶段的工作内容主要包括：根据独立使用试验结果、里程碑决策者的决策意见、部署中反馈的意见，利用系统工程过程修改完善详细设计；完成技术状态更改，使之贯彻于生产过程之中；在更改后的技术状态和以之为据的生产均稳定之后进行后续使用试验与评定；根据后续使用试验与评定的结果进一步完善生产技术状态；待生产技术状态完善，且生产重新稳定后，进行一系列详细的物理技术状态审核，确认项目基线与生产的系统是否相符；若各项审核完成，且提出的纠正措施得到有效的贯彻执行，则将项目基线纳入正式的技术状态控制之下，并在其后的过程中按三种基线进行管理，控制技术状态，特别是要保持项目的系统性能。

生产和部署阶段工作的关键是应充分利用后续使用试验与评定来改进项目的质量，定期审查项目的进展情况，要实行综合保障方案，保证及时且合理地获得保障资源，并使之与军地协同项目系统一起部署使用。

4.4.3　实践中应把握的重点

【专家点评】

在生产和部署管理阶段，实践中应把握的重点问题包括以下几个方面：

（1）生产管理（Production Management）又称生产控制，是对军地协同产品生产系统设置和运行的各项管理工作的总称。生产管理就是指用科学的管理制度、标准和方法对生产现场各生产要素，包括人、机、料、法、环、信等进行合理有效的计划、组织、协调、控制和检测，使其处于良好的结合状态，达到优质、高效、低耗、均衡、安全、文明生产的目的。

（2）生产管理应该积极推广精益生产的理念。精益生产最早起源于日本丰田汽车公司的 TPS（Toyota Production System）。精益生产管理，是一种以客户（军方或市场）需求为拉动，以消灭浪费和不断改善为核心，以最少的投入获取成本和运作效益显著改善的全新的生产管理模式。它的特点是强调客户对时间和价值的要求，以科学合理的制造体系来组织为客户带来增值的生产活动，缩短生产周期，从而显著提高企业适应市场万变的能力。

（3）生产管理要十分注重和处理好试制生产、试用生产和批量生产的关系。试制生产主要满足任务书战技指标的要求；试用生产要注重处理好技术与工艺的关系、国产与进口的关系；批量生产注重产品的一致性、工艺的固化等；生产管理质量第一的观点，是军地协同项目必须牢牢遵循的原则。

（4）部署主要由甲方（使用方）组织实施，但装备生产方乙方（承制方）要积极配合。我国幅员辽阔，南北东西自然环境等直接影响装备的性能和部署组织实施的效果。甲方既要考虑装备适应环境的能力，乙方更要根据甲方的部署，跟踪试用部署情况，改进试制和生产状态，更好地适应用户使用要求。

（5）由于现代战争的特点，装备的系统部署成为常态，全方位机动成为必需，因此，强化部署集成和系统效能已成关键，甲乙方必须密切配合，努力实现"1+1>2"的效果。

4.5　使用和保障管理

4.5.1　内涵

使用是指为保持、发挥军地协同项目的战术技术性能，在各种使用环境条件下，使军地协同项目处于最佳的工作状态下运行，为实现平时和战时环境下的使用目标和任务，有效地使军地协同项目处于战备完好状态而进行的全部活动。军地协同项目的使用包括作战使用和技术使用；军地协同项目的作战使用包括军地协同项目的编成、使用强度、使用方式等；军地协同项目的技术使用包括军地协同项目的动用、运输、储存等。

保障是指为使军地协同项目处于战备完好状态并能持续完成作战使用任务而采取的各种保障性措施和活动的统称。保障，不仅包括大量的保障资源，而且这些保障资源的有效性还与军地协同项目研制开发过程中所做出的与军地协同项目保障工作相关的各种决策有关。军地协同项目的保障包括使用保障、维修保障和改进改型（加改装）管理。

4.5.2　管理过程与工作内容

1. 管理过程

使用和保障管理的工作过程：按军地协同项目的保障方案及时获取保障资源，控制技术状态，纠正军地协同项目使用保障期间发现的质量问题和安全问题；监控已部署使用的军地协同项目，评估军地协同项目的退化对其能力的影响，必要时进行改进，延长其使用寿命，但要尽量缩小项目技术状态变化的范围；审查已部署使用的军地协同项目的保障性、战备完好性等，解决所发现的保障性问题和使用问题。

军地协同项目投入使用，并不意味着军地协同项目研制过程的结束，而是应根据军地协同项目在使用和保障过程中进一步发现的问题以及技术的发展、战略态势的变化等，及时提出新的军事需求，为开始实施新的军地协同项目研制计划或现役军地协同项目的改进提供依据。

2. 工作内容

为实现军地协同项目使用和保障的中心目标，保证国防项目作战使用任务的完成，使用和保障阶段的工作内容主要包括：

（1）军地协同项目的动用，是指为达到一定军地协同目的而发挥军地协同项目性能的一系列工作，如发射、发动、启动、行驶、飞行等，一般包括动用前准备、动用操作和动用后的收拢保养等。

（2）军地协同项目的运输，包括军地协同项目的列装、调整时交接运输、转场运输、维修运输等。

（3）军地协同项目的保管，是指为防止军地协同项目不动用时其战术技术性能的变化，以保证军地协同项目动用时能充分发挥其性能所进行的一系列工作。

（4）军地协同项目的使用保障，是指为保证军地协同项目正确操作动用以便充分发挥其作战性能所进行的一系列工作，如使用前检查、加注燃料和补充弹药、装备操作等。

（5）军地协同项目的维修保障，是指为了保持和恢复军地协同项目完好的技术状况所应进行的保障工作，如维护保养、战场抢修、器材备件供应等。

（6）军地协同项目的加改装，是指由于军地协同项目使用需求发生变化，军地协同项目在使用和保障过程中发现了缺陷，或出现了降低军地协同项目作战使用费用的机遇而对军地协同项目进行的一系列技术改进工作。

（7）改型管理。军地协同项目在产品的使用阶段，由于周期很长，产品在使用过程中会发现许多有待改进的问题，同时随着科技的发展、技术的进步，特别是使用方提出了新的需求，因此，许多军地协同项目在全寿命期都要对产品进行不断的改进。正常的维修和落实技术通报的改进是项目全寿命期中的工作；改进使产品在战技指标和产品本身性能上发生质的变化，一个新的型号产生了，老产品虽然未到寿命期，但也会确定不再使用，转入退役报废程序。

4.5.3　实践中应把握的重点

【专家点评】

在使用和保障管理阶段，实践中应把握的重点问题包括以下几个方面：

（1）武器装备的使用和保障管理阶段，是装备全寿命期时间最长的阶段，由于军队的特殊使命，装备使用和保障管理的出发点都是围绕作战需求，按照"能打仗，打胜仗"来组织实施的，因此军地协同项目的使用和保障管理必须围绕这个主题来考虑，这也是军地协同项目容易出问题的环节，必须高度重视，切实分清平时保障与战时保障的不同要求，以满足作战要求和持续保障为基本出发点和落脚点。

（2）军地协同装备的使用管理。要充分考虑其不同于一般民品，特别是我国幅员辽阔，同一装备在不同地区使用环境是不一样的，用在陆、海、空、天也是不一样的，用在不同素质的部队更是不一样的。随着战争的信息化，战场已经分不出前方后方的概念，而且要牢固树立系统使用保障的观念，谨记一个小环节出问题会直接影响系统效能的客观实际。军地协同装备必须根据武器装备保障自身的特点，处处围绕作战使用进行全寿命使用保障。

（3）军地协同装备的维修管理。军地协同装备维修管理的基本要求是贯彻预防为主、科学维修、保证质量、注重效益的思想，实行全系统和全寿命过程的管理。要从军地协同项目系统的整体效益出发，把装备维修保障系统看作作战使用的一个分系统，维修保障系统要与作战要求相匹配，使军地协同装备真正形成战斗力。军地协同装备维修管理的各项工作要从防止武器装备产生故障着手，防要重于修，实行科学维修，注重维修质量，注重维修管理效益。

（4）军地协同装备的加改装管理。由于装备的使用周期和技术的发展等因素，军地协同装备在使用期间的改进改型（加改装），也是属于使用和保障管理阶段的。军地协同装备的加改装管理要以军方需求为主，要统筹考虑。由于技术发展很快，一型装备有的改进改型周期很短，民品完全可以以市场为主，优胜劣汰；但军品就不一样，要统筹考虑，系统考虑。从经验看，装备技术状态管理不可能完全适应技术发展的进程，装备使用更要考虑战场保障的连续性、可靠性、适应性、效益性。笔者认为，军地协同装备的加改装管理还是要以甲方和作战需求为主，必须防止装备状态不稳定，保障不连续，以技术先进为诱饵影响整体装备作战使用的问题发生。

4.6 退役和报废管理

4.6.1 内涵

退役是指根据军地协同项目使用寿命或质量状况，依据军地协同项目建设的规划计划，使军地协同项目退出现役所必须进行的活动。

报废是指军地协同项目在使用、储存过程中因不能正常使用又无法修复或无修复价值，或影响使用、储存安全，而退出服役所必须进行的活动。

退役和报废管理的基本任务是：以积极退出的思想，运用系统工程等方法，统筹安排，科学规划，做到军事效益、社会效益、经济效益的有机结合，使装备退役和报废工作正规有序、安全高效地进行。

4.6.2 管理过程与工作内容

1. 管理过程

军地协同项目的退役、报废管理是军地协同项目全寿命期管理最后一个阶段的管理内容。

装备退役管理是指从制订装备退役规划、计划，到退役装备处理完毕等一系列管理工作过程。装备报废管理是指从对拟报废装备进行技术鉴定、申请报废到报废装备处理完毕等一系列工作过程。

装备退役的基本标准是：

（1）达到（或超过）使用寿命期限；

（2）技术性能下降，直接影响装备的使用和战术性能的发挥；

（3）型号技术落后，效费比低。

装备报废的基本标准是：影响安全使用；无法修复；无修复价值。

退役和报废的军地协同装备处置方法有以下几种途径：

（1）定点回收；

（2）储存备用；

（3）用于教学和训练；

（4）用于预备役部队和民兵；

（5）用于开展国防教育和爱国主义教育；

（6）拆件留用；

（7）作非军事用；

（8）作废旧物资处置；

（9）保密处置。

2. 主要内容

退役和报废管理的主要内容包括：制订装备退役计划，对拟报废装备进行技术鉴定，装备报废的申请与审批，退役和报废装备档案资料的收集、整理，退役和报废装备的调拨、运输、交接、储存、保管、统计、处理等。

4.6.3 实践中应把握的重点

【专家点评】

（1）军地协同项目要特别注重退役、报废装备的管理，有些装备军口不用了，但民口还可以用。军地协同项目强调一体化管理，在此环节上大有文章可做。美国的互联网、GPS 等项目都是国家投入开发、军品优先使用，迭代使用，新一代装备研制使用后，老一代装备开放民品使用。

（2）军地协同项目要加强对退役、报废装备的综合论证与评估管理，要改变原来对装备过度使用的问题，既要关注装备本身的寿命，更要考虑科学技术的发展、国际国内环境、效费比及军地协同的关系，努力实现装备更新的良性循环。

（3）军地协同项目退役、报废的处理，随着军地协同的发展和深入，要努力形成军民一体化的退役、报废和利用的格局；要注意报废也是有成本的，有些装备（如核实施）报废成本很高。要把退役和报废管理真正纳入装备全寿命期管理中，从立项做起，建立军地协同项目退役、报废利用的良性循环机制。

第 5 章
军地协同项目要素管理

智能时代的军地协同项目纵向的要素管理包括硬技术管理、软技术管理、领域技术管理 3 个维度共 22 个要素，本章按 3 个维度对 22 个要素管理的内涵、管理过程与工作内容、实践中应把握的重点进行介绍，然后阐述智能时代的新技术运用。

5.1　项目要素管理概述

从项目管理理论的发展来看，项目管理的要素有很多，由传统的项目管理提出的三要素管理逐渐发展为现代项目管理的四要素管理、五要素管理，进而发展为当代项目管理的六要素管理，以及国际公认的美国项目管理知识体系指南的十个要素管理，领域级中国国防项目管理知识体系的十二个要素管理。

传统的项目管理三要素包括质量、时间和成本，对于一个特定的项目而言，项目管理的目的就是处理好这三者之间的关系。

现代项目管理的四要素除包括质量、时间和成本三要素以外，还包括项目的范围，使得项目范围可以与成本、时间、质量相互协调。

现代项目管理的五要素包括质量、时间、成本、范围和组织。在这五个要素中，范围与组织是必不可少的，没有范围就无法做项目计划，没有组织就无法实施项目。而质量、时间和成本可以随着范围的变化有所变通。

当代项目管理的六要素包括范围、时间、成本、质量、组织和客户满意度，客户满意度是项目管理的核心。

美国项目管理协会（PMI）的《项目管理知识体系指南》（PMBOK），2016年出版的第 6 版的要素管理共 10 个，分别是整合管理、范围管理、时间管理、费用管理、质量管理、资源管理、沟通管理、风险管理、采购管理、项目相关方管理。

由沈建明、陶俐言主编的 2017 年出版的《中国国防项目管理知识体系》中描述的要素管理共 12 个，分别是范围管理、进度管理、费用管理、质量和可靠性管理、技术与工艺管理、资源管理、采购与合同管理、沟通管理、风险管理、利益相关方管理、保障管理、集成管理。

军地协同项目管理要素整体上由"硬要素"和"软要素"共同构成。"硬要素"为军地协同项目的最基本要素，回答做什么、怎么做的问题。"软要素"是"硬要素"的有效补充，回答不同参与者之间如何通过高效协作，使得"硬要素"顺利实现的问题。

本书经过研究认为中国军地协同项目要素管理包括硬要素管理、软要素管理、领域要素管理三大方面共 22 个要素，分别如下：硬要素管理 9 项——需求管理、组织管理、范围管理、质量管理、费用管理、进度管理、合同管理、风险管理、整体管理；软要素管理 5 项——领导力与决策管理、利益相关方管理、团队与绩效管理、沟通与冲突管理、文化与知识管理；领域要素管理 8 项——技术管理、工艺管理、可靠性管理、采购管理、产品数据管理、标准化管理、安全管理、保密管理。

5.2　硬要素管理

军地协同项目要素管理的硬要素包括需求管理、组织管理、范围管理、质量管理、费用管理、进度管理、合同管理、风险管理、整体管理共 9 个领域，下面分别进行阐述。

5.2.1　需求管理

1. 内涵

需求管理是军地协同项目管理的源头。需求不明确、需求方案不科学，项目上马后发生重大调整变化等情况，都会导致重复建设、装备难以满足需求或在使用过程中被迫终止等现象，造成资源的重大浪费。

美国著名学者 Crosby 对于质量的定义是"同需求保持统一"。从这个意义上说，需求管理正是从质量出发以确定需求。需求管理的过程，从需求获取开始贯穿于整个项目生命周期，力图实现最终产品同需求的最佳结合。

一套需求管理应当是已知系统需求的完整体现，每部分解决方案都是对总体需求一定比例的满足（甚至是充分满足），仅仅解决部分需求是没有意义的。对关键需求的疏忽很可能是灾难性的，试想一架飞机的安全设计不过关将会带来什么样的后果。不同的需求组合起来，构成了一套完整的需求模型。

在美国，只有经批准的装备需求才能进入采办过程，所有采办计划必须以可识别的、用文件证明及经批准的需求为依据。需求管理是通过需求生成系统来进行的，装备需求文件主要包括能力初始文件、能力开发文件和能力生产文件。

（1）能力初始文件说明某一特殊能力缺口的理由，它是通过联合能力集成与开发系统分析过程得出的；

（2）能力开发文件规定装备的各种性能属性，以及装配完整功能实现的整个策略；

（3）能力生产文件说明某个项目中某个单一增量具体的生产属性和数量。

2. 管理过程和主要内容

军地协同项目需求管理的过程，从需求分析开始贯穿整个项目始终，力图实现最终产品同需求性的最佳结合，包括定义需求、需求确认、建立状态、需求评审、需求承诺、需求跟踪、需求变更控制。

（1）定义需求（Define Requirement）。当完成用户需求调查后，首先对《用户需求说明书》进行细化，对比较复杂的用户需求进行建模分析，以帮助产品设计人员更好地理解需求。需求定义过程中通常会出现的问题有内容失实、遗漏、含糊不清和前后描述不一致。当完成需求的定义及分析后，需要将此过程书面化，要遵循既定的规范将需求形成书面的文档，通常称之为《需求分析说明书》。

（2）需求确认（Requirement Validate）。需求确认是需求管理过程中的一种常用手段，也是需求控制的重要环节之一。确认有两个层面的意思，一个层面是进行系统需求调查和分析的人员与客户间的一种沟通，通过沟通从而对需求不一致的进行剔除；另一个层面是指对于双方达成共同理解或获得用户认可的部分，双方需要进行承诺。

（3）建立状态（Establish Requirement State）。状态也就是一种事物或实体在某一个时刻或点所处的情况，此处要讲的需求状态是指用户需求的一种状态变换过程。在整个生命期中存在着几种不同的情况，在需求调查人员或系统分析人员进行需求调查时，客户存在的需求可能有多种：客户可以明确且清楚地提出的需求；客户知道需要做些什么，但又不能确定的需求；客户本身可以得出这类需求，但需求的业务不明确，还需要等待外部信息；客户本身也说不清楚的。与客户经过沟通或确认的情况有两种：一种是确认双方达成共识，另一种是还需要再进一步沟通。

（4）需求评审（Requirement Review）。对工作产品的评审有两类方式：一类是正式技术评审，也称同行评审；另一类是非正式技术评审。对于任何重要的工作产品，都应该至少执行一次正式技术评审。在进行正式评审前，需要有人员对其要评审的工作产品把关，确认其是否具备进入评审的初步条件。

严格地讲，应当检查需求文档中的每一个需求、每一行文字、每一张图表。评判需求优劣的主要指标有正确性、清晰性、一致性、必要性、完整性、可实现性、可验证性、可测性。如果有可能，最好可以制定评审的检查表。

（5）需求承诺（Requirement Consent）。需求承诺指开发方和客户方的责任人对通过同行评审的需求阶段的工作产品做出承诺，同时该承诺与商业合同具有同等效果。

（6）需求跟踪（Requirement Track）。在整个装备研发过程中进行需求跟踪，目的是建立和维护从用户需求开始到测试之间的一致性与完整性，确保所有的实现以用户需求为基础，需求已实现全部的覆盖，同时确保所有的输出符合用户的需求。

需求跟踪有两种方式，即正向跟踪与逆向跟踪：正向跟踪以需求为切入点，检查《用户需求说明书》或《需求规格说明书》中的每个需求是否都能在后继工作产品中找到对应点；逆向跟踪就是检查设计文档、方案、测试用例等工作产品是否都能在《需求规格说明书》中找到出处。

（7）需求变更控制（Requirement Change Control）。需求变更通常会对项目的进度、人力资源产生很大的影响，这是装备研发商非常畏惧的问题，也是必须面临与需要处理的问题。需求发生变更的起因主要有：随着项目生命期的不断往前推进，人们（包括研发方和客户方）对需求的了解越来越深入，原先提出的需求可能存在着一定的缺陷，因此要变更需求；市场业务需求发生了变化，原先的需求可能跟不上当前的市场业务发展，因此要变更需求。

对于需求的变更，从某一个程度上来说，也就是项目的范围发生了变化，而需求同时又是项目进行的基础。

5.2.2 组织管理

1. 内涵

组织管理是指通过建立组织结构、规定职务或职位、明确责权关系等方式有效实现组织目标的过程。组织管理的具体内容是设计、建立并保持一种组织结构。组织管理的内容有三个方面：组织设计、组织运作和组织调整。

组织管理应该使人们明确在组织中有些什么工作，谁去做什么，工作者承担什么责任，具有什么权力，与组织结构中上下左右的关系如何。只有这样，才能避免由于职责不清造成的执行中的障碍，保证组织目标的实现。

美军项目管理采用矩阵式管理结构，纵横交织，控制点多，管控严密，突出了专业化和精细化管理，设置了清晰的"项目指挥线"和"职能部门管理线"，并根据装备建设任务需要，组建 500 多个项目办，每个项目办根据任务需要编配各类专业技术人员，对项目实施精细化管理。我军体制调整后，也在注重由职能部门集中统管的基础上，成立了各军兵种项目管理中心，甲方的型号项目化管理迈上了新的台阶。

2. 管理过程和主要内容

军地协同项目根据国防发展战略、内外情况和自身的状况提出项目要求。主管部门任命项目的负责人——项目主任或型号主任组建项目管理办公室，建立型号项目的管理机构。

军地协同项目管理是在项目主任及其上属组织的指导下，利用分配给项目的资源，对军地协同项目全寿命期进行管理的过程，最终目标是获得符合买方各项要求的产品。

项目管理办公室牵头负责项目的立项论证、综合论证等项目上马前的前期论证工作。项目被批准立项后，项目管理办公室在项目主任领导下负责确定项目的基本目标，拟定实现项目目标的策略和业务规划、计划，编写技术建议征求书（招标书）并发给有资格参加的承（研）制单位。

承（研）制单位按买方规定的项目性能、经费、进度和后勤保障等主要指标提交技术建议（投标书）。买方项目管理办公室的承（研）制单位选择部门通过招标或谈判，按既定的选择标准，选择一家（或两家）最理想的投标承（研）制单位，签订研制或生产合同。项目合同管理部门代表政府（买方）签署合同，但项目主任要对最后签订的合同负责。

合同签订后，买方项目管理办公室对承包商进行检查，督促其认真履行合同，并协助其解决履约中出现的问题。在军地协同项目实施过程中，项目管理部门按项目进展情况，要对项目进行阶段审查与决策。

5.2.3　范围管理

1. 内涵

项目范围是指为了成功达到项目目标、项目所规定要完成的工作及过程，项目相关方必须在项目产品方面达成共识，还要在如何完成这一项目上达成一致的意见。项目范围管理是指对项目包括什么与不包括什么进行定义和控制的过程。这个过程用于确保项目团队和项目相关方对作为项目结果的项目产品以及生产这些产品所用到的过程有一个共同的理解。简单地说，项目范围管理就是为项目划定一个界限，划定哪些方面是属于项目应该做的，哪些是不应该包括在项目之内的，定义项目管理的工作边界，确定项目的目标和主要的项目可交付成果。

大型装备研制生产过程中，涉及的管理机构、研发机构与生产企业众多，工作内容多样，协调关系复杂，持续周期长。清晰的范围界定、高效的范围管理是确保项目风险可控、有序运行的基础，是项目管理成功的基石。通过范围管理明确产品研制的任务和工作，确定项目实施边界和框架，并以此为基础明确各方的责任分工和任务分配，促进对项目进度、费用、风险、质量等方面的有效监督和控制。

目前，国内外都将范围管理的理念和内容贯穿于产品研制的全过程。

2. 管理过程和主要内容

军地协同项目范围管理包括范围定义、范围分解和范围确认三个环节。

（1）范围定义。范围定义就是把项目产出物进一步分解为较小的、更易管理的单元，以及分解定义出项目全部工作的一种项目管理活动。项目范围的定义要以其组成的所有产品的范围定义为基础，这也是一个由一般到具体、层层深入的过程。即使一个项目可能是由一个单一产品组成的，但产品本身又包含一系列要素，有其各自的组成部分，每个组成部分又有其各自独立的范围。例如，一个新的电话系统可能包含四个组成部分：硬件、软件、培训及安装施工，其中硬件和软件是具体产品，培训和安装施工则是服务，具体产品和服务形成了新的电话系统这一产品的整体。如果项目是为顾客开发一个新的电话系统，要定义这个项目的范围，就要首先确定这个新的电话系统应具备哪些功能，定义产品规范，然后具体定义系统的各组成部分的功能和服务要求，最后明确项目怎样才能达到这些功能和特征。

产品范围的定义就是对产品要求的度量，而项目范围的定义在一定程度上是产生项目计划的基础。两种范围的定义要紧密结合，以保证项目的工作结果能够最终交付一个或一系列满足特别要求的产品。

（2）范围分解。通过范围分解，可以把项目工作分成较小和更便于管理的多项工作，每下降一个层次意味着对项目工作进行更详细的说明。

工作分解结构（WBS）是项目管理中的一种基本方法。它主要应用于项目范围管理，是一种在项目全范围内分解和定义各层次工作包的方法。它按照项目发展的规律，依据一定的原则和规定，进行系统化的、相互关联和协调的层次分解。结构层次越往下，项目组成部分的定义越详细。WBS最后构成一份层次清晰、可以具体作为组织项目实施的工作依据。WBS起源于美国军方的型号研制。

（3）范围确认。项目范围确认是指项目相关者（项目提出方、项目承接方、项目使用方等）对于项目范围的正式认可和接受的工作过程。项目范围确认要明确所有与项目有关的工作均已包括在项目范围中，并且与项目无关的工作均未包括在项目范围中；不仅要确认项目的整体范围，还要对分解后的子工作范围进行确认。

项目范围确认的主要方法和工具是项目范围核检表和项目工作分解结构的核检表，前者从整体上对项目范围进行核检，比如目标是否明确，目标因素是否合理，约束和假定条件是否符合实际等；后者主要以工作结构分解图为依据，检查项目交付物描述是否清楚，工作包分解是否到位，层次分解结构是否合理等。

5.2.4　质量管理

1. 内涵

项目质量是指项目管理和项目成果的质量，它不仅包括项目的成果，即产品或服务的质量，也包括项目管理的质量，良好的项目管理过程是取得令人满意的产品或服务和其他成果的保证，项目管理各个过程的质量决定了项目成果的质量。也就是说，从项目作为一项最终产品来看，项目质量体现在其性能或者使用价值上，是指项目的产品质量。从项目作为一次性的活动来看，项目质量体现在由 WBS 反映出的项目范围内所有的阶段、子项目、项目工作单元的质量，也即项目的工作质量。

项目质量管理（Project Quality Management）：质量通常指产品的质量，广义的还包括工作的质量。产品质量是指产品的使用价值及其属性；而工作质量则是产品质量的保证，它反映了与产品质量直接有关的工作对产品质量的保证程度。

由于武器装备是一项多学科、技术复杂、协作面广、研制周期长、耗资巨大的系统工程，其可靠性、维修性、安全性要求高，需要经历方案论证、工程设计、工艺设计、试制、鉴定定型、批生产交付、使用维护等全过程控制。武器装备建设的每一个阶段都要严格、周密地开展质量管理，确保优质的装备交付使用。

2. 管理过程和主要内容

军地协同项目质量管理包括质量计划、质量控制、质量保证三个过程。

（1）质量计划（Quality Planning）：对特定的项目、产品、过程或合同，规定由谁、何时、应使用哪些程序和相关资源的文件。

（2）质量控制（Quality Control）：组织为达到质量要求所采取的作业技术和活动。

（3）质量保证（Quality Assurance）：组织为了提供足够的信任表明实体能够满足质量要求，而在其质量体系中实施并根据需要进行证实的全部有计划和有系统的活动，分为内部保证和外部保证。

质量保证代表制订质量保证工作计划，计划视产品的复杂程度而定，主要是质量监督和检验验收工作，此外还包括人员计划、对分承包商的采购质量保证支持计划等。

5.2.5 费用管理

1. 内涵

项目费用管理和控制的能力，取决于人、方法和工具三种元素。方法是指整个对项目费用管理的模式，其中包括目标、要求、规范、办法、标准、表格、清单、报告、编码结构、工作程序、审批流程、人员职责等。方法还要按不同的需要来更新和优化。

纵观国外军费开支大国的武器装备采办制度改革，无不是围绕经济性这一主题进行展开的。美国国防部成立的国防系统经济可承受性委员会专门确立了经济可承受战略。

因此，强调建设经济可承受性必定成为军地协同项目实施的关键问题。

2. 管理过程和主要内容

军地协同项目费用管理包括费用估计、费用预算和费用控制三个过程。

（1）费用估计。费用估计指的是预估完成项目各工作所需资源（人、材料、设备等）的费用的近似值。当项目在一定的约束条件下实施时，价格的估计是一项重要的因素。费用估计应该与工作质量的结果相联系。

费用估计过程中，亦应该考虑各种形式的费用交换，比如：在多数情况下，延长工作的延续时间通常是与减少工作的直接费用联系在一起的，相反，追加费用将缩短项目工作的延续时间。因此，在费用估计的过程中必须考虑附加的工作对工程期望工期缩短的影响。

（2）费用预算。费用预算包括给每一独立工作分配全部费用，以获得度量项目执行的费用基线。费用预算可以分为直接人工费用预算、辅助服务费用预算、采购物品费用预算三部分。

（3）费用控制。费用管理不能脱离技术管理和进度管理独立存在，相反要在成本、技术、进度三者之间作综合平衡。及时且准确的成本、进度和技术跟踪报告，是项目经费管理和费用控制的依据。费用控制就是要保证各项工作在它们各自的预算范围内进行。费用控制的基础是事先就对项目进行的费用预算。

费用控制的基本方法是规定各部门定期上报其费用报告，再由控制部门对其进行费用审核，以保证各种支出的合法性，然后再将已经发生的费用与预算相比较，分析其是否超支，并采取相应的措施加以弥补。

费用控制还应包括寻找费用向正反两方面变化的原因，同时还必须考虑与其他控制过程（范围控制、进度控制、质量控制等）相协调，比如不合适的费用变更可能导致质量、进度方面的问题或者导致不可接受的项目风险。

5.2.6　进度管理

1. 内涵

项目进度管理是指采用科学的方法确定进度目标，编制进度计划和资源供应计划，进行进度控制，在与质量、费用目标协调的基础上，实现工期目标。项目进度管理的主要目标是要在规定的时间内，制订出合理、经济的进度计划，然后在该计划的执行过程中，检查实际进度是否与计划进度相一致，保证项目按时完成。

根据军地协同项目的进度目标，编制经济合理的进度计划，并据以检查项目进度计划的执行情况，若发现实际执行情况与计划进度不一致，就及时分析原因，并采取必要的措施对原进度计划进行调整或修正。项目进度管理的目的就是实现最优工期，多快好省地完成任务。

项目进度管理是军地协同项目管理的一个重要方面，它与项目费用管理、项目质量管理等同为军地协同项目管理的重要组成部分。它是保证军地协同项目如期完成或合理安排资源供应、节约项目成本的重要措施之一。

2. 管理过程和主要内容

军地协同项目进度管理主要包括计划制订和计划控制两个基本过程。

（1）计划制订。在制订军地协同项目进度计划时，必须以项目范围管理为基础，针对项目范围的内容要求，有针对性地安排项目活动。

进度计划编制的主要依据包括：项目目标范围；工期的要求；项目特点；项目的内外部条件；项目结构分解单元；项目对各项工作的时间估计；项目的资源供应状况等。进度计划编制要与费用、质量、安全等目标相协调，充分考虑客观条件和风险预计，确保项目目标的实现。进度计划编制的主要工具是网络计划图和横道图，通过绘制网络计划图，确定关键路线和关键工作。根据总进度计划，制订出项目资源总计划、费用总计划，把这些总计划分解到每年、每季度、每月等各阶段，从而作为项目实施过程的依据进行控制。

成立以项目经理为组长，以项目副经理为常务副组长，以各职能部门负责人为副组长，以各单元工作负责人、各班组长等为组员的控制管理小组。小组成员分工明确，责任清晰；定期不定期召开会议，严格执行讨论、分析、制定对策、执行、反馈的工作制度。

（2）计划控制。在项目进度管理中，制订出一个科学、合理的项目进度计划，只是为项目进度的科学管理提供可靠的前提和依据，但并不等于项目进度的管理就不再存在问题。在项目实施过程中，外部环境和条件的变化，往往会造成实际进度与计划进度发生偏差，如不能及时发现这些偏差并加以纠正，项目进度管理目标的实现就一定会受到影响。所以，必须实行项目进度计划控制。

项目进度计划控制的方法是以项目进度计划为依据，在实施过程中对实施情况不断进行跟踪检查，收集有关实际进度的信息，比较和分析实际进度与计划进度的偏差，找出偏差产生的原因和解决办法，确定调整措施，对原进度计划进行修改后再予以实施。随后继续检查、分析、修正；再检查、分析、修正……直至项目最终完成。

在项目执行和控制过程中，要对项目进度进行跟踪，两种表示方法：一种是纯粹的时间表示，对照计划中的时间进度来检查是否在规定的时间内完成了计划的任务；另一种是以工作量来表示，在计划中对整个项目的工作内容预先做出估算，在跟踪实际进度时看实际的工作量完成情况，而不是单纯看时间，即使某些项目活动有拖延，但如果实际完成的工作量不少于计划的工作量，那么也认为是正常的。在项目进度管理中，往往这两种方法是配合使用的，同时跟踪时间进度和工作量进度这两项指标，因此才有了"时间过半、任务过半"的说法。在掌握了实际进度及其与计划进度的偏差情况后，就可以对项目将来的实际完成时间做出预测。

5.2.7　合同管理

1. 内涵

合同是一个契约，是平等主体的自然人、法人、其他经济组织之间建立、变更、终止民事法律关系的协议。项目合同是指项目业主或其代理人与项目承包人或供应商为完成一确定的项目所指向的目标或规定的内容，明确相互的权利义务关系而达成的协议。项目合同具有以下特点：

（1）合同是当事人协商一致的协议，是双方或多方的民事法律行为；

（2）合同的主体是自然人、法人和其他组织等民事主体；

（3）合同的内容是有关设立、变更和终止民事权利义务关系的约定，通过合同条款具体体现出来；

（4）合同须依法签订，只有依法签订的合同才具有法律约束力。

军地协同项目合同是军队有关部门与国防工业部门、企业或承包商之间签订的具有法律效力的经济合同，是军地协同项目采购的主要实现形式。军地协同项目合同管理是指有关部门依法对项目合同订立、履行、变更、终止等行为，以及利用合同进行的违法行为，进行的监督、检查等一系列有组织活动的总称。

2. 管理过程和主要内容

项目合同的主要内容包括：

（1）合同的标的。即合同约定完成的最终成果，阶段性合同的标的是阶段性的最终成果。最终成果的主要形式，可以是产品项目、资料和要求提供的服务项目等。合同标的的详细说明应在合同文本附件中给出，内容明确具体、措辞准确。

（2）数量和质量。合同中应按照有关的国家军事招标项目要求，明确约定数量和质量及相应的管理要求。

（3）项目进度和交付期限。项目的进度包括总进度、阶段进度及年度进度。交付期限即合同要求约定完成或交付最终成果的期限。

（4）交付方式和验收条件。合同中约定最终成果交付方式和地点，包装运输方式及交付中各方的责任。验收条件包括验收试验方式、所使用的设备仪器和手段、最终成果交付状态等。

（5）合同价格、付款进度及支付结算方式。

（6）合同的违约责任和守约鼓励。

（7）合同纠纷的处理方式。

（8）合同配套项目及其分工协作关系。合同中要约定为本项目配套的分系统、设备、资料项目和服务等内容及其承担的单位，并明确各单位应负的责任。

（9）密级和保密事项。军地协同项目合同应根据国防保密规定，当事人约定相应的保密条款。

（10）其他条款。

按承包方式划分，项目合同有以下类型：

（1）总承包合同。将整个项目委托某法人总承包所订立的合同。

（2）主承包合同。将项目的主体部分委托某法人承包所订立的合同。

（3）分承包合同。总承包或主承包单位将其承包项目进行分承包所订立的合同。

（4）单项承包合同。将项目的主体部分委托某法人主承包时，直接与另一法人为项目的分系统或配套设备所订立的合同。

按承包范围划分，项目合同有以下类型：

（1）统包合同。也称为"交钥匙"合同或"一揽子"合同，是项目组织与承包商之间签订的合同，承包范围为项目的全部工作。

（2）设计—采购—施工合同。与统包合同基本类似，但合同不包括试生产及生产准备。

（3）设计—采购合同。承包方只负责项目设计和材料设备的采购，施工由另外的承包商负责。

（4）单项合同。承包商只承包项目中的一项，如采购、设计等，大部分工作由项目组织协调控制。

按定价方式划分，项目合同有以下类型：

（1）固定价或总价合同。这种类型的合同就是把各方面非常明确的产品的总价格固定下来。如果该产品不是各方面都很明确，则买主和卖主将会有风险。买主可能收不到希望的产品，或者卖主可能要支付额外的费用才能提交该产品。固定价合同还可以增加激励措施，以便达到或超过预定的项目目标。

（2）单价合同。付给承包商的报酬按单位服务计算，因此该合同的总价值是为完成该项目所需工作量的函数。

（3）成本加酬金合同。这种类型的合同就是向承包商支付（报销）项目的实际成本。这种承包方式的基本特点是按项目实际发生成本加上管理费和利润来确定项目总价金。在实践中有四种具体做法：成本加固定百分比酬金、成本加固定酬金、成本加浮动酬金、目标成本加奖罚。

（4）计量估价合同。计量估价合同以承包商提供的劳务数量清单和单价表为计算价金的依据。

在项目合同的谈判过程中，对诸如合同的类型、条件、成本、价金、日程安排是否优先考虑项目启动等问题，双方都要做出明确的规定，但关于合同的协商、准备至最后签约可能需要数月才能完成，如果顾客（买方）需要工作马上开始，那么顾客可能提供一个初级建设性文件给承包商（卖方）。通过这一文件授权给承包商在取得其他制造商支持与服务的情况下决定工作先行开始，而合同的最终价格往往要在项目启动之后才能逐步确定。

5.2.8　风险管理

1. 内涵

从系统和过程的角度来看，军地协同项目风险管理是一种系统过程活动，是军地协同项目管理过程中的有机组成部分，涉及诸多因素，应用到许多系统工程的管理技术方法。

军地协同项目风险管理是指项目管理组织对项目可能遇到的风险进行规划、识别、估计、评价、应对、监控的过程，是以科学的管理方法实现最大安全保障的实践活动的总称。

风险管理已经成为影响和决定装备项目成败的关键因素之一。在立项论证、工程研制、生产制造和使用保障等过程中，如何对风险进行有效的识别、预警和控制，是军地协同项目的重要内容，也是保障军地协同项目成功的有力手段。

2. 管理过程和主要内容

军地协同项目风险管理是由风险规划、识别、估计、评价、应对、监控等环节组成的，通过计划、组织、协调、控制等过程，综合、合理地运用各种科学方法，在对军地协同项目进行风险规划的前提下，对风险进行识别、估计和评价，提出应对办法，随时跟踪项目的进展，关注风险的动态，妥善地处理风险事件造成的不利后果。

（1）风险规划过程。风险规划就是项目风险管理的一整套计划，主要包括定义项目组及成员风险管理的行动方案及方式，选择合适的风险管理方法，确定风险判断的依据等。风险规划用于对风险管理活动的计划和实践形式进行决策，它的结果将是整个项目风险管理的战略性的和全寿命期的指导性纲领。

（2）风险识别过程。风险识别就是将项目风险的因子要素归类和分层地查找出来。风险识别包括确定风险的来源，风险产生的条件，描述其风险特征和确定哪些风险事件有可能影响项目。不是所有风险都是会对项目产生严重后果的高风险，然而，几个小风险的合计也会对项目产生严重影响，因此，风险识别不是一次就可以完成的，应当在项目的自始至终不断进行。

（3）风险估计过程。风险估计是在项目风险识别的基础上，运用定性和定量的分析方法估计项目中各个风险发生的可能性和破坏程度的大小，并按潜在危险大小进行优先排序。

（4）风险评价过程。风险评价就是对项目风险进行综合评价。它是在对项目风险进行规划、识别和估计的基础上，通过建立风险的系统模型，从而找到该项目的关键风险，确定项目的整体风险水平和风险等级，为如何处置这些风险提供科学依据，以保障项目的顺利进行。

（5）风险应对过程。项目风险应对是一种系统过程活动，风险应对就是对项目风险提出处置意见和办法。通过对项目风险识别、估计和分析，把项目风险发生的概率、损失严重程度以及其他因素综合起来考虑，就可得出项目发生各种风险的可能性及其危害程度，再与公认的安全指标相比较，就可确定项目的危险等级，从而决定应采取什么样的措施以及控制措施应采取到什么程度。

风险应对可以从改变风险后果的性质、风险发生的概率和风险后果大小三个方面提出多种策略：减轻风险、预防风险、转移风险、回避风险、自留风险和后备措施等。对不同的风险可用不同的处置方法和策略，对同一个项目所面临的各种风险，可综合运用各种策略进行处理。

（6）风险监控过程。风险监控就是通过对风险规划、识别、估计、评价、应对全过程的监视和控制，从而保证军地协同项目风险管理能达到预期的目标，它是项目实施过程中的一项重要工作。监控风险实际是监视项目的进展和项目环境，即项目情况的变化，其目的是：核对风险管理策略和措施的实际效果是否与预见的相同；寻找机会改善和细化风险规避计划；获取反馈信息，以便将来的决策更符合实际。在风险监控过程中，及时发现那些新出现的以及预先制定的策略或措施不见效或性质随着时间的推延而发生变化的风险，然后及时反馈，并根据对项目的影响程度，重新进行风险规划、识别、估计、评价和应对，同时还应对每一风险事件制定成败标准和判断依据。

5.2.9 整体管理

1. 内涵

军地协同项目管理从本质上说，就是从全局观点出发，以项目整体利益最大化为目标，以项目组织、范围、时间、成本、质量、风险等各种专项管理的协调与整合为主要内容而开展的一种综合性管理活动，从而保证项目协调、均衡地实施，确保国防项目目标的实现。

军地协同项目整体管理是一项综合性和全局性的管理工作，它致力于在项目目标与项目管理方案之间进行权衡，确保项目范围、时间、费用、质量目标和各组成部分之间相互协调，以达到甚至超过项目相关方的期望与要求。项目整体管理强调的是一种系统性的合力。

2. 管理过程和主要内容

（1）项目启动。启动是项目集成管理的一部分，致力于批准一个新项目，或者确定子项目是否进入下一阶段。国防项目的启动是出于国际国内的环境需求、用户需求、社会需要等考虑的，国防项目的启动输入一般要求应当包括：项目目标的描述；项目产品描述；组织的战略目标；项目的可行性和选择标准；可供参考的国内外历史资料。

通过可行性研究和预研，初步得到国防项目的启动输出应当包括：项目建议书；可选择的项目途径；可选择的项目团队和项目经理；各种假设。

（2）计划制订。国防项目启动后，首要任务就是对项目进行整体规划，制订国防项目的综合计划。综合计划指以项目的各种单项计划的结果为基础，从战略和全局的目标出发，运用集成和综合平衡的方法制订出来的，是用于指导项目实施和管理的综合计划文件。

国防项目集成计划编制是一项需要反复系统谋划和优化权衡的复杂活动，尤其对于大型的国防项目，由于要将成百上千的国防项目活动进行集成管理，其过程无疑是非常复杂的。对于小型的国防项目，在充分考虑国防项目的各个要素及其各个方面后，集成管理国防项目的各项活动可能会相对比较简单。但对于大中型国防项目，编制国防项目集成计划需要处理和加工大量的信息，这就需要借助一些数学方法、模型及国防项目管理信息系统。国防项目管理信息系统通过运用计算机来收集、加工和处理国防项目的信息资料，从而可以快捷、有效地制订国防项目集成计划。

对于不同规模和不同行业领域的项目，它们的项目综合计划会有各自的特点，涉及其他的一些内容。

（3）执行与考核。检查计划执行情况，贯穿于计划执行的全过程，从计划下达开始直到计划执行结束、全面完成计划任务为止。其作用在于发现计划与实际执行情况的脱节现象，进一步分析造成这种脱节的原因，采取有效措施，保证计划的全面完成。

一般来讲，检查计划执行情况的方法主要是全面地统计报表检查和重点检查，以及运用各种形式的（综合性的、专题性的、现场的）调度会进行计划执行情况的检查与协调。检查计划执行情况，是计划统计部门和科研生产指挥调度部门的重要任务，同时也是各主管业务部门的经常任务。在组织对计划执行与检查计划执行情况时，各项计划指标均应以计划统计部门的数据为准，统计指标和计划指标的口径（内容、含义、计算方法等）必须保持一致。各种统计数据必须准确、及时、完整。计划执行结果，由各级综合计划部门组织全面分析后，按规定上报上级主管部门。

国防项目计划执行情况的考核，是评价各有关单位计划执行情况的重大标志。考核是分级、按期进行的。

计划考核的依据是本级正式下达的各项计划和更新计划。考核的标准是国防计划体系中的各项目和指标，以计划要求完成的时间、费用、质量和交付物为标准，通过考核得出提前完成、按期完成、延期完成、更新后完成和未完成等五类情况。考核的方法一般是上下结合，分级逐层考核。每期计划执行后，首先，由计划执行单位对照计划指标，检查计划完成情况并向其上级提出计划执行情况报告；其次，由上级对所属各单位进行检查与考核；最后，由上级依考核结果对所属各单位进行奖惩。

总结计划执行情况的目的在于找出本期计划执行中的经验教训，供下期计划参考、借鉴。因此，它既是项目计划管理上一循环的结束，又是下一循环的开始。只有把上一循环中的经验教训认真总结出来，才能使下期计划制订得更切合实际，才能使计划管理工作在实践认识、再实践再认识的不断循环中升华、提高。

（4）变更控制。国防项目工作是一种探索性和创造性的复杂劳动，由于客观情况的变化，变更是难以避免的，但必须慎重且严格管理。国防项目变更控制基本流程如图 5-1 所示。

为了使国防项目集成的变更控制能够顺利地进行，必须遵循如下原则：尽量不改变国防项目业绩衡量的指标体系；确保国防项目的工作结果与国防项目的计划相一致；注重协调好国防项目各个方面的变化。在计划执行过程中，计划执行单位，如遇有下列情况之一者，可申请变更：发生不可抗力；国家和上级重大政策更新变化；关键原材料、元器件、外协件及协作条件出现问题，经多方面努力仍无法按原定要求解决；设计方案发生重大更改或关键技术虽经努力但仍未突破解决；生产供求关系发生重大变化。国防项目申请变更，必须严格按照国防项目变更流程组织实施。当变更超出项目经理的权限时，应由项目变更控制委员会决定项目的变更，项目变更控制委员会通常由各级主要领导和机关业务部门组成。

国防项目集成变更控制结果之一是要形成书面文件，主要包括更新后的国防项目计划、国防项目变更的行动方案、吸取经验和教训。

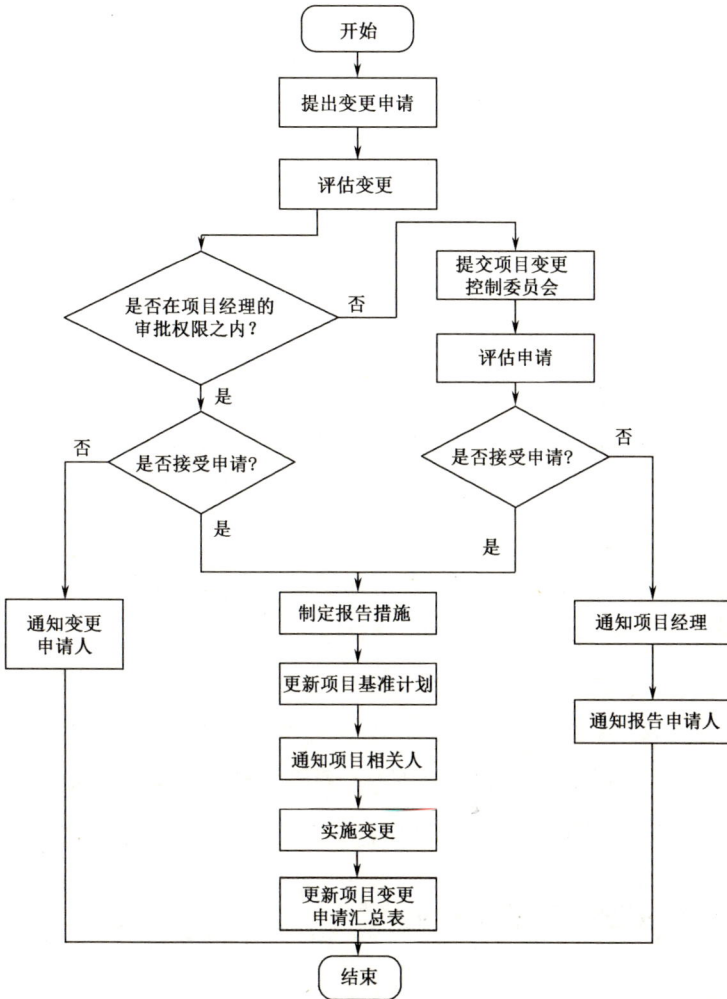

图 5-1　国防项目变更控制基本流程

说明：本图未将过程中的所有相互作用及数据流表示出来。

（5）验收评价。国防项目综合管理的验收评价工作可以归纳为项目移交评审、项目合同收尾、项目管理收尾和项目后评价四个方面。

项目移交评审，就是项目团队为接收方所完成工作结果进行全面审核，检查、落实项目计划范围内各项活动是否已经完成及完成的结果如何。项目移交过程的注意事项有以下几方面：要高层重视，要由专人负责，应强调验收计划，应做充分准备。

项目合同收尾，就是逐项检查合同的各项条款，逐一终止这些要求的过程。该过程涉及产品核实（所有的工作是否正确地、满意地完成）和管理收尾（更新记录以反映最终结果，并为将来使用方便对这些信息归档）。项目团队应在合同收尾之前准备好与合同有关的所有文件，包括合同、合同报告记录、有关表格清单、发货单据、付款记录、验收签字等。合同收尾的具体工作包括：检查和验收承包商的工作、核实合同付款情况、成本决算、归还租赁来的仪器设备、评审并终止分承包商的合同。

项目管理收尾，最重要的工作是收集项目相关的所有文件，并整理、编辑、存档，这样便于日后查阅项目的有关资料，以及为将来执行类似项目提供借鉴。其具体工作包括：收集、整理、归档项目文件；重新安置或处理项目设备、材料及其他物质资源；总结项目经验教训；明确项目后续工作的负责人；重新安排项目队员的工作；嘉奖有功的项目成员。

项目后评价，其目的是评价项目是否为用户提供了预期的利益，评估利益相关方的满意程度，以获得将来改进方向的反馈信息。项目经理应以书面形式总结项目管理过程中的经验教训：哪些地方值得推广，哪些地方应注意避免；本项目管理过程中用到了哪些技术和方法；项目执行中出现了哪些问题，这些问题采用了什么样的方法予以解决，效果如何，是否有更好的处理办法等。此外，还应召集所有的项目利益相关方，包括项目经理、项目成员、顾客、承包商、项目发起人等进行座谈，完成项目后评价。

5.2.10　实践中应把握的重点

【专家点评】

军地协同项目硬要素管理中各个环节特别需要把握的重点包括：

（1）需求管理。这是关系到如何"做正确的事"的问题，从军地协同项目来说，需求主要来自军方，实现需求主要靠研究机构和工业部门。要注意处理好军民对需求的认识由于其位置不一样带来的观点、道路问题，其实需求与实现的相互关联是一个系统的关系，军方作战使用部门对作战需求很清楚，但技术实现就要靠装备发展管理部门，而装备发展管理部门又要依靠国防工业部门来实现需求，同时更要注重科学技术的前沿发展如何服务于军事需求的问题。

（2）组织管理。组织管理是确保军地协同项目成功的十分重要的环节，在实践中，一是组织管理不要跟西方学，不能照搬照抄；二是组织管理要充分发挥社会主义集中力量办大事的优势；三是军地协同的重大项目一定要在论证立项阶段考虑组织体制问题；四是军地协同项目更要形成以项目为导向的型号组织管理体系；五是在发扬优点的同时，要从根本上改变目前职能式管理对军地协同项目带来的负面影响。

（3）范围管理。在军地协同项目管理过程中，明确项目的目标和范围，是项目启动阶段首先要做好的工作。对项目的范围进行有效的管理和控制，是项目生命期全过程的重要工作，也是一项基础性的工作，目的就是成功地实现国防项目的目标，规定或控制哪些方面是军地协同项目应该做的，哪些是不该做的，也就是定义军地协同项目的范畴。在实践中要注重工具方法的使用，要强化产品分解结构（PBS）和工作分解结构（WBS）的管理，处理好相互之间的关系，建立自上而下层次分明的管理结构，形成不同层次的产品分解结构和工作分解结构树，并作为研制基准，以保证最终交付一个或一系列满足特别要求的产品。

（4）质量管理。质量管理始终是第一位的、难度最大的要素管理，产品质量是生命线的观点虽然一直在贯彻，但质量涉及范围极广，大到民族性，小到一个局部工艺；大到国家整体质量管理观，小到每个工人的素质文化。因此，在我国军地协同的质量管理的实践中，要向军工企业学习，军地协同的民口企业，要严格按照民参军的质量认证要求进行认证。考查民参军的企业是否合格，要充分考虑该企业的质量文化和质量意识。

（5）费用管理。费用管理一直是军口企业管理的难点和薄弱环节，实践中，要借军地协同发展大环境的要求，强化军口企业的成本意识；在费用管理实践上，要提倡军口企业向民口企业学习；要通过军地协同，降低国家的国防成本；通过军地协同项目的费用管理实践，进一步增强军工企业的成本意识，这也是军地协同战略实施的落脚点之一。

（6）进度管理。时间就是生命，时间就是战场，时间决定空间。实践中各级都是十分关注项目进度的，进度管理也是传统项目管理三大管控要素之一。军地协同项目进度管理，更要标新立异，站位要高，军品往往都是一个个大的系统，一个子系统出现问题，直接影响项目总进度，甚至影响作战任务完成。所以，军地协同项目进度管理，一是要学习西方项目进度管理的方法技术，大力推行网络计划与评审技术；二是进度管理要层层落实责任制；三是项目进度与技术、质量、费用、资源等都有关联，哪个环节出现问题，都会影响项目进度，要统筹，要实事求是，要科学管理。

（7）合同管理。军地协同项目实际上连接各项目相关方都是靠合同来实现的，军地协同项目实施管理的好坏，直接与合同管理有关，因此，合同管理是基础性的、法规性的、契约性的。实践中军地协同项目更要在合同管理上做文章、下功夫、定规矩、讲实效。要根据军地协同不同类型的项目，确定合同的范围和实施方法。各级管理机关要强化合同意识、责任意识、法治意识、科学管理意识，尽量减少人为干扰，克服领导说了算、官僚主义、本位主义等不利因素。

（8）风险管理。军地协同项目管理的一个重要环节就是有效的风险管理（实践中要根据军地协同项目可能遇到的风险进行规划、识别、估计、评价、应对、监控的方面管理），一环套一环，层层递进，环环相扣；风险规划要注重组织、评价标准、计划及沟通的一整套方案；风险识别阶段要全面、全员、全系统、全过程；风险估计和评价阶段要选择好标准及方法、设置好权重、注重二八定理；风险应对和监控阶段，要制定实事求是、切实可行、针对性强和管控落实的措施和应对办法；既要注重组合整体的风险管控，也要抓住关键的项目风险，防止把项目风险管理做成应急管理。

（9）整体管理。军地协同项目的整体管理，中国人更喜欢叫综合管理，是对各要素管理的整体把控，是系统管理的过程，重要性显而易见。在实践中：

一是整体管理必须项目经理亲自抓、亲自管，各级管理层要注重项目经理的综合管理素质的培养。

二是西方人倾向于把管理当作科学，中国人倾向于把管理当作艺术，军地协同项目的整体管理，就是复杂的事情简单化、简化的事情数量化、量化的事情专业化、专业的事情模块化。

三是抓住关键，特别要注重范围、时间、质量、成本的关系，在范围管理中，并非越多越好，追求的指标往往是"适量""力所能及""效费比"。

在时间管理中，并非越快越好，追求的指标往往是"准时""及时"；在成本管理中，并非越省钱越好，追求的指标往往是"经济""节约"；在质量管理中，并非越高精尖越好，追求的指标往往是"适用""稳定"。

因此，军地协同项目的整体管理，需要用科学态度进行管理，用专业量化的术语进行沟通，用科学的方法制订计划，用艺术的态度综合考察，把整个军地协同项目当成一个集成的系统，进行协调、综合、平衡。科学往往追求共性化的抽象，艺术往往要讲究个性化的具体，科学的手段是分解，艺术的手段是集成。要学会用科学手段进行分解、量化、模块化，在实践中讲究艺术方法，进行集成、综合、具体化。

5.3　软要素管理

军地协同项目要素管理的软要素管理分为领导力与决策管理、项目相关方管理、团队与绩效管理、沟通与冲突管理、文化与知识管理共 5 个领域，下面分别进行介绍。

5.3.1　领导力与决策管理

1. 内涵

领导者（Leader）是指居于某一领导职位，拥有一定领导职权，承担一定领导责任，实施一定领导职能的人。

领导力（Leadership）实质上就是指领导者的影响力，是领导者用以影响被领导者的能力。军地协同项目领导力主要包括以下四个方面的能力：

（1）自我管理能力。包括自我管理和自我控制等。

（2）人际关系能力。包括沟通、协调和团队运作等。

（3）组织领导能力。包括团队建设、团队激励、团队管理与控制等。

（4）商业管理能力。包括管理规划、工作计划、绩效评估、成本管理和创新思维。

军地协同项目领导力一般包括权力性领导力和非权力性领导力。

（1）权力性领导力是由组织赋予的、在领导者实行之前就获得的要被领导者服从的影响力，其核心就是权力。

（2）非权力性领导力是领导者通过自身良好的综合素质和行为体现的，建立领导威信，从情理上影响下属，使下属团结在自己周围的一种凝聚力。

军地协同项目领导力是项目的领导者承担协调、满足项目相关者的需要，以及保证其权利得以实现的责任，使其认同项目愿景、选择追随自己，以实现项目目标的一种影响过程。军地协同项目领导力可以理解为军地协同项目领导者为实现军地协同项目目标而寻求个体参与的能力。

军地协同项目领导力的内涵包括三个层次：

首先，军地协同项目领导力是在项目背景下的一种集体现象，是一种群体过程，不是领导者个人的事情，而是领导者—情境—被领导者之间的互动影响说服过程。

其次，被领导者一定是认同并承诺实现军地协同项目愿景而选择追随领导者，不是简单地依照项目领导者意愿行事，以获得有价值收入的一种易型现象。

最后，通过各种领导技巧（如谈判、协商及说服等），使得军地协同项目相关者的需求和权利与项目愿景协同一致，以获得必要的承诺和资源性支持，这是项目领导力的核心要素。

"决策"这个词语由来已久，其英文"Decision"起源于拉丁语，意思是做出决定。《辞海》中的解释是人们在改造世界过程中，寻求并实现某种最优化目标，即选择最佳的目标和行动方案而进行的活动。著名的管理大师决策理论的代表人赫伯特·西蒙（Herbert A. Simon）认为"管理就是决策"，管理对任何事情来说都是从头贯穿至尾的，而决策也贯穿管理的整个过程，其重要性事关全局，或者说管理的核心就是决策。

军地协同项目决策是一个包括提出军地协同项目意向、确立目标、设计和选择方案的过程。决策过程主要有针对性、目标性、实施性、选择性和预测性的特点。

2. 管理过程和主要内容

1）成功项目领导力的培育

军地协同项目领导力由项目参与主体自主决策执行力、项目组织适应力、项目组织凝聚力有机构成。成功项目领导力的培育应注重以下策略：

（1）实行多样性的激励。培育项目领导力，提高项目组织的工作效率，就是对项目组织所有成员进行有效激励。由于人的需求的动态多样性、项目组织的一次性和复杂性特征，传统的单一激励方式已很难满足实际需要。因此，提升项目领导力就是注重项目组织成员的个人需求，倡导多样性的激励方式。从薪酬、成就、成长和工作环境等不同角度看，激励方式主要有形象激励、感情激励、信心激励、目标激励、绩效薪金激励等，方法一般采用肯定与赞美、工作丰富化、参与管理、教育培训、对外交流机会等，项目组织可在某一任务目标下设置不同的激励方式或激励方式组合，以供项目组织成员选择，从而达到最佳激励效果。当然，激励具有差异性，主要指外部激励差异性和内部激励差异性。激励的差异性对项目组织成员会产生较大的激励作用，设计激励方式时要考虑激励差异性这一因素。

（2）转变领导方式。对于权力的认知与运用模式，传统的项目组织领导理论认为，它是上下级之间"命令—服从"统御式的领导，只适用于科层组织。罗伯特·格林里夫认为："每一个人都需要服务，然后他才希望得到引导。当人们得到一个人的服务和引导时，他们转而会服务、引导更多的人。"根据上述理念，领导者的行为目的转变为满足组织成员需要的层次，以此促使成员加倍努力工作，从而在更大程度上实现更高层次的组织目标。更具体地讲，就是领导者将组织成员当成服务对象，从领导层到全体成员是一个服务的过程。领导者竭力探求项目组织的需求及变化，变指令为服务，促使成员积极性、能动性的提高。同时，在这种领导方式下，领导者将收获感激和回报，及时获取各类反馈信息，与成员形成良性互动、互求的氛围。这种服务引导式的领导方式，有助于提升成员的主动创造性、决策和执行力，有助于形成更强的适应力，产生更大的凝聚力。

（3）项目文化。项目文化的关键在于以项目的价值观、共同使命和共同愿景为基础，形成一种专业的、能动高效和充满活力的文化氛围。项目文化的形成源于项目组织对价值观念、信仰、惯例、各种行为规范及习俗的筛选、提炼、沉淀固化，需要一个较长的过程。但项目是具有生命周期的活动，项目结束时，组织自动解散，因此项目文化建设要能够很快见效，需做到以下方面：

第一，制定和执行相关制度（招聘、培训和奖惩制度），充分利用各种会议，强化项目的宗旨、管理理念、精神信仰。

第二，创造相互尊重、相互包容、相互负责的和谐人文氛围。

第三，实施人性化管理，重视沟通，增加成员的业余交往，让成员相互熟悉、相互交流进而相识相知，增进项目组织成员的团结与合作，产生凝聚力，提升项目领导力。

2）项目决策点识别

军地协同项目从开始到结束有大量的决策节点，需要由某一个或若干个参与方在占有一定信息、具备一定经验的基础上，在若干可供选择的方案中做出更有利于实现既定项目目标的选择。因此，准确地识别决策节点是成功进行项目决策的前提。

每一个决策节点的决策过程都按照提议、审批、执行和监督四个不同的阶段进行。其中，提议是指生成资源使用的方案或计划；审批是指在生成的若干方案中做出选择或对生成的计划是否可以执行进行判断；执行是指将选定的方案或计划付诸实践；监督是对执行过程的跟踪和执行结果的评价。

一般而言，提议和执行是由同一主体完成的，统称为决策经营；而审批和监督是由同一主体完成的，统称为决策控制。

3）项目决策策划

军地协同项目决策策划是指在项目设计之前的决策阶段，对项目开发过程中的组织、管理、经济和技术等方面因素和问题进行系统全面的分析、估算和计划安排，这将使项目建设者的工作有正确的方向和明确的目的，也使项目设计工作有明确的方向并充分体现业主的建设目的，为项目建设的决策实施增值。

军地协同项目决策策划是军地协同项目管理的一个重要组成部分，是项目实施策划的前提。其最主要的任务是定义开发或者建设什么，及其效益和意义如何。项目决策策划一般包括 6 项任务，如图 5-2 所示。

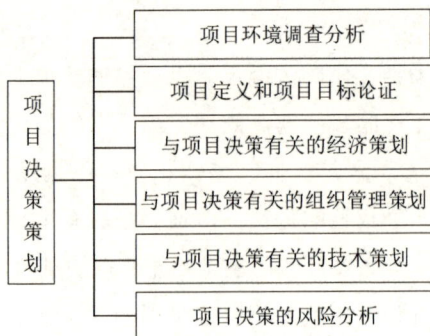

图 5-2　项目决策策划

总的来说，项目决策策划工作，从明确需求开始，在综合分析社会环境的基础上，进行项目定义，对项目进行总体构思和项目定位，进一步对项目进行功能策划、经济策划、组织管理策划，最终形成项目任务书，在整个策划过程中运用多种方法和手段，从技术、经济、财务、环境和社会影响、可持续发展等多个角度对项目进行可行性分析，其中有不断的反馈和调整过程，直至项目能够最终通过审核，形成对设计的要求文件。

4）项目决策实施

（1）项目环境调查分析。军地协同项目决策策划工作首先应对环境条件进行调查和分析。这是因为任何项目都处于社会经济系统中，项目的决策和实施与社会政治、经济及自然环境紧密相关，必须对项目环境和条件进行全面的、深入的调查和分析。项目环境调查与分析包括对自然环境、宏观经济环境、政策环境、市场环境、建设环境（能源、基础设施等）等进行调查分析。在实际工作中，对同类项目的经验和教训的分析也是一个重要方面。

（2）项目定义。在环境调查结束后，下一项重要工作是项目定义。一个项目只有项目定义准确，才有可能获得成功。项目定义是将建设意图和初步构思，转换成定义明确、系统清晰、目标具体、具有明确可操作性的方案的过程。

（3）项目经济策划。项目经济策划是在项目定义与功能策划基础上，进行整个项目投资估算，并且进行融资方案设计及相关经济评价的过程。

（4）项目组织与管理总体方案。项目决策的策划内容中还包括组织策划、管理策划、合同策划等内容，这三项内容可以归结为项目组织与管理总体方案。通常情况下，项目组织与管理总体方案包括项目组成结构、项目管理组织方案、项目合同结构方案及项目总进度纲要等几个方面的内容。

（5）项目设计要求文件。项目决策的最后一个步骤是编制项目设计要求文件。项目设计要求文件是对项目设计的具体要求，这种要求是在确定了项目总体目标、分析研究了项目实施条件和问题、进行了详细的项目定义和功能分析基础上提出的，因此更加有依据，也更加具体。

5.3.2　项目相关方管理

1. 内涵

在军地协同项目管理中，项目相关方特指与项目有一定利益关系的个人或群体，他（们）受项目的影响或能影响项目，其意见一定要作为项目决策与管理时考虑的因素。项目相关方层次模型如图 5-3 所示。

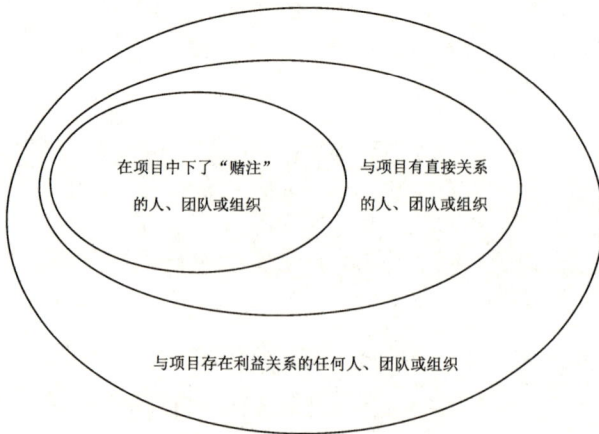

图 5-3　项目相关方层次模型

根据项目相关方与项目的不同影响关系，项目相关方分为：

（1）主要项目相关方：那些与项目有合同关系的团体或个人，如业主方、承包方、设计方、供货方等。

（2）次要项目相关方：那些与项目有隐性契约，但并未正式参与到项目的交易中，受项目影响或能够影响项目的团体或个人，如政府、社会公众、环保部门等。

由于不同项目相关方拥有的信息、谈判地位不同，其在控制权、掌握权的拥有上存在不平衡，因而可以分为：

（1）强项目相关方：对项目控制权及掌控权较强的项目相关方；

（2）弱项目相关方：对项目控制权及掌控权较弱的项目相关方。

根据不同项目相关方在项目中得益或受损的状况，若得益大于受损，则是受益项目相关方；反之，则为受损项目相关方。只要对项目产生影响（正面或负面）的人、团队、组织都可以是项目相关方。图 5-4 表示了项目相关方的关系。

以项目为界限，项目相关方可分为：

（1）项目内部相关方：包括项目经理和项目成员；

（2）项目外部相关方：包括项目发起人、总经理、职能经理、项目客户、分承包商、供应商、政府等。

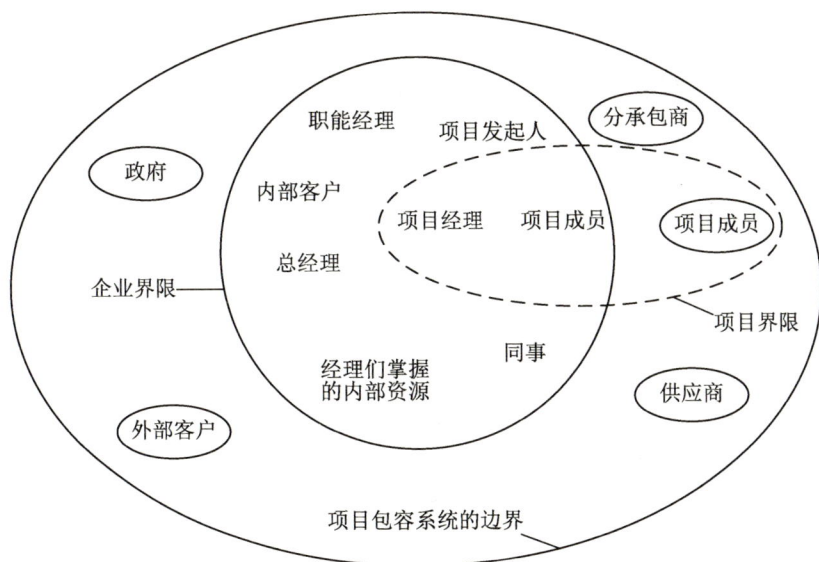

图 5-4　项目相关方的关系

以企业为界限，项目相关方可分为：

（1）项目内部相关方：包括项目发起人、项目经理、职能经理、总经理、内部客户及项目内部成员等；

（2）项目外部相关方：包括政府、分承包商、供应商、外部客户、项目外部成员等。

总之，项目相关方是能影响项目决策、活动或结果的个人、群体或组织，以及会受或自认为会受项目决策、活动或结果影响的个人、群体或组织。

2. 管理过程和主要内容

我国国防项目长期以来已经形成了以职能管理为特征的较为完善的国防项目管理体系，由于军地协同项目本身的特殊性、系统性、前瞻性，且军地协同项目都是国家行为，项目相关方管理具有特殊性、专业性、复杂性。有效地做好军地协同项目的项目相关方管理十分重要。

军地协同项目相关方管理过程主要为个别项目相关方、管理项目相关方期望，争取项目相关方利益的最大化。项目管理团队必须弄清谁是本项目的相关方，明确他们的需要和期望，然后对这些期望进行管理和施加影响，确保项目获得成功。

项目相关方管理包括用于开展下列工作的各个过程：识别能影响项目或受

项目影响的全部人员、群体或组织，分析项目相关方对项目的期望和影响，制定合适的管理策略来有效调动项目相关方参与项目决策和执行。项目相关方管理还关注与项目相关方的持续沟通，以便了解项目相关方的需要和期望，解决实际发生的问题，管理利益冲突，促进项目相关方合理参与项目决策和活动。应该把项目相关方满意度作为一个关键的项目目标来进行管理。

（1）识别项目相关方。军地协同项目的主要相关方一般是通过合同和协议联系在一起，共同参与项目管理活动，包括项目经理、项目团队、用户、投资者、供应商、承包商、分包商等直接利益相关者。另外，还有一类人或组织与项目有或多或少的利益关系。军地协同项目的其他相关方更为复杂，特别是军地协同项目的政治性、国际性、前沿性等，甚至有的项目相关方是军地协同项目的对立方。识别完项目相关方后，应建立项目相关方登记册，制订相应的管理计划。

（2）项目相关方影响分析。项目相关方对于项目的影响，积极和消极的情况都有可能存在。积极的项目相关方通常是从项目的成功结果中获益者，而消极的项目相关方是从项目的成功中看到消极结果者。同样，忽视项目相关方的项目经理也会对项目的结果造成破坏性影响。军地协同项目管理过程中，始终要重视项目相关方的管理，确定项目相关方支持度并开展综合分析，在项目生命期的不同阶段按重要性进行有针对性的管理。

（3）管理项目相关方。项目经理必须管理项目相关方的期望，因为项目相关方的目标往往彼此相去甚远，甚至互相冲突。例如：某型号分系统总师可能会把新产品的成功定义为达到当前最先进技术水平，负责制造的总工艺师可能将其定义为世界第一流的生产工艺，而负责营销的副总裁可能主要关心产品有多少新的特殊性能、性价比如何。

项目相关方管理循环如图5-5所示。

因为项目的特殊性，对项目相关方的沟通形式也是多样的，管理上可按权利、影响力和利益的关系构建模型（见图5-6），进而实施不同的管理策略。

（4）监测项目相关方满意度，确保项目成功。在军地协同项目管理中最大的信息缺口就是军方与民方的偏好和需求的相关信息以及项目投资方的意愿和要求，因此，良好的项目相关方管理是项目管理成功的基础。项目管理者必须慎重处理与项目相关方的关系，通过多种渠道和方式监测项目相关方的满意程度，并不断地以具体的措施维护和提高他们的支持力度，确保项目成功。

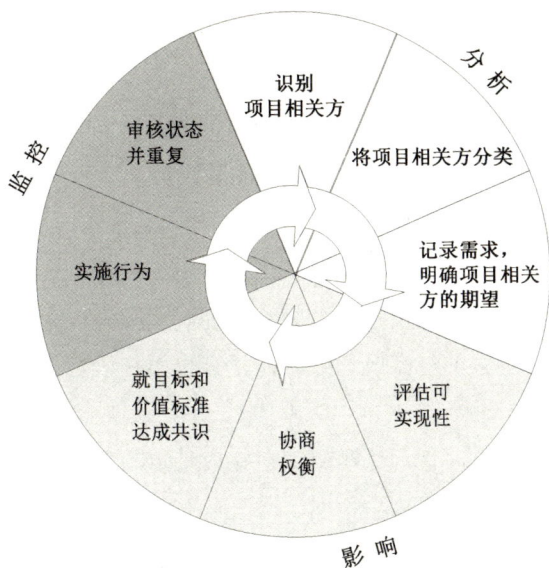

图 5-5　项目相关方管理循环

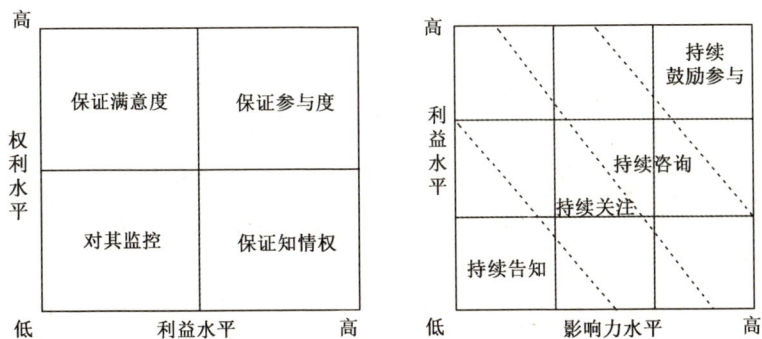

图 5-6　权利—利益网络和影响力—利益矩阵

5.3.3　团队与绩效管理

1. 内涵

项目团队是由一组个体成员，为实现一个具体项目的目标而组建的协同工作队伍。军地协同项目团队的根本使命是在项目经理的直接领导下，为实现具体军地协同项目的目标，完成具体项目所确定的各项任务，而共同努力、协调一致和科学高效地工作。

项目团队绩效管理是对项目团队绩效进行计划、监督、控制、考核评价的过程，也是团队目标实现的过程，还是团队中个体能力提升的过程。军地协同项目团队绩效管理不等同于绩效评价。绩效管理不仅是评价方法，还是对工作进行组织，以达到最好结果的过程、思想和方法的总和。军地协同项目团队绩效管理对于项目团队、项目管理者和项目团队成员都具有重要意义。

军地协同项目团队具有以下特点：

（1）项目团队的目的性。项目团队这种组织的使命就是完成某项特定的任务，实现某个特定项目的既定目标，因此这种组织具有很高的目的性，它只应有与既定项目目标有关的使命或任务，而没有也不应该有与既定项目目标无关的使命和任务。

（2）项目团队的临时性。这种组织在完成特定项目的任务以后，其使命即已终结，项目团队即可解散。

（3）项目团队的团队性。项目团队是按照团队作业的模式开展项目工作的，团队性的作业是一种完全不同于一般运营组织中的部门、机构的特殊作业模式，这种作业模式强调团队精神与团队合作。这种团队精神与团队合作是项目成功的精神保障。

（4）项目团队成员的双重领导特性。一般而言，项目团队的成员既受原职能部门负责人的领导，又受所在项目团队经理的领导。这种双重领导会使项目团队成员的发展受到一定的限制，有时还会出现职能部门和项目团队二者的领导和指挥命令不统一而使项目团队成员无所适从的情况，这是影响项目团队绩效的一个很重要的项目团队特性。

（5）项目团队具有渐进性和灵活性。项目团队的渐进性是指项目团队在初期一般是由较少成员构成的，随着项目的进展和任务的展开，项目团队会不断地扩大。项目团队的灵活性是指项目团队人员的多少和具体人选也会随着项目的发展与变化而不断调整。这些特性是与一般运营管理组织完全不同的。

军地协同虚拟项目团队是指一群跨越空间、跨越时区和组织边界的人们通过先进的通信和信息技术，为了实现共同的目标而在有限的时间范围内协同工作的团队。虚拟项目团队包括一个项目管理者和一定数量的团队成员。虚拟项目团队具有灵活的成员人数、清晰的边界、确定的消费者、技术上必备的条件和输出。团队的长期目标是非常规的，团队可以自行制定决策。虚拟项目团队和传统项目团队具有许多相似之处。这些相似点包括一般结构、团队管理方法以及都是为了完成团队目标而选择的工作类型。

2. 管理过程和主要内容

一般而言，军地协同项目团队建设的过程如图 5-7 所示。

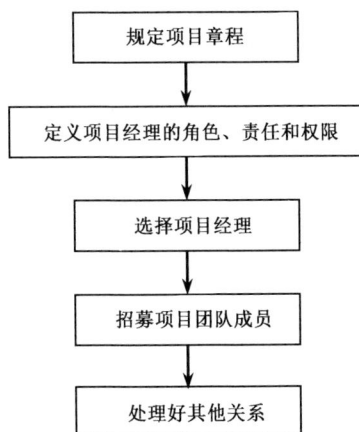

```
┌─────────────────────────┐
│      规定项目章程        │
└─────────────────────────┘
            │
            ▼
┌─────────────────────────┐
│ 定义项目经理的角色、责任和权限 │
└─────────────────────────┘
            │
            ▼
┌─────────────────────────┐
│      选择项目经理        │
└─────────────────────────┘
            │
            ▼
┌─────────────────────────┐
│     招募项目团队成员     │
└─────────────────────────┘
            │
            ▼
┌─────────────────────────┐
│     处理好其他关系       │
└─────────────────────────┘
```

图 5-7　军地协同项目团队建设的过程

（1）规定项目章程。一个组织，不管是专制的还是民主的，都要有一套严格的规章制度，项目团队也不例外。

（2）定义项目经理的角色、责任和权限。在实际工作中，项目经理的职责很广泛，如了解大量的信息，投入大量的精力，并且切断过去已有的职能汇报关系，去扮演项目中的总经理。但是，并没有像总经理那样的正式权力，必须依靠人际关系技巧和谈判能力来影响团队成员。

项目经理的权限在项目的最初阶段，每天都要重新确认并加以保持，并在项目章程中明确指出，这样才能在今后团队矛盾的解决上有所依据。

（3）选择项目经理。实际工作的经验和教训表明，选择合适的项目经理对项目的成功至关重要。项目经理必须通过项目的实施满足客户或用户的需求，在投资回报上给出资人一个满意的交代，为项目团队创造一个令人振奋的、积极进取的工作环境。一个企业在项目经理的选择上不能怕花时间和费用，要根据企业和项目的特点形成一套合适的客观的评估标准，并严格按标准执行。

（4）招募项目团队成员。团队成员的选择，主要基于个人的专业技能和道德品质。同时，对于团队中的核心成员，是否具备参与同类项目的经验也非常重要。

从项目经理开始，每个项目团队的成员进入团队之后，都要积极主动地定义其角色，并使之被其他成员认可，创造合作气氛，减少分歧。项目团队的角色定义在团队组建的整个过程中都要不断地做出调整。

（5）处理好其他关系。项目团队建设除完成以上工作任务以外，还要处理好各方面的关系，例如，项目的收益与风险的关系，项目团队人员质量与规模的关系，项目管理和为项目提供支持的职能管理的关系等。这些关系都要在项目团队组建的时候考虑到并且处理好，否则将会带来非常严重的损失。

在项目团队建设早期，各种各样的人初次参与到一个项目中，拥有不同的组织环境、组织文化和个性特征。具有这些不同特点的一群人可能从未在一起工作过，却必须在很短的时间里形成一个具有凝聚力的团队，共同努力完成大家都没有做过的工作。军地协同项目团队管理过程如图 5-8 所示。

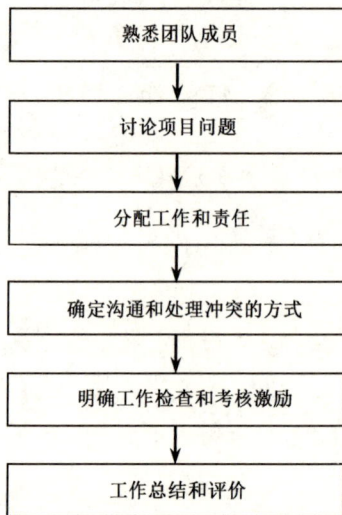

熟悉团队成员

↓

讨论项目问题

↓

分配工作和责任

↓

确定沟通和处理冲突的方式

↓

明确工作检查和考核激励

↓

工作总结和评价

图 5-8　军地协同项目团队管理过程

一个完整的军地协同项目团队绩效管理实施过程包括：设定项目团队绩效目标、制订项目团队绩效计划、记录团队成员的项目绩效表现、项目团队绩效考评、项目团队绩效考核结果的反馈及合理运用等内容，可以简单地表述为项目团队绩效目标制定、项目团队绩效计划、项目团队绩效执行与沟通、项目团队绩效控制、项目团队绩效考核、项目团队绩效反馈几个部分。这几大部分是一个整体，形成一个封闭的循环回路，不能人为地把它们分割开来。

（1）项目团队绩效目标制定。众所周知，项目的目标一般围绕着三要素展开，即质量（Quality）、成本（Cost）、交付时间（Delivery），对于某一个具体的项目而言，项目的 QCD 就是项目的绩效目标。尽管从表面上看，确立项目团队绩效目标很简单，但是需要注意，在归纳项目团队绩效管理指标时，应能体现该项目对企业总体目标的贡献。另外，特别需要说明的是，项目团队绩效目标一定是企业管理者、项目经理和下属员工共同制定的，只有这样，完成目标才能做到由下而上，相关责任部门、责任人才会有积极性。

（2）制订项目团队绩效计划。在项目团队绩效计划阶段，团队领导和团队成员一起参与确定项目团队目标，并对目标进行分解。在对绩效期望问题达成共识的基础上，确定分解到各个团队成员的工作职责和工作目标，确定项目团队绩效指标，从而界定成员绩效，以此作为团队成员考核的依据。

（3）项目团队绩效计划的实施和管理。项目团队绩效计划实施和管理主要包括对团队成员进行绩效辅导和对绩效计划进行动态调整。①对团队成员进行绩效辅导：对发现的问题及时反馈、沟通解决，以达到改善成员的知识、技能和态度的目的，并能够随时收集资料，作为绩效评估的依据。②对项目团队绩效计划进行动态调整：由于项目团队绩效计划是预先做出的，并未在实践中得到充分的检验，在制订之后需要随着项目团队绩效管理工作的开展而有所调整。在项目团队绩效实现的过程中，如发现或产生了新的问题，则需要弥补原绩效计划的不足之处。据此对项目团队绩效计划进行变更，提高其可实施性。

（4）项目团队绩效考核。项目团队绩效考核是在绩效考评期结束的时候，依据预先制订好的绩效计划，考核者对被考核者的绩效目标完成情况进行评估。

（5）项目团队绩效反馈。在这一阶段要对项目团队绩效考核结果进行信息反馈，使被考核者了解自己的绩效状况和不足之处。考核者也要帮助其分析问题，提出相应的改进措施及对今后的期望。完成对项目团队绩效考核结果的反馈，并不意味着项目团队绩效管理工作的结束。不可忽视的一项工作是对项目团队绩效考核结果的合理应用，以起到对项目团队绩效考核的强化作用。

5.3.4　沟通与冲突管理

1. 内涵

沟通（Communication）是指人们通过语言、文字、符号或其他表达形式进行信息传递和交流的行为和过程。沟通是人与人之间、人与群体之间思想与感情的传递和反馈过程，目的是最大限度地化解冲突，实现思想的一致和感情的通畅。

随着科技的发展、人们生活的多元化，沟通的类型也会逐渐多样化。根据项目沟通的严肃程度，可以分为正式沟通与非正式沟通；根据项目信息交流的方向，可分为上行沟通、下行沟通、平行沟通和斜向沟通；根据项目沟通的路线，分为单向沟通和双向沟通；根据沟通采用的工具，可分为书面沟通和口头沟通；根据沟通是否采用语言形式，可分为言语沟通和非言语沟通；根据项目沟通的主体，可分为自我沟通、人际沟通和组织沟通。

项目沟通（Project Communication）是指带着一定的动机、目的和态度，通过种种途径把信息传递给其他人的过程，包括情感、想法、思想、态度、观点、客观事实等。军地协同项目沟通是保证项目顺利进行的润滑剂。项目沟通是以项目经理为中心，纵向对高层管理者、项目发起人、团队成员，横向对职能部门、客户、供应商等进行项目信息的交换。

项目沟通有很多种形式，常用的两种形式为项目会议沟通和项目谈判。

（1）项目会议沟通是项目管理者进行有效项目沟通的主要方式和途径，也是促进项目团体建设和强化团队管理以及实现项目目标的有效工具。项目会议沟通主要有三种：项目情况交流会议、项目问题解决会议和项目评审会议。

（2）项目谈判是指双方和多方项目合作伙伴为实现既定的项目目标，消除分歧，改变对立关系，交换意见，互相磋商，以达成谈判者双方均可接受的协议和对某物得出解决办法。项目谈判的方式是指项目谈判各方为解决谈判问题而所持的态度和策略方法。一般项目谈判的方式分为妥协型、原则型、强硬型三种。

冲突（Conflict）是指个人或群体内部、个人与个人之间、个人与群体之间、群体与群体之间互不相容的目标、认识或感情，并引起对立或不一致的相互作用的任何一个状态。冲突是普遍现象，它可能发生于人与人之间、人与群体之间、群体内部的人与人之间、群体与群体之间等。冲突包括目标性冲突、认识性冲突和感情性冲突三类。

项目冲突（Project Conflict）是组织冲突的一种特定表现形态，是项目内部或外部某些关系难以协调而导致的矛盾和行为对抗。根据冲突对军地协同项目的影响，项目冲突可以分为建设性冲突和破坏性冲突两类。

（1）建设性冲突。建设性冲突是指军地协同项目冲突各方目标一致，由于实现目标的途径手段不同而产生的冲突。建设性冲突可以使项目团队中的不良风气和问题充分暴露出来，同时，可以促进不同意见的交流和对自身弱点的检讨，有利于促进项目的良性发展。

（2）破坏性冲突。破坏性冲突又称非建设性冲突，是指由于认识上的不一致，导致军地协同项目资源和利益分配方面的矛盾，项目团队成员发生相互抵触、争执甚至攻击等行为，从而导致项目工作效率下降，并最终影响到项目目标顺利实现的冲突。在破坏性冲突中，各方目标不同造成的冲突往往属于对抗性冲突。

意见相左甚至冲突是必要的，也是非常受欢迎的事。如果没有意见纷争与冲突，组织就无法相互理解，没有理解，只会做出错误的决定。冲突其实是另一种有效的沟通方式，建设性地处理冲突反而会实现共赢，成为团队高效的润滑剂。

2. 管理过程和主要内容

军地协同项目沟通管理实施的一般程序包括以下 4 个基本过程。

（1）编制项目沟通计划。沟通管理的目标是及时并适当地创建、收集、发送、储存和处理项目的信息。编制项目沟通计划就是确定、记录并分析项目的利益相关者所需要的信息和沟通需求，即确定谁需要信息，需要什么信息，何时需要以及怎样获得，并将其形成文件，作为沟通计划。项目沟通计划是项目沟通管理的重中之重。要改善项目现状，当务之急是征求项目合作伙伴的意见，制订沟通计划。项目沟通计划在项目早期就应该完成，但是为了提高沟通的有效性，项目沟通计划应该根据项目的实施情况和沟通计划的适用情况，进行定期检查，并在必要时加以修改。因此，项目沟通计划是贯穿于项目全过程的一项管理工作。

（2）项目信息分发和传递。制订好沟通计划后，重要的是如何按照计划进行各类信息的分发和传递。将项目管理的信息正确传达到相应的人员，是相当重要并有一定困难的。例如，信息发送者认为自己把信息正确地传达了，但实际上信息没有被传达，或者传达了但被曲解了。所有的沟通方式必须有反馈机制。

（3）实施情况报告。沟通管理的另一部分是实施情况报告，具体有三种形式：定期报告、阶段评审报告和紧急报告。

（4）管理收尾。管理收尾是沟通管理的最后一步，其核心目的是与各项目合作伙伴沟通，总结经验，吸取教训，将各类文件归档，从而实现对知识的积累。项目中的提交物是极好的资源，对未来的项目会有很大帮助。良好的项目档案能够为以后的项目节省时间和金钱，为项目审计等提供有价值的信息。

在军地协同项目生命周期的不同阶段，各种冲突发生的频度和强度不一样。项目经理只有从项目的整个生命周期角度出发来考察冲突，分辨各个阶段可能发生的主要冲突，才能抓住主要矛盾，有效地解决冲突。

（1）在军地协同项目启动阶段，针对主要的冲突源，建议采取与参与项目的各职能部门协商、联合决策，尽早明确项目的组织结构形式并建立正式的项目组织，建立详细的管理操作程序等措施，来减轻冲突。

（2）在军地协同项目（规划）阶段，项目经理针对主要冲突源可采取定期召开与职能部门或协助部门的会议，与职能部门和其他有关部门协调合作，制订处理突发问题的应急计划及相应的汇报批准程序等措施，来减轻冲突。

（3）在军地协同项目执行和控制阶段，对于主要冲突源，可采取紧密地与项目的各个参与部门和支持部门进行沟通，会同各参与部门和支持部门一起回顾项目所涉及的所有技术质量标准，及时与各职能部门或协助部门沟通对人员的需求预测等措施，来减轻冲突。

（4）在军地协同项目结束（收尾）阶段，可采取密切监督项目的各子任务的进度，对出现进度落后的关键子任务要给予人力与物力的支援，工余时间安排一些娱乐活动舒缓紧张的工作压力，项目临近结束时提前考虑人员的重新安排计划等措施，来减轻冲突。

5.3.5　文化与知识管理

1. 内涵

文化（Culture）有广义和狭义之分，广义的文化是指人类在社会历史实践中所创造的物质财富与精神财富的总和。狭义的文化是指社会的意识形态以及与之相适应的组织机构和制度。大凡人类创造出来的一切物质成果和精神成果都具有文化的内涵，那些人类社会对象化的产品，既是社会文化的结果，又是社会文化的载体。

项目文化（Project Culture）是在特定的文化背景和项目管理环境下形成的一种从属于主流文化的支流文化，是一种微观的、与项目管理实践紧密结合的应用型文化。项目文化的功能包括导向功能、凝聚功能、约束功能、激励功能和辐射功能等。军地协同项目团队文化是指通过共同的规范、信仰、价值观将团队成员联系在一起，对事物产生共同理解的系统。

项目知识管理（Project Knowledge Management，PKM）是把知识作为项目团队最重要的资源，对知识资源的获取、共享、创新、应用等过程进行计划、组织、测评、控制和领导，以期达成增强项目团队核心竞争力目标的过程。项目知识管理的目标就是努力将最恰当的知识在最恰当的时间传递给最恰当的人，以便他们能够做出最好的决策和应用，取得最好的成效。美国 IBM 公司将知识管理技术分为商业情报技术（Business Intelligence，BI）、知识发现技术（Knowledge Discovery）、专门知识搜寻技术（Expertise Location）、合作技术（Collaboration）、知识传递技术（Knowledge Transfer）等几大类。

2. 管理过程和主要内容

根据项目文化的构成，项目文化建设也包括物质文化建设、精神文化建设、行为文化建设和制度文化建设四个层次，如图 5-9 所示。

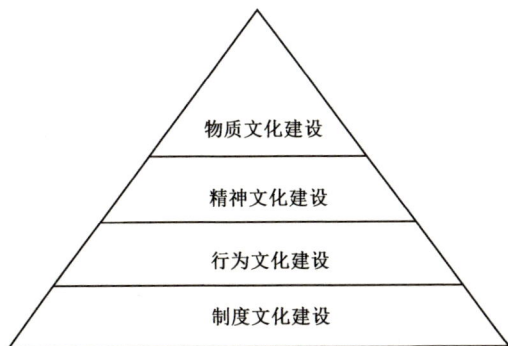

图 5-9　项目文化建设

（1）项目经理行为文化建设。项目经理是项目的主要责任人，是项目管理的基石和项目团队的灵魂。项目经理拥有掌控项目全局的地位和能力，他的知识结构、经验水平、管理素质、组织协调能力、领导艺术甚至个性和情绪都对项目管理的成败有着决定性的影响。

项目经理处在项目管理的中心位置，最清楚完成项目需要什么样的文化，他通过选用团队成员，制定各种规则、程序、工作模式来倡导和培育这种项目文化，以作为项目完成的支持因素。因此，项目经理是项目文化的倡导者和培育者。在项目经理行为文化建设上，项目经理不但要有实践经验，更重要的是要加强其领导能力、凝集能力、沟通能力的培养。

（2）项目模范人物行为文化建设。模范人物在为项目做出特殊贡献、体现项目特殊风貌和文化的同时，也成为普通人员模仿和学习的对象。同时，一旦模范人物形成群体，则会体现出项目模范的群体行为，无形中成为项目所有成员的行为规范。

（3）项目普通人员行为文化建设。项目的普通人员是项目活动的主体，普通人员的行为体现着整个项目的精神风貌和项目的外在形象。

对项目的普通人员来说，必须以积极的态度去从事项目的工作，以勤劳、敬业的精神来规范指导自己的行为。对项目组织来说，塑造项目人员群体行为文化是项目文化建设的重要内容。组织应在群体中提倡并强化一种积极向上、团结奋斗的风气和行为，使成员感受到群体的压力从而产生一种积极的从众行为，促进项目行为文化的建立和改善。

项目精神文化建设主要包括经营哲学建设、价值观建设、项目精神建设、道德标准建设几个方面的内容，如图 5-10 所示。

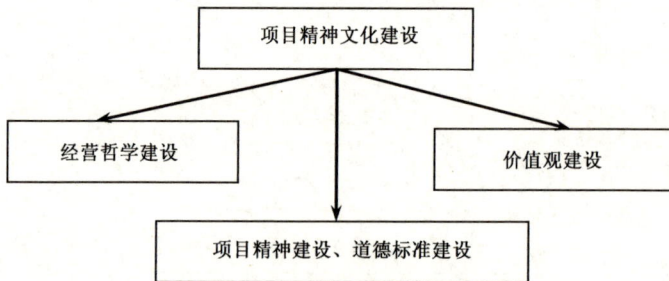

图 5-10 项目精神文化建设

项目制度文化建设主要包括组织结构建设、领导体制建设和管理制度建设三个方面，如图 5-11 所示。

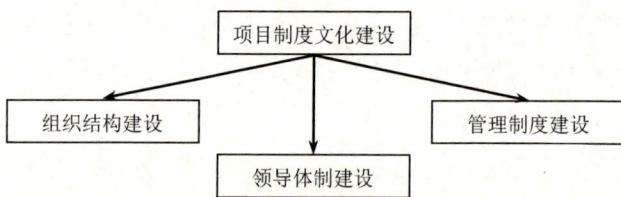

图 5-11 项目制度文化建设

军地协同项目知识管理的系统功能构件有六个层级：

第一层：有效的知识管理过程。利用知识管理，可以有效地促进组织内外重要知识的收集、创造、存储、分享与转移。

第二层：有效的知识资源利用。充分利用组织目前所掌握的有价值的知识，增加知识的流量并发挥其潜在价值；同时提升组织对新知识的开发和创造能力，增加知识的存储量，这样才能永远领先对手。

第三层：对个人工作、流程和决策绩效的支持。支持并提升员工个人与群组在工作、决策、问题定义和解决等方面的能力；利用知识支持组织中各作业流程的卓越性（效率、效果、创新）；促进组织学习、开放、交流、分享、团队合作及创新研发的文化与精神。

第四层：对产品质量的支持。利用知识提升产品的内容与质量、加速产品上市的时间、准确掌握市场变化和顾客的需求及快速反映产品需求的变化。

第五层：对竞争优势的支持。利用知识形成并强化难以模仿的核心能力、强化组织掌握商机的能力、提升快速适应环境变化的能力以及提升打击竞争对手的能力。

第六层：支持组织最终获利。知识管理的实施到最后应该能增加组织的收入、提高市场占有率和获利率。

军地协同项目知识管理过程一般为：

（1）规划项目的知识管理策略；

（2）确定项目知识管理核心任务；

（3）制订项目知识管理实施方案；

（4）动态监控企业知识管理实施过程；

（5）在实践中提升国防项目知识管理能力。

5.3.6　实践中应把握的重点

【专家点评】

军地协同项目软要素管理中各个环节特别需要把握的重点包括以下方面。

（1）领导力与决策管理。军地协同项目的领导力和决策管理贯穿项目管理的全过程，实践中主要做好三件事：

一是确立并优化目标。大部分军地协同项目的目标是需要进行分层管理的，要对这些目标进行优化排序，确定优先目标及关注的顺序，要特别注意影响项目组合总体目标实现的那些关键项目。

二是协调项目相关方利益。军地协同项目的相关方多是一级组织，因此，对他们也需要进行优化排序，对那些利益大影响力也大的项目相关方给予更多的关注。协调项目相关方的利害关系，更多属于艺术，我们很难从中提炼出具有共性的规律，必须具体问题具体分析。

三是权衡利弊及优劣。决策的程序最终可以归结为两个环节，即"谋"和"断"。谋者陈之利弊，断者权之利弊。决策的权衡实际上集中于两点：一是利益与风险的评估，二是优势与劣势的判断。军地协同项目的决策应注意解决好群体决策和领导决策的关系，站在国防利益高度权衡利弊，尽量避免盲目决策。

（2）项目相关方管理。实践中军地协同项目的相关方管理，更要注重分层分级管理，横向到边，纵向到底，对不同项目相关方进行统筹分层管理，分清不同项目相关方的利益诉求，明确管理目标，分清管理界面，落实管理责任，注重结果与效益。

（3）团队与绩效管理。军地协同项目的团队是由不同利益相关方组成的，由于项目的特点，不同的团队许多是由项目合同产生关联，因此，团队管理各有特色，项目绩效不同的利益相关方对此也有不同的理解。实践中军地协同项目的团队管理，要以项目为纽带，努力建设具有中国特色的跨行业、跨部门之间的项目团队管理模式，统一项目管理的目标，建立以实现项目目标为目的的绩效管理机制，形成不同性质团队之间的默契，建立公平合理的绩效管理体系，为军地协同项目目标的实现提供坚强保障。

（4）沟通与冲突管理。实践中军地协同项目沟通管理需要注意三个方面的问题。

一是打造基础，首先要创建组织沟通平台，与项目不同层级的相关方建立沟通渠道，确定沟通方式；在团队内部，要打造团队共同认可的价值观念和共同动机愿望的主观基础，一砖一瓦地垒起管理沟通平台。

二是理顺环节，就是要理顺沟通渠道，把握轻重缓急，要在适应沟通对象偏好的基础上选择恰当的沟通方式、把握恰当的沟通时机和场合，使沟通进行得更加顺畅和高效。

三是提高技巧，就是善于运用各种沟通方式和渠道，注重跨部门、跨领域、跨技术、跨层级的沟通，减少非有效沟通，提高沟通的整体效率。

实践中军地协同项目冲突管理需要注意引发冲突的因素各式各样，不同的冲突源在项目的生命期中呈现不同的性质，一般讲有强制执行、主动解决、调和斡旋、撤退回避、妥协折中等几种冲突解决方式，这些方式各有利弊，项目经理最倾向使用"主动解决"的方式来解决冲突，该方式注重双赢，是寻求各方一起努力解决冲突的最佳方式。

（5）文化与知识管理。文化与知识管理是随着新项目管理的出现和现代项目管理的实践应运而生的。好的企业有企业文化，好的项目也形成了项目文化，我国军地协同的标杆项目"北斗工程"就是典型例证（第 6 章详细介绍）。实践中军地协同项目要注重项目文化的培养，要吸收和弘扬"两弹一星""载人航天"及老军工诸多优秀的项目文化基因，传承和应用在军地协同项目上，各级军地协同的项目组织要注重项目文化培养，创造军地协同项目文化的新篇章。军地协同项目的知识管理，是随着科学的发展和型号任务的巨系统性、复杂性而产生的。笔者认为，当代军地协同的武器系统的行政总指挥可以是一个人，但技术总师应该是一个团队，这个团队是项目技术目标系统性的灵魂，而不再是一个人，如果说非要是一个人的话，那就是对诸多技术进行统筹的一个管理者。实践中军地协同项目要发挥知识管理的作用，发扬群体效能，产生 1+1>2 的效果。

5.4　领域要素管理

军地协同项目要素管理的领域要素管理按技术管理、工艺管理、可靠性管理、采购管理、产品数据管理、标准化管理、安全管理、保密管理共 8 个领域，下面分别进行介绍。

5.4.1　技术管理

1. 内涵

技术的属性是自然规律的体现，是符合科学的创新与创造。技术是人类解决社会和自然实际问题的一种手段，是人类利用、控制与改造自然、社会、思维的方法的集合，是关于怎样做的知识体系，即实践性的知识体系。按照这种观点，将技术理解为人类解决社会和自然实际问题的手段及方法。

军地协同项目的技术管理主要是围绕军事装备需求和保证武器作战性能所进行的一系列技术管理活动。

技术管理（Management of Technology，MOT）是一个组织对内部有关技术工作进行管理的过程。组织的技术管理主要包括技术创新战略、技术评价与技术选择的管理等。

技术管理是关于技术创新、技术战略的一系列的管理过程，它包括知识与技术的计划、组织、协调与控制。其核心任务在于通过研究与开发及创新管理，提高企业核心能力，从而使得企业能够在新的竞争环境中生存和发展。

在军地协同项目实施中，参与单位多、协作要求高、人员交替不可避免，大量的技术文件和资料需要处理、协调，在纵横交错、复杂多变的情况下，保证技术选择的科学性、技术控制的严密性、技术应用的一致性是非常重要的。技术状态管理是一种有效的手段，它可以对设计和费用等项权衡决策的完整性和连续性进行记录和控制，使承制方向使用方交付合格的产品，能够满足研制合同和技术规范的要求。技术状态管理是军地协同项目管理应用最为广泛的系统工程方法。

2. 管理过程和主要内容

一般而言，技术管理过程框架如图 5-12 所示。

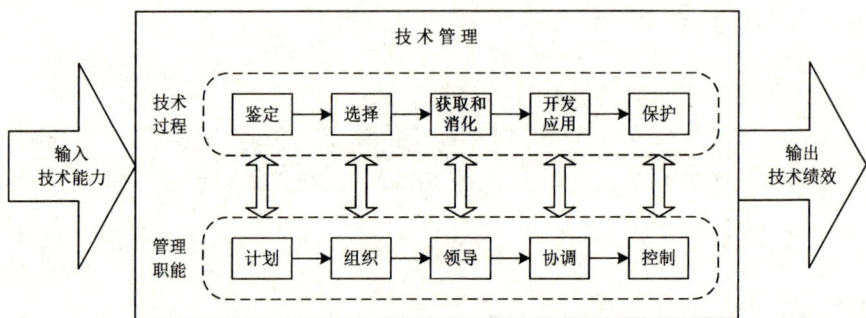

图 5-12　技术管理过程框架

技术管理主要依据技术活动过程加以展开，包括五个主要过程：

（1）技术鉴定；

（2）技术选择；

（3）技术的获取和消化；

（4）技术开发应用；

（5）知识和专业技术的保护。

技术管理就是要对这些环节和过程实施计划、组织、领导、协调、控制等管理职能，以加快技术发展和促进技术创新，促使并保证自己的组织获得技术竞争优势。

技术管理的核心要素如下。

（1）技术资源管理：包括资金管理、设备管理、人力资源管理、信息管理和技术成果管理等。

（2）技术组织管理：涉及组织机构的建立、职务职责的设置等。

（3）技术文化管理：注重主导信念的树立、文化与战略之间关系的协调、文化误区的矫正等。

（4）技术质量管理：包括技术产品质量的控制，还涉及标准化管理、技术风险管理等。

技术管理的这四个要素相互影响、相互依赖，其管理能力构成了技术管理系统能力的基本结构。技术管理适合度与强大的技术能力和良好的技术绩效相关，是组织激发技术能力并使其转化为技术竞争力和绩效的综合能力的体现。

3. 技术管理体系

技术管理体系是组织结构、方法、过程和资源有机结合的整体，是企业技术管理工作开展的平台。技术管理职能只有在技术管理体系中才能发挥作用，技术管理目标也只有在体系的运行中才能实现。技术管理体系包括三个维度：对象维、管理职能维和目标维，如图 5-13 所示。

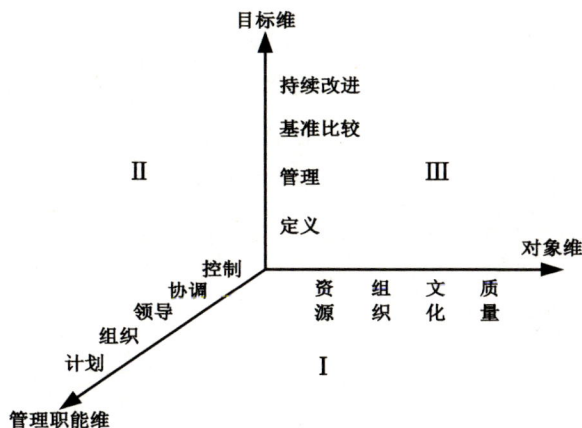

图 5-13　技术管理体系的三维框架

这三个维度中的要素相互作用，构成了技术管理体系的内容子系统、工具子系统和评价子系统，因此，技术管理体系可以进一步表示为一个具有三个维度、三个子系统的空间结构模型。

4. 技术状态管理

军地协同项目技术状态管理就是对军地协同项目交付物的技术性能做详细的规定，并跟踪和控制项目技术状态的变更，其目的是保证项目能最终满足用户的要求。军地协同项目技术状态管理的目标是全面反映产品当前的技术状态并形成文件，同时确保所有人员在项目寿命期内能够使用正确的文件。

军地协同项目技术状态管理的过程包括四项相互关联的活动：技术状态标识、技术状态控制、技术状态纪实、技术状态审核。

（1）技术状态标识是指明确产品结构，选择技术状态项目，将技术状态项目的物理特性和功能特性以及接口和随后的更改形成文件，建立技术状态基准（冻结状态）。技术状态标识是技术状态管理的基础。

（2）在技术状态文件正式确定后，为控制技术状态项目的更改而作的基线的活动，即技术状态控制。它对产品及其组成工程更改而影响的功能特性、物理特性、相关接口基线进行系统的评价、协调、审批和实施，从而使得研制周期内技术状态的任一更改得到系统的控制。

（3）技术状态纪实是指对所建立的技术状态文件资料的更改状况和已经批准更改的实施情况所做的记录和报告。它开始于技术状态文件资料初次形成之时，是对技术状态基线进行追溯比较的依据。技术状态记录一般供内部使用，技术状态报告一般供外部使用。

（4）技术状态审核是指为确定技术状态项目符合其技术状态文件而进行的检查。在技术状态基线被认可之前，为确保产品能符合合同或规定的要求及产品的技术文件能够准确地反映产品，应开展技术状态审核工作。技术状态审核一般分为功能技术状态审核和物理技术状态审核两类。

5.4.2　工艺管理

1. 内涵

工艺是指使各种原材料、半成品成为产品的方法和过程。工艺技术是在工程实践中将设计进行物化的过程和方法，是产品实现的重要手段，是制造能力的核心和关键，是制造业生存和发展的核心技术。工艺工作贯穿于军地协同项目研制的全过程，尽管不同阶段工艺工作的重点和要求是不相同的，但就工艺工作本身，主要包括工艺技术准备、工艺性审查、工艺设计、工艺评审、工装设计、工装定型。工艺创新是采用现代科学技术知识，创造新的工艺原理、方法、手段、生产模式与管理方法，提高制造能力和效益的创造性实践活动。

工艺管理就是科学地策划、组织、指导、控制各项工艺工作的全过程。工艺管理工作不仅贯穿于产品制造的全过程中，对制造技术工作实施科学系统的管理，还应处理制造过程中人与人之间的生产关系方面的问题，随着工艺技术和社会生产力的发展而发展。工艺管理的概念，已由传统的生产工艺管理为主，扩大和延伸到产品整个制造过程的系统工程管理，即把人、机、原材料和自动化、信息化、计算机化的制造技术，用过程管理的方法集成起来，对产品设计、工艺技术准备和生产制造全过程实施科学系统的管理。从产品的开发初期就组成开发团队，使设计与工艺密切配合并行工作。

2. 管理过程和主要内容

军地协同项目工艺管理就是产品整个制造过程的系统工程管理，即把人、机、原材料和自动化、信息化、计算机化的制造技术，用过程管理的方法集成起来，对产品设计、工艺技术准备和生产制造全过程实施科学系统的管理。军地协同项目工艺管理的基本任务包括：

（1）保证各项工艺管理指令信息的科学性、正确性、可操作性、有效性；

（2）保证工艺工作的总体策划、目标实现（包括工艺技术、工艺装备、工艺队伍、工艺管理）等各项工艺工作的协调、同步发展；

（3）保证工艺研究、攻关、开发、试验等科研活动有序进行，使工艺专业发展得到推动，工艺技术水平不断提高；

（4）保证产品研制生产过程中工艺的快速反应，优化工艺、降低成本、提高质量；

（5）保证生产工艺布局的合理性、工艺流程的高效性；

（6）保证工艺管理体制、机制、机构运行良好，健全规章制度和管理模式，适应企业发展、市场竞争和生产力发展；

（7）保证工艺队伍适应研制生产任务要求，工艺师系统有效运行。

现代工艺管理的内容大致可分为三大类，第一类是综合性工艺管理，第二类是工艺技术准备管理，第三类是制造过程工艺控制管理。

（1）综合性工艺管理的主要内容：编制工艺发展规划；编制技术改造规划；组织制定贯彻工艺标准和工艺管理规章制度，明确各类有关人员和有关部门的工艺责任和权限，参与工艺纪律的考核和督促检查；组织开展工艺技术研究、技术改造和合理化建议活动；开展工艺情报信息的收集、整理、分析和研究，及时掌握国内外工艺技术和工艺管理的发展动态，并不断提出有利于企业工艺工作发展的新思想、新建议。

（2）工艺技术准备管理的主要内容：产品设计的工艺性审查；确定工艺方案、工艺路线设计和编制工艺规程；编制材料消耗工艺定额；专用工艺装备的设计制造及生产验证，通用工艺装备标准的制定；各种必要的技术验证和总结工作，确保产品投产后的制造过程正常进行、质量稳定，包括工艺验证、工艺标准验证、工时定额的验证等。

（3）制造过程工艺控制管理的主要内容：科学地分析产品零部件的工艺流程，合理地规定投产批次和数量；监督和指导工艺文件正确实施；及时发现和纠正工艺设计上的差错，不断总结工艺实施过程中的各种先进经验，并加以实施和推广，以求工艺过程的最优化；确定工艺质量控制点，规定有关管理和控制的技术内容，进行工序质量重点控制；配合生产部门搞好文明生产和定置管理；按工艺要求，保证毛坯、原材料、半成品、工位器具、工艺装备等准时供应。

其他工艺管理的主要内容：现代工艺管理水平和质量也与业务流程再造和企业文化密切相关，企业管理者应将企业文化作为工艺管理的重要内容，还有工艺技术研发队伍与高技能操作技师队伍的培养等。

工艺管理体系是国防科技工业企业管理体系的重要组成部分，是对全部工艺活动进行策划、组织和有效控制的管理体系。其管理工作贯穿于型号产品的预先研究、方案论证、研究设计、产品研制、试验验证、设计定型、生产定型和批生产，贯穿于各研制生产阶段的生产技术准备、物资采购、生产制造、质量检验、销售服务的全过程。

工艺管理体系与军地协同项目形成全过程的工艺活动关系密切，研制生产企业要对科研生产过程的全部工艺活动进行策划、组织和有效控制，需要一个完整、统一、高效的工艺管理体系。这个体系应在主管工艺技术领导和总工艺师的领导下，以工艺部门为主体的若干部门组成。工艺技术创新将以技术中心为核心，有计划地开展工艺技术预先研究、工艺技术攻关、技术改造、先进设备和技术引进、技术革新与合理化建议等工作。

5.4.3　可靠性管理

1. 内涵

军地协同项目可靠性是产品正常工作的能力，是衡量产品质量好坏的一个指标。产品的可靠性是评价系统的最基本的价值目标之一。它不仅是一个系统的重要质量指标，而且关系到整个系统研制的成败。如果在确定价值目标时，忽视可靠性或者在设计时和生产中不能保证系统具备所要求的可靠性，其技术性能就不能得到很好的发挥，甚至不能被实际应用，从而使系统失去实用价值，还可能造成不可估量的潜在损失，包括生命安全和政治上的损失。

军地协同项目把控制系统可靠性增长的活动归结为可靠性工程。军地协同项目可靠性的研究包括可靠性、维修性、保障性、可用性等内容。

可靠性是指产品在规定的条件下和规定的时间内完成规定功能的能力。可靠性的概率度量称为可靠度。

维修性是指可修产品在规定的条件下和规定的时间内，按照规定的程序和方法进行维修时，完成维修的能力。维修性的概率度量称为维修度。

保障性是指系统的设计特性和计划的保障资源满足平时和战时使用要求的能力。保障性包含了两个不同性质的内容，即设计特性和保障资源。

可用性指产品在规定的条件下，在任意随机时刻需要和开始执行任务时，处于可工作或可使用状态的程度，其概率度量亦称为可用度。可用性综合反映了产品的可靠性和维修性所达到的成绩，也称广义可靠性。

2. 管理过程和主要内容

军地协同项目可靠性管理是为了达到系统可靠性要求而进行的有关设计、试验和生产等一系列工作的总和，它与系统整个寿命周期内的全部可靠性活动有关，从方案论证开始到系统报废为止，都要有计划地开展一系列的可靠性工作。

可靠性工作主要包括可靠性设计和可靠性管理工作。

1）可靠性设计

多年来的经验证明，可靠性设计对产品可靠性有重要影响，因此要提高产品的可靠性，关键在于搞好可靠性设计。可靠性设计的基础是建立系统可靠性模型、可靠性预计、可靠性分配、故障模式影响及危害性分析（FMECA）和故障树分析等。

军地协同项目可靠性模型是指为预计或估算产品的可靠性所建立的可靠性框图和数学模型。建模时，对于一个或一个以上的功能模式，用方框表示各组成部分的故障或它们的组合如何导致产品故障的逻辑图，这个逻辑图称为可靠性框图。在可靠性框图的基础上，建立数学模型，以便进行可靠性预计、分配和定量评估。

军地协同项目典型的系统可靠性模型如图 5-14 所示。实际系统的可靠性模型可能还有混联系统可靠性模型、冗余系统可靠性模型、n 中取 r 系统可靠性模型等。

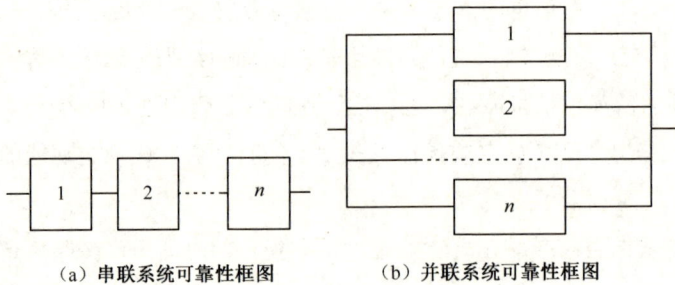

(a) 串联系统可靠性框图　　　　(b) 并联系统可靠性框图

图 5-14　军地协同项目典型的系统可靠性模型

军地协同项目可靠性模型可分为基本可靠性模型、任务可靠性模型等。基本可靠性是产品在规定条件下无故障的持续时间或概率；任务可靠性是产品在规定任务剖面内，完成规定功能的能力。可根据实际需要选择以上两种模型，将产品的结构或任务剖面的逻辑关系绘制为可靠性框图并建立相应的数学模型。

军地协同项目可靠性预计是为了估计产品在给定的工作条件下的可靠性而进行的工作。它根据组成系统的元件、部件和分系统的可靠性来推测系统的可靠性。这是一个由局部到整体、由小到大、由下到上的过程。

军地协同项目系统的可靠性分配就是根据系统设计任务书中规定的可靠性指标，按一定的方法分配给组成该系统的分系统、设备和元器件，并将其写入相应的设计任务书或合同中。

军地协同项目可靠性分配的目的就是使各级设计人员明确其可靠性设计要求，根据要求估计所需的人力、时间和资源，并研究实现这个要求的可能性和办法。可靠性分配主要适用于方案论证和初步设计阶段，且应尽早进行，反复迭代。

军地协同项目故障分析方法主要包括故障模式影响分析、危害性分析和故障树分析等方法。故障模式影响分析（FMEA）是在设计过程中，通过对产品各组成单元潜在的各种故障模式及其对产品功能的影响进行分析，并把每一个潜在故障模式按它的严酷程度进行分类，提出可以采取的预防改进措施，以提高产品可靠性的一种设计分析法。

故障模式影响及危害性分析（FMECA）是在 FMEA 的基础上再增加一层危害性分析任务，即判断这种故障模式影响的致命程度有多大，使分析量化。

故障树分析法（FTA）就是在系统设计过程中，通过对可能造成系统故障的各种因素（包括硬件、软件、环境、人为因素等）进行分析，画出逻辑框图（故障树），从而确定系统故障的各种可能组合方式及发生概率，以计算系统故障概率，采取相应的纠正措施，提高系统可靠性的一种设计分析方法。

2）可靠性管理

设备（产品）的可靠性是设计出来的、生产出来的、管理出来的。把设备（产品）作为系统来分析。可靠性管理的目的不同于质量管理及其他的生产技术活动，它是"以最小限度的资源，实现用户或商品计划所要求的定量的可靠度"。

军地协同项目可靠性管理主要依托可靠性大纲来实现。可靠性大纲是产品在设计、研制、生产、试验、使用整个寿命期内可靠性技术和组织管理要目，是产品研制过程总要求的一个组成部分。大纲要目包括：

（1）可靠性管理与控制计划；

（2）可靠性分配；

（3）可靠性预测；

（4）故障模式、影响及危害性分析；

（5）可维修性计划；

（6）元器件、外购件控制；

（7）设计评审；

（8）可靠性试验；

（9）故障分析；

（10）数据分析与反馈；

（11）可靠性教育；

（12）可靠性标准。

5.4.4 采购管理

1. 内涵

军地协同项目采购是指从项目组织外部获得货物和服务（合称产品）的过程。它包含的买卖双方各有自己的目的，并在既定的市场中相互作用。卖方在这里称为承包商、承约商，常常又称为供应商。承包商/卖方一般都把他们所承担的提供货物或服务的工作当成一个项目来管理，于是这种管理具有以下特点：

（1）买方成为用户，因而也就成为一个主要的利益相关方；

（2）卖方的项目管理组织必须关心项目管理的所有过程，而不仅仅是项目采购过程；

（3）分包合同的条款和条件构成了许多过程的关键依据。

军地协同项目采购是国家军事采购的一种表现形式。军事采购是指军队为履行军事职能，运用财政性资金，以法定的采购方式与程序，采购装备和军用物资的活动。

2. 管理过程和主要内容

军地协同项目采购体制是指国家对国防项目发展及使用实施领导和管理的组织系统及相应制度的总称。军地协同项目采购应遵循相应的制度和管理控制层次。

（1）依据资源需求，规划采购并做好前期准备，确定采购内容和相应的实施计划；

（2）制定采购管理的一般框架，按项目的生命期确立里程碑，全过程决策评审，评估采购项目基线；

（3）确立招标运作程序和评标实施办法。

1）编制采购计划

军地协同项目管理的采购应由项目组织负责，在有关方面的共同协作下完成。因为项目组织不大可能全面掌握所需货物及其服务在市场上的供求情况和各承包商、供应商的产品性能规格及其价格等信息，所以在有必要的情况下，还需聘请有关的专家参与采购的全过程。项目采购是一项复杂、涉及面广的工作，需要做好充足的前期准备工作，大致有以下几点。

（1）项目设计。在上级对项目批准立项后，及时根据项目要求，做好设计规划工作，并充分考虑采用的设备、技术、材料等的性能价格比，同时要考虑到设备、技术、产品、服务的配套协作性，以及项目的技术和劳动力的密集程度。

（2）详细了解所需采购的货物或服务的各种类目、性能规则、质量要求、数量等，以及它们的国际国内市场价格和供求情况、来源等。对市场情况分析研究，做出预测，作为采购计划制订的参考。

（3）其他信息的了解，如保险、损失赔偿惯例等贸易和商务信息，如果涉及国际采购，还需了解外汇市场、支付方法等信息。

项目的采购计划过程，就是识别项目的哪些需要可以通过组织外部采购产品和设备来得到满足。采购计划一般考虑以下一些问题：

（1）项目需要采购什么样的设备、货物和服务，其数量、技术规格、参数及要求是怎样的，这些货物和服务之间的相互关系怎样，它们分别在项目实施的哪个阶段投入使用。

（2）在通过承包商采购时，是由一家总承包商采购所有或大部分所需用的货物和服务，还是向多家承包商采购大部分需要用的货物和服务。

（3）所采购的货物如何分别捆包，每个捆包包括哪些类目，每个捆包从开始采购到到货需要多少时间。

2）执行采购计划

项目采购方式的正确选择有助于提高项目采购的效率和质量。根据项目采购的规模、资金、对象等因素的不同，军地协同项目的采购可以通过招标和非招标的方式进行。

招标采购是由需方提出招标条件和合同条件，由许多供应商同时投标报价。通过招标，需方能够获得更为合理的价格和条件更为优惠的供应。招标包括公开性招标和有限竞争性招标。公开性招标是招标单位通过媒体公开发布招标信息，由对项目感兴趣同时符合投标条件的单位在规定的时间内进行竞争。这种方式给所有合格的投标者以平等的机会，能吸引众多的投标者，故又称为无限竞争性招标。它适用于大中型工程项目采购。有限竞争性招标是由招标单位选择一些合格的单位发出邀请，应邀单位在规定时间内提交投标意向，购买招标文件进行投标。

非招标采购主要是询价采购、直接采购等。询价采购就是对几家供应商所提供的报价进行比较的一种采购方式。该方式适用于项目采购时即可直接取得的现货采购，或价值较小、属于标准规格水平的采购。直接采购是在特定的采购环境下，不进行竞争而直接签订合同的采购方法，主要适用于不能或不便进行竞争性招标、竞争性招标优势无法体现的情况。

项目采购选择的方式是多种多样的，不同的采购方式又分别适用于不同的项目采购规模、不同的采购对象的性质及要求。在项目实施过程中，要适当选择，以确定采用最适合的采购方式，有时还需要在同一项目中组合使用多种不同的采购方式，以提高采购的效率和质量。

招标投标是由招标人和投标人经过邀约、承诺、择优选定、最终形成协议和合同关系的平等主体之间的一种交易方式，是"法人"之间达成有偿、具有约束力的法律行为。它是商品经济发展到一定阶段的产物，是一种竞争性最高的采购方式，具有平等性、竞争性和开放性，能为采购者提供有保障的工程、货物或服务。因此，在政府及公共领域推行招标投标制，有利于节约国有资金，提高采购质量。在当今强调竞争与效率的世界经济活动中，招标投标越来越受到重视，被广泛采用。

随着我国国防现代化建设的发展，招标投标越来越多地应用于军地协同项目采购活动中，作为一种交易方式，招标投标具有鲜明的特点，在军地协同项目中赋予了其丰富的内涵。招标投标可执行《中华人民共和国招标投标法》，在军地协同领域也有相应的实施细则。

5.4.5 产品数据管理

1. 内涵

在新时期，军地协同项目的产品数据管理已经成为国防型号项目管理的重要组成部分，并纳入项目产品的考核、交付、使用的全过程。

产品数据管理（PDM）是一门用来管理所有与产品相关信息（包括零件信息、配置、文档、CAD 文件、结构、权限信息等）和所有与产品相关过程（包括过程定义和管理）的技术。

PDM 也是基于数据库的一种软件平台技术，PDM 为企业建立了一个并行化的产品设计和制造的协调环境，能够使所有参与产品设计开发人员自由共享和传递与产品相关的所有数据，能与制造资源计划 MRP Ⅱ集成，实现产品生产过程的管理。其体系结构由支持层、功能层、对象层和用户层四层组成。

根据业界权威的 CIMDATA 的定义，产品生命期管理（Product Lifecycle

Managent，PLM）是一种应用于单一地点的企业内部、分散在多个地点的企业内部，以及在产品研发领域具有协作关系的企业之间的，支持产品全生命期的信息的创建、管理、分发和应用的一系列应用解决方案，它能够集成与产品相关的人力资源、流程、应用系统和信息。

相对于 PDM，PLM 则强调对企业智力财富的充分再利用；侧重于对产品生命期内数据的管理；强调对产品生命期内跨越供应链的所有信息进行管理和利用的概念；侧重于以其为基础来实现整个企业的信息化，以 PLM 生态系统的方式来实现对 ERP 等系统的深层次集成。

2. 管理过程和主要内容

军地协同项目产品数据管理流程基本功能主要包括文档管理、工作流与过程管理、产品结构配置管理、应用封装与集成、系统定制。

PDM 理念：在正确的时间、正确的地点，将正确的信息，以正确的方式，传递给正确的人。PDM 系统依据其功能性、系统独立性、规模性、开放性等方面的区别可大致分为三个层次的应用：

（1）部门（项目组）级 PDM，用来管理 CAD/CAM 产生的电子文档及其部门内的工作流程；

（2）企业级 PDM，包括面向复杂工作流程的管理、产品配置管理、零件分类管理和项目管理等；

（3）虚拟企业级 PDM，为企业提供基于并行工程思想的完整解决方案。

集成产品开发（IPD）是一种基于产品数据管理的先进产品研发流程。在 IPD 流程中，产品研发一般包括六个阶段：概念阶段、计划阶段、开发阶段、验证阶段、发布阶段、使用阶段。

（1）概念阶段：对产品的基本功能、外观、价格、服务、市场销售方式、制造等基本需求进行定义的阶段，这个阶段主要产生新产品的需求说明书。

（2）计划阶段：制定产品规划说明书，确定产品的系统结构方案、明确产品研发后续阶段的人力资源需求和时间进度计划。

（3）开发阶段：根据产品系统结构方案进行产品详细设计，并实现系统集成，同期还要完成与新产品制造有关的制造工艺开发。

（4）验证阶段：进行批量试制，验证产品是否符合规格说明书的各项要求，包括验证新产品制造工艺是否符合批量生产要求。后期还要向市场和企业生产部门发布新产品。

（5）发布阶段：将新产品转入批量销售和生产。

（6）使用阶段：含产品的销售及其成长、成熟、退化，直至退出市场的过程。

为了加快产品研发进度，需要在产品研发过程中引入并行工程（Concurrent Engineering）及异地开发，使各项研发工作尽可能提前进行，以缩短总的产品研发周期，并降低产品研发成本，这些均需要 PDM 的支持。

在军地协同项目管理中涉及产品数据管理时，还应遵循《企业应用产品数据管理（PDM）实施规范》（GB/Z 18727—2002），以及相关的行业标准，如《航天产品数据管理（PDM）实施指南》（QJ 20055—2011）、《航空产品数据管理通用要求》（HB 7796—2005）等。

5.4.6　标准化管理

1. 内涵

桑德斯《标准化目的与原理》中将"标准化"定义如下：标准化是为了所有有关方面的利益，特别是为了促进最佳的全面经济，并适当考虑产品的使用条件与安全要求，在所有有关方面的协作下，进行有秩序的特定活动所指定并实施各项规定的过程。

ISO/IEC 第 2 号指南《标准化与相关活动的通用词汇》（1996 年第 7 版）中把"标准化"定义如下：标准化是对实际与潜在问题做出统一规定，供共同与重复使用，以在预定的领域内获取最佳秩序的活动。

标准化管理可以有两种理解。

一是"对标准化工作进行计划、组织、协调、监督等工作的总称"，是在提出标准化要求后，对制定、贯彻和反馈标准等工作进行的计划、组织、协调、控制。

二是"对于管理工作的内容、程序和依据等制定统一的标准，按照标准化的思想指导、实施全部管理工作"。

军地协同项目标准化管理是国防项目要素管理的重要组成部分，是强化项目执行运作力、提高生产效率的关键，是提高产品质量、保障安全的保证，是推广新工艺、新技术、新科研成果等的桥梁，是确保军地协同项目成功的基础保证。

军地协同项目标准化管理，是军地协同项目制度化管理的最高形式，可运用到军地协同项目及企业生产、开发设计、管理等各个方面，是军地协同项目必须遵循和非常有效的工作方法。企业的标准化工作在市场竞争中发挥作用的情况，决定着标准化在企业中的地位和存在价值。

2. 管理过程和主要内容

标准是标准化活动的产物，其目的和作用都是通过制定和贯彻具体的标准来体现的。标准化活动过程一般包括标准产生（调查、研究、形成草案、批准发布）子过程、标准实施（宣传、普及、监督、咨询）子过程和标准更新（复审、废止或修订）等子过程。

军地协同项目标准化管理流程包括标准化准备阶段、规划阶段、制定阶段、实施阶段。一般程序如下：

（1）准备阶段：确定综合标准化对象和建立协调机构。选择并确定综合标准化对象是综合标准化工作的首要环节，在选择对象时通常要从是否有意义、是否有必要、是否有可能方面认真权衡，同时进行必要的可行性分析。建立协调机构是综合标准化有组织进行的保证，这是由综合标准化活动需要多方面配合、广泛合作这个特点决定的。

（2）规划阶段：确定目标和编制标准综合体规划。确定目标就是确定综合标准化的主攻方向，也是要达到的目的。目标确定后便是各项活动的依据和出发点。标准综合体规划是指导性的文件，是建立标准综合体、编制标准制定修订计划和确定相关科研项目的依据，也是协调解决跨部门问题的依据。

（3）制订阶段：制订工作计划和建立标准综合体。制订工作计划，通过工作计划确定应修订的标准及相关的要求。建立标准综合体，协调机构根据工作计划的要求，组织全部标准的起草和评审工作，完成标准综合体建设任务。

（4）实施阶段：组织实施和评价验收。组织实施就是按规定时间实施标准，实现综合标准化目标。评价和验收，即主管部门组织对标准综合体实施效果进行评价，并对整个综合标准化项目进行验收。

标准化管理的主要作用在于改进产品、过程和服务的适用性，以便于技术协作，消除贸易壁垒，此外还可以实现品种控制、兼容互换、安全健康、环境保护、相互理解和提高经济效益等。

标准化管理相关的国家标准及法律法规如下：

（1）GB/T 1《标准化工作导则》，包含标准的结构和编写；

（2）GB/T 20000《标准化工作指南》，包含标准化和相关活动的通用词汇、标准中涉及安全的内容、产品标准中涉及环境的内容、标准化良好行为规范、管理体系标准的论证和制定等内容；

（3）GB/T 20001《标准编写规则》，包含术语、符号、信息分类编码等内容；

（4）《中华人民共和国标准化法》（1988 年）；

（5）《标准化法实施条例》（1990 年）。

其中，《标准化工作指南》第 7 部分——《管理体系标准的论证和制定》（GB/T 20000.7—2006）将管理体系标准分为下列三种类型：

A 类：通用管理体系要求标准和专业管理体系要求标准；

B 类：通用管理体系指导标准和专业管理体系指导标准；

C 类：管理体系相关标准。

在军地协同项目管理中，还应重点关注的是 GJB 5000A。

5.4.7　安全管理

1．内涵

安全（Safety），"无危为安，无损为全"，意味着没有危险且尽善尽美。一般有如下进一步的理解：

（1）安全是指客观事物的危险程度能够为人们普遍接受的状态。

（2）安全是指没有引起死亡、伤害、职业病，也没引起财产、设备的损坏及损失或环境危害的条件。

（3）安全是指不因人、机、媒介的相互作用而导致系统损失、人员伤害、任务受影响或造成时间的损失。

（4）安全与危险、危害、事故存在一定的联系，也与风险有一定的关系。

（5）安全管理是通过管理这一手段和过程，达到最终安全的目的。安全管理是管理科学的一个重要分支，它是为实现安全目标而进行的有关决策、计划、组织和控制等方面的活动。

（6）安全管理是企业管理的一个重要组成部分。"安全寓于生产之中，安全与生产密不可分。安全促进生产，生产必须安全。"

安全管理包括对人的安全管理和对物的安全管理两个主要方面：

（1）主要运用现代安全管理原理、方法和手段，分析和研究各种不安全因素；

（2）从技术上、组织上和管理上采取有力的措施，解决和消除各种不安全因素，防止事故的发生。

安全管理强调的是减少事故甚至消除事故，是将安全生产与人机工程相结合，给从业人员以最佳工作环境。

风险管理的内容较安全管理广泛，风险管理的目标是尽可能地减少风险的经济损失。

军地协同项目大多受自然环境的影响大，高处作业、地下作业、大型机械作业、用电作业频繁，易燃、易爆、有毒、有害场所多，因此安全事故引发点多，安全是项目管理的一个重要方面。安全工作无小事，不是"中心"，但影响"中心"。军地协同项目安全管理应以"安全第一、预防为主"为指导方针，切实预防事故、保障安全。

军地协同项目安全管理是指国防项目实施过程中保护人的安全和健康、保护设施设备不受意外损害、保护环境不受污染破坏，也就是要在遵循 HSE（参见相关标准与要求）的总体要求下，保障项目工期、质量和费用等目标顺利实现的管理活动。

2. 管理过程和主要内容

军地协同安全系统管理的内容体系如图 5-15 所示。

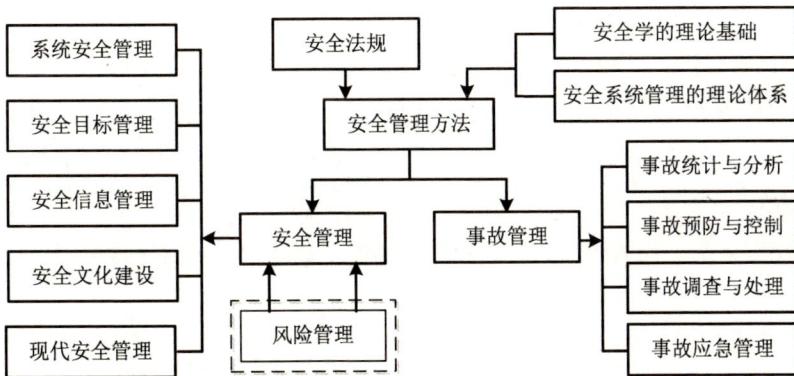

图 5-15　军地协同安全系统管理的内容体系

无论是产品还是工程项目，全寿命期总的系统安全目标都是一致的，但各阶段的系统安全工作各不相同。我国安全专家提出了实现安全"三双手"和安全生产"五要素"。

实现安全"三双手"是指既看得见又摸得着的手——安全机器装备、工程设施等；看不见但摸得着的手——安全法规、制度等；既看不见又摸不着的手——安全文化、习俗等。其中安全文化是最重要的手。

安全生产"五要素"是指安全文化、安全法规、安全责任、安全科技、安全投入。

安全管理的实施包括安全计划、安全实施和安全控制三个环节。

（1）安全计划。针对具体的军地协同项目的性质、特征和项目实施方案，依据安全法规和标准，规划安全作业目标，确定安全技术预防措施后编制形成的安全管理文件称为安全计划。军地协同安全计划必须经相关部门审查批准后实施。军地协同项目安全计划内容主要包括：项目概况；安全组织结构；职责权限；应遵循的安全作业规章制度体系；安全控制目标；安全控制程序；安全技术措施；安全资源配置；安全绩效评定；安全奖惩制度。

（2）安全实施。军地协同项目的安全实施是在国防项目实施的全过程中，依据项目安全计划，运用科学管理的理论、方法，通过法规、技术、组织等手段，使项目人、物、环境构成的运作系统达到最佳安全状态，实现项目安全目标所进行的系列管理活动。军地协同项目安全实施的工作内容主要包括：成立专门的安全工作机构并设立专职的安全工作领导、管理人员；进行安全立法；标准化作业；持续改进安全状态；组织国防项目安全教育与训练。

（3）安全控制。比对安全计划和安全实施的匹配状况，并采取措施，就是军地协同项目安全控制。其工作内容主要包括：定期开展安全检查，确认军地协同项目是否处于有效的安全控制之中；在安全检查基础上，对照安全计划，进行安全绩效测量，并按照相应的评定方法和评价标准进行安全管理绩效评定；在安全管理绩效评定基础上实施安全奖惩，加强安全设施设备和管理措施，堵塞安全管理的技术、设施和管理漏洞；总结安全管理经验教训，修订安全计划。

5.4.8　保密管理

1. 内涵

保密是人们为了获得集体或个人的利益和安全，将与自身关系密切的信息隐蔽起来所采取的行为和责任。保密伴随着秘密事项的产生而产生，相对于泄密和窃密行为的存在而存在。

国家秘密涉及我国的政治、军事、经济、科学和文化等各领域、各个部门和组织及普通公民，范围具有广泛性和深入性。《中华人民共和国保守国家秘密法》第二条明确定义其为"关系国家的安全和利益，依照法定程序确定，在一定时间内只限一定范围的人员知悉的事项"。国家秘密分为"绝密""机密""秘密"三个等级，"绝密"是最重要的国家秘密，泄露会使国家的安全和利益遭受特别严重的损害；"机密"是重要的国家秘密，泄露会使国家的安全和利益遭受严重的损害；"秘密"是一般的国家秘密，泄露会使国家的安全和利益遭受损害。

军地协同项目保密管理是一项重要的工作，是军地协同项目管理区别于一般项目管理的重要标志之一。军地协同项目保密管理就是要控制知密范围、防范窃密活动、消除泄密隐患、确保军地协同项目秘密的安全。

国防项目工作开展到哪里，保密工作就应当做到哪里。军地协同项目保密管理工作应坚持统一领导、分级负责、归口管理的原则，实行积极防范、突出重点的方针，既确保军事秘密安全，又便于项目实施。

军地协同项目秘密也分为"绝密""机密""秘密"三个等级。"绝密"是最重要的秘密，泄露会使国防安全与利益遭受特别严重的损害。"机密"是重要的秘密，泄露会使国防的安全与利益遭受严重的损害。"秘密"是一般的秘密，泄露会使国防的安全与利益遭受损害。军地协同项目秘密及其密级的具体范围，由相关部门依照相关法律规定确定，并根据情况变化及时调整。

军地协同项目秘密包括：

（1）项目规划、计划及其实施情况；

（2）项目部署及其实施情况；

（3）项目情报及其来源，通信、电子对抗和其他特种技术的手段、能力，机要密码及有关资料；

（4）项目的技术研究成果及其应用情况；

（5）项目的战术技术性能；

（6）项目的研制、生产、配备情况和补充、维修能力；

（7）项目工作中不宜公开的事项；

（8）项目设施情况；

（9）项目对外交往活动中的有关情况；

（10）其他需要保密的事项。

2. 管理过程和主要内容

保密是军地协同项目全过程中的一项重要管理内容与系统活动，作为军地协同项目管理特色的一个重要部分，涉及的保密管理主要包括保密目标制订、保密计划制订、保密信息集成、保密评价和保密控制等。

军地协同项目保密管理过程，一般是在环境因素、保密法规、制度、项目范围定义和制订项目管理计划的背景下，制订保密目标，在项目范围定义和相应过程组的基础上进行保密计划的制订，完善体系建设，由安全保密系统信息建立保密信息集成，根据信息报告做出保密评价，最后进行整体变更控制。

军地协同项目保密管理包括制定保密预案、保密实施、保密控制。

1）保密预案

针对具体的军地协同项目的性质、特征和项目实施方案，依据信息安全法规和标准，规划信息安全目标，确定信息安全技术预防措施后编制形成的保密管理文件称为保密预案。

保密预案是进行保密实施、保密控制的依据。保密预案一般在军地协同项目实施前制定，且应在项目实施过程中伴随保密技术实施和保密控制的绩效评定后，不断加以调整和改善。军地协同项目保密预案必须经相关部门审查批准后实施。

军地协同项目保密预案的内容包括：项目概况；保密组织结构；职责权限；应遵循的保密规章制度体系；保密控制目标；保密控制程序；保密的技术措施；信息安全资源配置；保密绩效评定；保密奖惩制度。

2）保密实施

（1）成立专门的保密工作机构并设立专职的保密工作人员确定军地协同项目秘密的范围，划分军地协同项目秘密的等级，制定相应的军地协同项目保密预案，负责军地协同项目保密预案的实施。

（2）依据国家《保密法》和军地协同项目保密的其他有关要求，使军地协同项目保密工作法制化、规范化。

（3）加强军地协同项目保密管理的沟通和协调。首先要在军地协同项目内部加强联系和沟通，其次要接受保密职能部门的指导和监督，同时，密切关注承担军地协同项目和军地协同项目采购等周围信息安全问题、涉密人才外流问题等，确保军地协同项目外部环境的信息安全。

（4）加强各单位对外经济活动中的保密工作。全面推行对军地协同项目参建单位、供应商、中介组织实行保密资格认证制度，建立军地协同项目相关单位保密资格名录，按照保密资格级别参与相应军地协同项目相关业务活动。

（5）加强计算机系统的保密工作。严把网络建设入口，要按照《中华人民共和国计算机信息系统保密管理规定》进行审批。做到"涉密不上网，上网不涉密"，对内、外网实行物理隔离，对计算机产生的磁光介质秘密载体建立档案。

（6）及时确定军地协同项目活动中所产生的秘密事项，准确确定密级、保密期限、知密范围，对秘密载体做出标志，并及时通知有关单位按照规定做好保密工作。对涉密人员选用、调整、调离等实施严格管理，做好保密教育和保密检查工作，签订保密责任书，防止发生泄密事件。

（7）加强国家重点军地协同项目的保密工作，切实加强对重点军工项目保密工作的领导，坚持"科技业务谁主管，保密工作谁负责"的原则，把保密工作的责任落实到各级领导、各个业务部门及广大科技人员，使保密工作时时处处有人抓、有人管、有人负责。

（8）采取聘请保密专家培训，举办保密知识讲座、保密教育展览、保密知识测验竞赛等多种多样的形式，充分利用内部新闻媒体、音像等手段，加大保密工作的宣传培训力度，提高项目相关人员的保密意识，形成人人关心保密工作、人人重视保密工作、人人做好保密工作的氛围。

3）保密控制

（1）定期开展保密检查，获得保密工作状态参数，确认军地协同项目秘密是否处于有效的控制之中，并编写出保密检查报告。

（2）在保密检查基础上，对照保密预案，进行保密绩效评定。

（3）在保密绩效评定基础上实施保密奖惩，加强设施设备和管理措施，堵塞漏洞。

（4）总结保密经验教训，修订保密预案。军地协同项目保密管理包括制定保密预案、保密控制。

采用合适、有效的方法进行保密管理，确保实际效果。

（1）组织协调管理方法。保密工作渗透到武器装备科研生产单位业务的方方面面，针对项目实施过程中出现的涉密事项，通过组织协调方式加以解决，已成为行之有效的办法之一。

（2）矩阵式管理方法。项目实施前端，围绕项目保密管理，纵向管理发挥主导作用，提出指导性意见，进行相关事项协调与落实；随着项目的进展，横向管理渐渐居于主导地位，对具体问题快捷地解决。

（3）系统管理与目标管理相结合方法。保密管理不是孤立的业务管理，它是项目系统管理的重要方面。而系统管理与目标管理结合，对科学、规范、高效实现目标起到相得益彰的作用。保密工作目标管理要发挥保密职能部门共同参与相关工作的作用，在项目实施中起到目的指向明确、实现目标的薄弱环节明确、实现目标的保障条件明确的作用。

（4）网络图方法。网络图方法借鉴了网格管理法及故障树分析法。针对某一阶段工作，以阶段任务为圆心，向外"编织网格"，一层层网格将保密工作分轻重缓急、按相互间关系关联布开；围绕网格图确定工作关键环点、所需工作、保障条件、问题预想等。

（5）现场两维管理方法。从时间、范围两个维度建立现场保密管理机制。按照项目计划节点，以及当时现场使用状况，从时间维、范围维不同角度，拟定现场保密管理计划，及时协调现场保密工作。

（6）组织与个人承诺管理方法。在签署合同的同时，要以组织（或机构、集团）的名义签署买卖双方《保密协议书》；同时在合同实施前，签订具有法律效力的《保密承诺书》。"两书"的签订，为保密管理提供法律依据。

（7）保密资格认证。军地协同项目保密管理，可以通过严格执行军地协同企业保密资格认证，将军地协同项目保密管理落到实处。

5.4.9　实践中应把握的重点

【专家点评】

军地协同项目领域技术管理中各个环节特别需要把握的重点包括：

（1）技术管理。在我国国防装备上，技术难点一直是制约型号目标实现的关键，而且国防装备技术必须靠自己形成实力，因此，实践中军地协同项目更要充分发挥军地协同的特点，在军转民、民参军、军民一体化项目的技术管理上开拓一条加快我国国防装备实力的发展道路。按照现代军地协同项目的技术路径，建立一种以设计为源头、材料为基础、工艺是关键、管理是统领的军地协同项目的技术管理体系，开创我国军地协同项目技术管理的新篇章。

（2）工艺管理。我国由于工业基础比较落后，在国防诸多领域和项目型号上，往往是设计得出来，但造不出来，因此，实践中加强军地协同项目的工艺管理已经成为新时代军地协同项目管理的重要方面，实践中要牢牢抓住当前、今后一个时期国家注重质量效率建设和工业制造 4.0 的契机，利用军地协同的平台，大力提升军地协同项目的工艺水平，带动国防工业整体工艺水平的提高。笔者认为，我国军地协同项目的工艺管理，与其他要素管理不同，不能从项目入手抓，而是要从国家、行业、领域、技术层面整体推进，整体提高，打造升级换代的我国军地协同项目工艺管理的整体平台。

（3）可靠性管理。可靠性是产品的重要内在质量特性之一，可靠性管理是一个独立专业，是一个管理系统，是质量目标的重要组成部分。实践中军地协同项目的可靠性管理，要按照"产品的可靠性是设计出来的、生产出来的、管理出来的"这一思想，从预研论证开始到项目报废为止的整个寿命期内，都要开展一系列的可靠性工作，确保军地协同项目的可靠性指标实现，保证项目产品安全可靠。

（4）采购管理。实践中军地协同项目的采购管理改革的空间是比较大的。军品历来是独立采购，并形成了固有的一套规则，但随着军地协同的深入发展，采购管理也要军地协同，但如何协同，目前还没有走出一条成熟的路子。军地协同一体化采购，更需要科学的管理方法和手段，既要打破垄断、保护落后等一些顽疾，又必须针对军品特点，根据不同类型的军品项目，制订军民一体化的采购办法，特别是在高科技、尖端领域如何建立起一套适合世界军事采购发展和结合我国国防实际的一整套体系，还有很长的路要走。

（5）产品数据管理。在新时期，军地协同项目的产品数据管理已经成为国防型号项目管理的重要组成部分，并纳入项目产品的考核、交付、使用的全过程。实践中乙方（承制方）要根据甲方（使用方）在产品鉴定时对数据管理的要求，在平时的过程管理中积累数据，重大节点、指标、会议、攻关记录、变更等一定要注重数据管理，战技指标的实现要靠数据说话、靠试验结果说话。要加强对各级管理部门（包括领导）的数据管理，对影响战技指标等重大变更，不能把领导要求与战技指标要求相混淆，要按文件批复执行。

（6）标准化管理。我国军品在标准化管理上与世界先进的差距还比较大，军地协同项目在实践中注重标准化管理难度是很大的。但随着军地协同的深入推行，标准化管理更迫切、更重要。因此，实践中首先要提高对标准化管理的认识和重视程度；其次是在军地协同项目管理上，要强化和提升标准化管理的层次，提高标准化管理的法规标准意识；最后是军地协同项目预研、研制、试验、验收、鉴定、采购等环节要严格按标准办事，严格落实标准，防止走过场。

（7）安全管理。实践中军地协同项目的安全管理，民口企业要向军口企业学习，要强化安全管理的一票否决制，要实实在在地在落实上下功夫、做文章，警钟长鸣，切实把军地协同项目的安全管理基础打牢，管理做实。

（8）保密管理。实践中军地协同项目的保密管理是难点，也是重点。由于信息技术发展和军事全球化透明化的实际，保密管理出现了革命性的变化，实施军地协同战略，保密管理的项目相关方更多更复杂，管理难度更大。因此，军地协同项目的保密管理在实践中，一是严格按照目前保密资格审查的要求进行军地协同项目的保密管理；二是借鉴国外先进的保密管理的做法；三是保密管理要直接纳入全民和国防教育体系，形成齐抓共管的格局；四是加强保密手段和保密实施的提升和研发，用技术手段提升和保证保密管理效果。

第6章
北斗导航卫星项目群管理案例

北斗导航卫星项目（该项目为北斗大工程项目中的子系统之一）是我国典型的军地协同项目管理的最佳实践，笔者为该工程进行了全方位的项目管理服务，并总结形成了 1 个核心、3 条轨道、15 个要素组成的项目群管理体系。本章在简要介绍工程概况、项目管理体系的基础上，选择了目标与决策、组织与文化、整合、范围、进度、合同与费用、沟通、风险管理等部分要素，重点对管理过程和经验体会进行介绍。

6.1　北斗导航卫星工程简介

6.1.1　概述

导航卫星系统是当今世界最具发展前景和带动性的高科技领域之一，是最能发挥军民两用作用的航天系统，已成为国家安全、经济和社会发展不可或缺的重大空间信息基础设施。

北斗导航卫星系统（BeiDou（COMPASS）Navigation Satellite System）是我国独立发展、自主运行的全球卫星导航系统，能够提供高精度、高可靠的导航、定位和授时服务。中国本着开放、独立、兼容、渐进的原则，发展自主的全球导航卫星系统，其"三步走"发展概况如下：

（1）2000 年建成北斗导航卫星试验系统，用 3 颗卫星利用地球同步静止轨道来完成试验任务，为北斗导航卫星系统建设积累技术经验、培养人才，研制一些地面应用基础设施设备等，使中国成为世界上第三个拥有自主导航卫星系统的国家。一期工程已成功应用于测绘、电信、水利、渔业、交通运输、森林防火、减灾救灾和公共安全等诸多领域，特别是在2008年北京奥运会、汶川抗震救灾中发挥了重要作用，产生了显著的经济效益和社会效益。

（2）到2012年，发射14颗卫星，建成覆盖亚太区域的北斗导航卫星定位系统，具备覆盖亚太地区的定位、导航和授时以及短报文通信服务能力。二期工程于2011年12月27日提供试运行服务。到2012年底，系统基本建成并提供正式运行服务，服务精度达到10m左右。

（3）2020年左右，建成由5颗静止轨道和30颗非静止轨道卫星组网而成的全球导航卫星系统。北斗导航卫星将为中国及周边地区的军民用户提供陆、海、空导航定位服务，促进卫星定位、导航、授时服务功能的应用，为航天用户提供定位和轨道测定手段，满足导航定位信息交换的需要等。

本案例以二期工程的核心部分为例，介绍我国军地协同的典型案例——北斗导航卫星系统项目群管理的最佳实践。

6.1.2 系统组成和组织结构

1. 系统组成

北斗卫星导航系统分为卫星系统、运控系统、应用系统、测控系统、运载火箭系统和发射场系统六大系统。各大系统按照工程大总体协调确定的计划进度，以及技术及接口要求，完成各自的研制、生产、建设任务，在工程大总体的统一协调与组织下，完成了北斗卫星导航系统的组网发射以及系统的联调、测试，满足性能指标要求。北斗卫星导航系统的组成结构如图6-1所示。

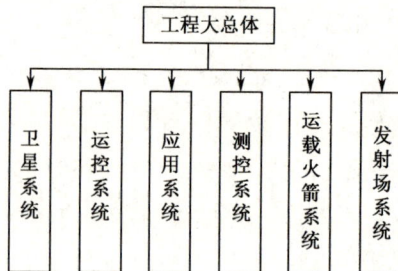

图6-1 北斗卫星导航系统的组成结构

2. 组织结构

卫星系统是北斗卫星导航系统的核心系统，主要包括 GEO、MEO、IGSO

三种轨道、两类卫星。GEO 卫星采用"东方红"三号改进型平台，MEO 和 IGSO 卫星采用"东方红"三号平台。其中，卫星的 RDSS 有效载荷采用北斗导航卫星试验系统的成熟技术，卫星的 RNSS 有效载荷设计状态三种卫星保持一致，便于批量化生产。

北斗导航卫星系统组成如图 6-2 所示。

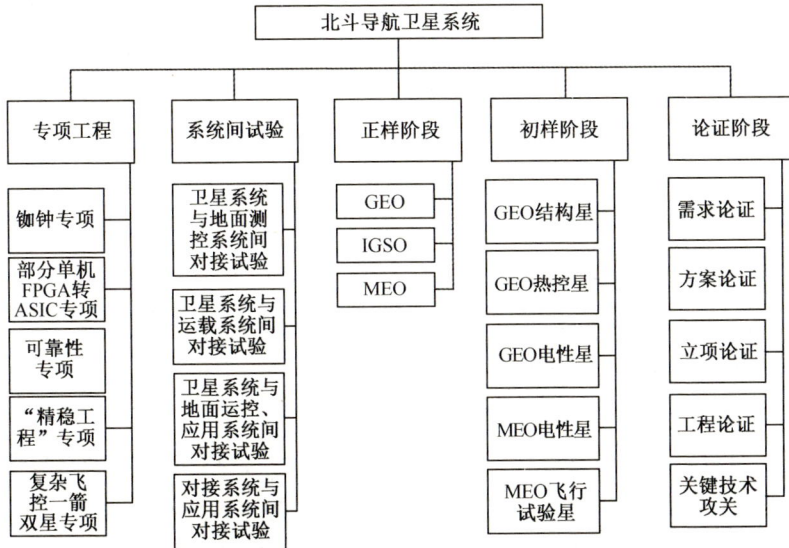

图 6-2　北斗导航卫星系统组成

卫星系统管理建立了以"项目办公室"为平台、以"两条线"为主干、以"团队"为形式的"多层次""强矩阵式"项目管理组织模式，包括项目办公室，总体、各分系统及单机研制队伍组成的两师系统，以及在此基础上成立的试验队、专题攻关小组、项目小组等。

卫星系统管理组织采用强矩阵的项目管理组织模式。中国空间技术研究院导航卫星项目办公室是卫星系统型号项目管理的责任主体，代表中国空间技术研究院，按照合同和上级要求，依据院和所属总体单位的技术及管理标准、规范，组织开展本型号研制的有关技术、质量、进度等管理工作。

卫星系统管理组织内部，由型号总指挥为型号第一责任人，对型号负全责，型号总师为型号技术负责人，对型号技术管理负全责。在型号两总的领导下，下设副总指挥/项目责任人、副总师/技术副经理、总工艺师、副总工艺师、总指挥助理、总师助理、计划助理、产保助理、总体主任设计师、业务秘书等。同时，型号聘用工程副总师、工程院院士为型号专家，参与型号把关。

项目办公室负责卫星系统日常管理工作，在总指挥的领导下，全权负责卫星研制的管理工作，是管理、技术决策的组织实施机构。

6.1.3 管理成果与创新

北斗导航卫星项目群工程管理，是我国典型的军地协同项目群管理的最佳实践，管理成果与创新主要体现在：

（1）从构建以重大专项为导向、系统关键技术为目标、团队自身为主体、产学研相结合的技术创新体系中，摸索了一条具有中国特色的自主管理创新的路子。

（2）推进了军地协同式发展，建立统一领导、军地协调、需求对接、资源共享机制，形成了军民结合、寓军于民的发展格局。

（3）建立了一套基于"系统工程+项目管理"的，以北斗导航卫星项目群目标与决策管理为核心，按照组织文化建设、资源的优化与平衡、产品工程化的3 条轨道进行统筹管理，保证整体、范围、进度、技术状态、工艺、产品保证、费用与合同、软件工程化、物资、沟通、人力资源、风险、安全、保密和在轨服务 15 个要素管理落地的北斗导航卫星项目群管理体系。

6.1.4 专家评价

【专家点评】

孙家栋院士评价：从管理角度讲，北斗导航卫星项目群的管理，既包括整个系统的宏观战略管理，也包括单机设备研制的微观管理，无论从战略高度，还是从管理范围、管理内涵、复杂性、不确定性等方面都赋予了新的内涵，同时，在型号质量、工期、投资、技术等方面的要求也越来越高。因此，对项目群进行有效的组织和管理控制是决定项目成功的关键。北斗导航卫星团队积极学习和借鉴国内外的项目管理理论与经验，在项目群管理的实践中，进行了艰苦探索，走出了一条具有中国特色的自主管理创新的路子。

钱福培教授评价：从管理角度来讲，北斗导航卫星星座是一个典型的项目群，而且体系庞大、技术复杂、战技指标高、管理难度大，面临着很多开创性和挑战性的难题和任务。北斗导航卫星按照现代项目管理理论，以北斗导航卫星项目群管理成果为基础，以国际国内项目管理通行的理论体系和管理实践为依据，系统梳理并上升到理论层面提炼北斗导航卫星项目群管理的做法及成果，具有理论研究、经验总结、成果提炼和指导实践等显著特点，是北斗导航卫星工程实践与现代项目管理理论有机结合的产物，具有较强的理论性、实践性、指导性。

6.2　项目群管理体系

北斗导航卫星项目群管理体系是一个"项目管理+系统工程"的体系，主要参考了霍尔的"三维结构"模型、并行工程方法、综合集成方法和美国国防部的体系结构框架，以及系统分析方法、系统评价方法、系统决策方法、系统仿真方法和网络计划方法等，根据通用的项目管理知识体系、项目管理能力标准、项目群管理标准，以及领域内的美国国防部的项目管理知识体系结构框架、欧洲航天局项目管理知识体系、中国国防项目管理知识体系（CD-PMBOK）等，系统地构建了北斗导航卫星项目群管理体系。它包括三个部分：知识体系、单星级管理体系、星座级管理体系。

6.2.1　知识体系

北斗导航卫星项目群管理特别重视系统工程和项目管理的应用研究，在构建北斗导航卫星项目群"项目管理+系统工程"的知识体系的过程中，注重系统工程和项目管理的有机结合，在此基础上，跟踪国外卫星导航系统管理研究，充分借鉴国外成功的管理经验，开展了注重实效的管理创新研究，形成和固化了很多北斗导航卫星项目群建设的管理模式、决策程序、接口文件、软件工具、控制过程、优化流程、协调机制、标准规范、管理办法和管理制度等，不断丰富了北斗导航卫星项目群管理知识体系的内涵。

北斗导航卫星项目群管理知识体系是一个不断完善、与时俱进的体系，在这个"项目管理+系统工程"的知识体系上，形成了独具特色的北斗导航卫星项目群管理知识体系，如图6-3所示。

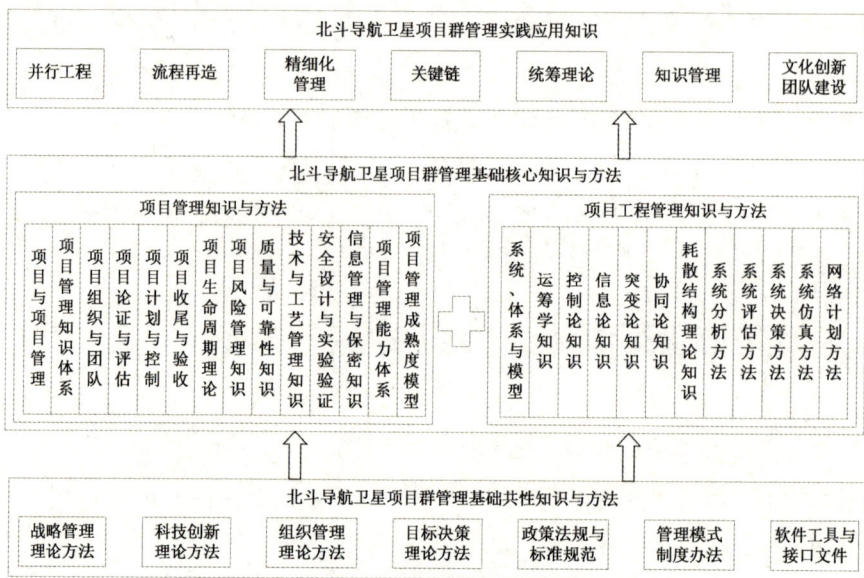

图 6-3　北斗导航卫星项目群管理知识体系

　　北斗导航卫星项目群管理知识体系主要包括基础共性知识与方法、核心知识与方法（项目管理知识与方法、系统工程管理知识与方法）、管理实践应用知识。

　　北斗导航卫星项目群管理基础共性知识与方法包括战略管理理论方法、科技创新理论方法、组织管理理论方法、目标决策理论方法、政策法规与标准规范、管理模式与制度办法、软件工具与接口文件等。

　　北斗导航卫星项目群管理核心知识与方法包括：

　　（1）项目管理方面：项目与项目管理，项目管理知识体系，项目组织与团队，项目论证与评估，项目计划与控制，项目收尾与验收，项目生命期理论，项目风险管理知识，质量与可靠性知识，技术与工艺管理知识，安全设计与实验验证、信息管理与保密知识，项目管理能力体系，项目管理成熟度模型等。

　　（2）系统工程管理知识与方法：系统、体系与模型，运筹学知识，控制论知识，信息论知识，突变论知识，协同论知识，耗散结构理论知识，系统分析方法，系统评估方法，系统决策方法，系统仿真方法，网络计划方法等。

　　北斗导航卫星项目群管理实践应用知识包括并行工程、流程再造、精细化管理、关键链方法、统筹理论、知识管理、文化创新与团队建设等。

6.2.2　单星级管理体系

北斗导航卫星项目群管理，注重运用系统工程和项目管理的基本概念、特点和研究内容，强调要综合运用"项目管理+系统工程"的管理理论方法，构建北斗导航卫星系统工程管理知识体系，解决北斗导航卫星工程面临的管理理论问题。

从理论上讲，项目管理和系统工程都是重大工程管理体系中不可或缺、相互支撑的重要组成部分。从北斗导航卫星工程管理实践看，它们在卫星导航系统工程建设的不同层次、不同类型问题和建设的不同阶段，都发挥了各自重要的、不可替代的作用。系统工程强调的是工程系统复杂性管理，这是目前项目管理替代不了的。系统复杂性管理的提出，很大程度上进一步丰富和完善了项目管理理论，这也反映了项目管理理论与系统工程理论方法的"与时俱进"。因此，我们有理由把系统工程和项目管理的理论方法有机地结合在一起，构建北斗导航卫星项目群应用体系。图 6-4 所示为北斗导航卫星项目群单星项目级管理体系。

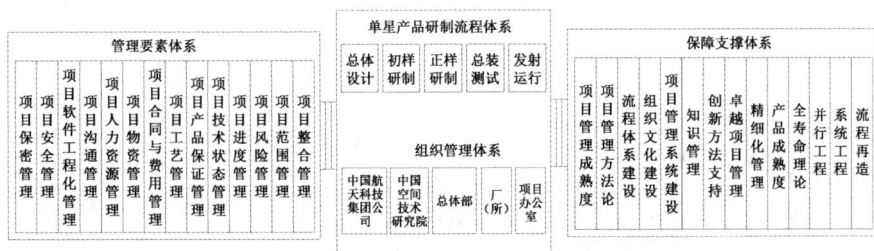

图 6-4　北斗导航卫星项目群单星项目级管理体系

北斗导航卫星项目群单星项目级管理体系主要包括：

（1）单星产品研制流程体系：总体设计、初样研制、正样研制、总装测试、发射运行。

（2）管理要素体系：整合管理、范围管理、风险管理、进度管理、技术状态管理、产品保证管理、工艺管理、合同与费用管理、物资管理、人力资源管理、沟通管理、软件工程化管理、安全与保密管理等。

（3）组织管理体系：中国航天科技集团公司、中国空间技术研究院、总体部、厂（所）、项目办公室等。

（4）保障支撑体系：项目管理成熟度、项目管理方法论、流程体系建设、组织文化建设、项目管理系统建设、知识管理、创新方法支持、卓越项目管理、精细化管理、产品成熟度、全寿命理论、并行工程、系统工程、流程再造等。

6.2.3 星座级管理体系

北斗导航卫星项目群具有系统组成复杂、技术含量高、投资规模较大、可靠性要求高、项目风险高、投资回报高等特点，需要采取科学的管理方法、组织管理模式和先进的技术、方法、工具。随着航天技术及产业化的飞速发展，需要建立具有中国特色的北斗导航卫星项目群管理体系。随着世界各国宇航技术竞争的加剧、商业合作模式的发展及使用需求的不断扩大，只有充分考虑北斗导航卫星项目群实际，将各种知识、技术、技能和工具手段及时融入北斗导航卫星项目群管理体系中，才能创建出一种具有中国特色、能够更好地指导项目管理实践的北斗导航卫星项目群星座级管理体系。

北斗导航卫星项目群星座级管理体系是在学习、消化国际先进的军地协同项目的做法和项目管理体系和标准、吸收国内国防和航天项目管理体系成果的基础上，继承、深化和发展了航天项目管理体系框架，形成的管理体系。研究形成了 1 个核心、3 条轨道、15 个要素的北斗导航卫星项目群管理体系，简要描述就是：紧紧围绕北斗导航卫星项目群目标与决策这个核心，按照组织文化建设（用什么样的组织和团队）、资源的优化与平衡（进行系统管理）、产品工程化（实现产品目标）的 3 条轨道进行统筹管理，保证 15 个管理要素的落地。

15 个管理要素与 3 个轨道的关系是：组织文化建设管理轨包括沟通管理、人力资源管理、保密管理；资源的优化与平衡管理轨道包括范围管理、进度管理、产保管理、合同与费用管理、整合管理；产品工程化管理轨道包括技术管理、工艺管理、软件工程化管理、物资管理、安全管理、在轨管理、风险管理。

北斗导航卫星项目群星座级管理体系如图 6-5 所示。

北斗导航卫星项目群星座级项目级管理体系主要包含 7 个域：目标域、文化域、资源域、产品域、过程域、要素域和知识域。

（1）目标域：组织战略目标、星座级目标、系统级目标、单机级目标、多目标决策。

（2）文化域：文化建设、领导力、人才培养、个性化激励、创新机制、北斗精神。

（3）资源域：类型包括人力资源、设施设备资源、物资资源、固定资产类资源；管理包括资源获取、资源计划、资源优化、资源平衡、效能评价。

（4）产品域：单机级产品、分系统级产品、整星级产品、星座级产品、服务产品。

（5）过程域：生命期阶段——论证阶段、方案阶段、初样阶段、正样阶段、组网阶段、在轨维护阶段；管理过程——启动过程、计划过程、实施过程、控制过程、收尾过程。

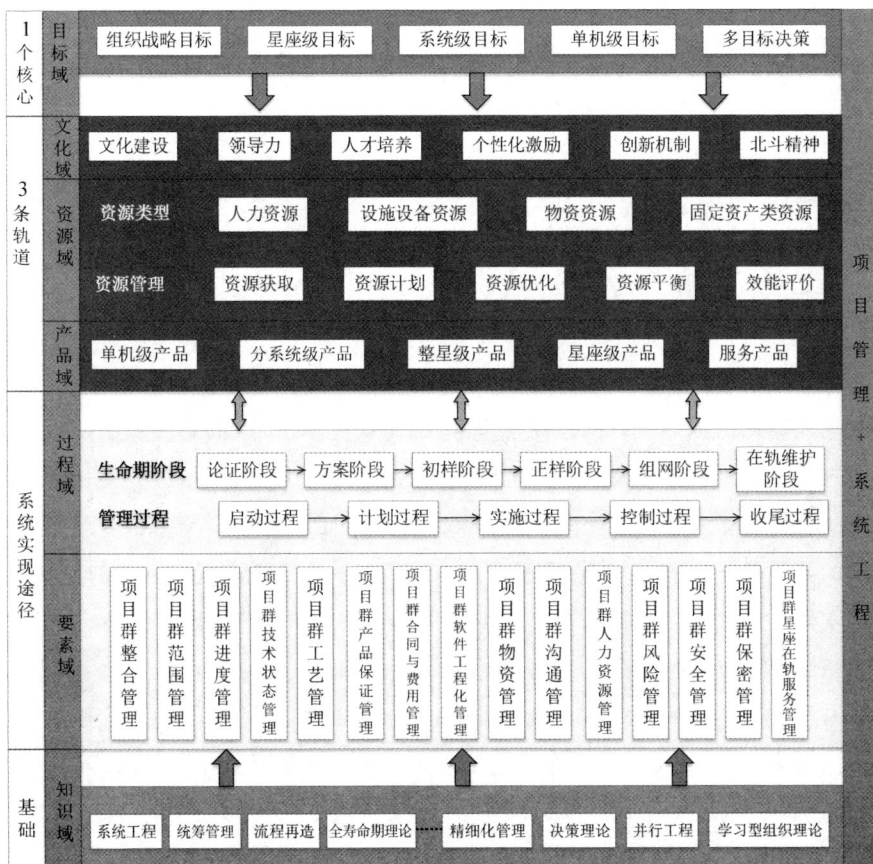

图 6-5　北斗导航卫星项目群星座级管理体系

（6）要素域：项目群整合管理、项目群范围管理、项目群进度管理、项目群技术状态管理、项目群工艺管理、项目群产品保证管理、项目群合同与费用管理、项目群软件工程化管理、项目群物资管理、项目群沟通管理、项目群人力资源管理、项目群风险管理、项目群安全管理、项目群保密管理、项目群星座在轨服务管理。

（7）知识域：系统工程、统筹管理、流程再造、全寿命期理论、精细化管理、决策理论、并行工程、学习型组织理论。

6.2.4　管理体系综述

北斗导航卫星项目群管理的知识体系、单星级管理体系、星座级管理体系构成了三维一体的具有中国航天特色的 1 个核心、3 条轨道、15 个要素的北斗导航卫星项目群管理体系，基本思想是"项目管理+系统工程"，它分为以下四个层次：

第一层次：项目群目标与决策管理，是顶层的规划、目标与决策的管理。通过介绍目标与决策管理基本概念，以及战略管理、多目标决策的相关理论，建立系统模型，阐述北斗导航卫星系统的"三步走"战略的形成、卫星星座目标的确立、实施的方法及步骤。

第二层次：项目群综合层管理，包括项目群的组织文化建设管理、资源优化与平衡管理、产品工程化管理的 3 条轨道，形成用什么样的组织构架和项目文化的人，通过统筹管理，实现产品目标的逻辑思路。

第三层次：描述工程的系统实现途径，属于工程实施的落地方法，包括工程的阶段与管理过程以及项目群的要素管理。参照国际国内相关的项目管理标准，结合航天和北斗实际，总结形成了北斗导航卫星项目群的整合管理、范围管理、进度管理、技术状态管理、工艺管理、产品保证管理、合同与费用管理、软件工程化管理、物资管理、沟通管理、人力资源管理、风险管理、安全管理、保密管理、在轨管理 15 个管理要素。

第四层次：项目群管理基础，主要包括系统工程、统筹管理、流程再造、全寿命周期理论、精细化管理、权变理论、并行工程、学习型组织理论等，是构建北斗导航卫星项目群管理体系的理论基础，也是实现项目群管理的操作指南。

6.3　项目群目标与决策管理

北斗导航卫星项目群是航天领域的一项重大工程，对目标的科学决策是确保星座目标最终得以实现的坚实保障。北斗导航卫星项目群借鉴了战略管理和多目标决策思想,在充分分析目标特点的基础上,制定出目标建立的依据与原则,然后按照目标的不同层次依次进行分解,落实到项目群管理的各个要素上,并建立起目标的集成管理模型,对目标进行动态的有效管理和决策。

6.3.1 确定项目群目标

北斗导航卫星项目群在制定其目标时主要按照以下几点要求:

(1)项目目标要尽可能量化,能采用定量标准的,就不使用定性描述;

(2)项目目标应是可实现的,是经过科学论证得出的;

(3)项目组成员都应明确项目目标并制定个人具体目标;

(4)项目目标描述应容易被理解,并且不产生歧义;

(5)随着项目实施,项目目标要不断进行细化。

北斗导航卫星项目群从星座级目标出发,依次将目标分解到每个项目(整星),每个项目结合各个目标要素,将实现目标的具体工作分配到15个管理要素,以达到目标的集成管理。其项目群目标分解过程如图6-6所示。

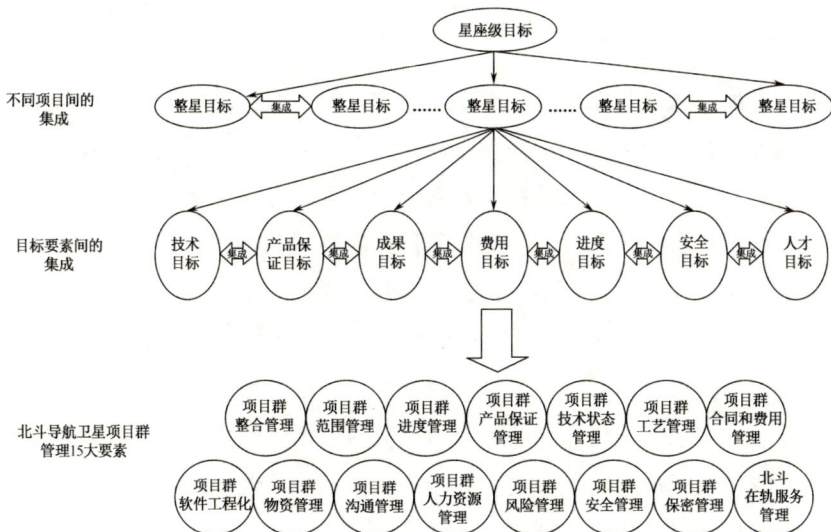

图6-6 北斗导航卫星项目群目标分解过程

6.3.2 目标集成管理三维模型

由于多星并行、研制过程烦琐、技术难度高、组织结构复杂、目标要素涉及的范围广等特点，在制定出总体目标，并将目标分解到整星及其对应的分系统、单机以后，需要建立一种有效的管理机制保证目标的顺利实现，因此，建立了基于目标要素、项目、过程的三个维度目标集成管理模型，实现项目群目标要素间的横向协同、项目间的横向协调及全过程的纵向控制，如图6-7所示。

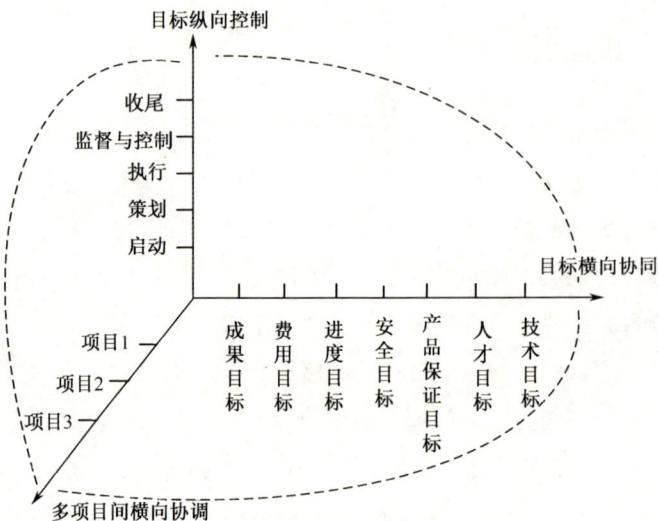

图6-7 北斗导航卫星项目群目标集成管理三维模型

第一维度是项目目标要素间的横向协同。由于北斗导航卫星项目群的特殊性，其目标要素除费用、进度外，还包括成果、安全、产品保证、人才、技术等方面。这七大目标要素之间存在着复杂的关系，并非相辅相成，而是彼此相互制约、此消彼长。因此，要权衡好各目标的协同关系，项目管理者需要充分了解各目标要素间的交叉关系，找出七大目标要素间相互制约、相互影响的关系规律，用以指导北斗导航卫星项目群目标协同控制与管理实践。

第二维度是项目间的横向协调。对于北斗导航卫星项目群而言，每个型号研制都是一个复杂的系统工程，不同项目间的目标横向协调主要依赖于组织间的横向协调以及资源的优化配置。北斗导航卫星项目群根据项目目标和计划建立了相应的项目组织机构，制定管理制度，形成有效的管理机制，以适应项目整个生命期内项目间目标横向协调的需要。

北斗导航卫星项目群在总体进度计划制订过程中，不仅考虑了各项重要活动的安排，还考虑了资源的分配。系统层次总体计划的制订是一个考虑资源约束的资源分配项目调度问题。在考虑不确定因素的情况下，采用关键链理论和鲁棒性调度的方法指导总体进度计划的制订，主要体现在优先启动影响系统研制建设全局的总体类、体制类和长周期关键单机研究项目，牵引关键技术攻关与试验整体工作，实现资源的优化配置，确保不同项目间的目标横向协同。

第三维度是项目群全过程管理纵向控制。北斗导航卫星项目群管理过程可以分为启动、策划、执行、监督与控制、收尾五大阶段。北斗导航卫星项目群通过 WBS 技术将总体目标进行分解，分解到项目群对应的过程各阶段及各个子项目，并设置各个阶段目标控制的关键控制点，以对目标实现全过程管理纵向控制。

6.3.3　目标决策管理

北斗导航卫星项目群实行多星管理，既具有独立性，更具有相关性，不同卫星研制相互影响、相互作用、相对独立，因此卫星项目群管理是动态的决策过程。

下面以北斗导航卫星正样卫星组网阶段前期，在轨试验中出现的单粒子翻转现象对卫星连续运行带来影响的例子来说明多目标决策方法的应用。

北斗导航卫星正样卫星组网阶段前期，在轨试验中出现的单粒子翻转现象对卫星连续运行带来了影响，经分析主要是分机中 FPGA 单粒子翻转所致。为了使卫星系统稳定可靠地工作，确保提供连续高性能的服务，迫切需要提高关键设备的抗单粒子能力。在工程大总体和用户的支持帮助下，卫星系统开始了有效载荷抗辐射加固方案研究工作，并决定对导航任务处理单元和基准频率合成器进行 FPGA 转 ASIC 的更改。

该更改涉及 7 颗卫星 20 台单机产品，历时 16 个月，耗资上亿元，基准频率合成器和导航任务处理单元的 FPGA 转为 ASIC 后，可以大大减少在轨单粒子事件，提升单机正常工作的连续性，保证导航系统的高效稳定运行。

在对更改与否做出重要决策的过程中，北斗导航卫星项目群主要考虑了进度与产保两大目标的影响，进度体现在研制周期上，而产保主要体现在产品出故障的概率上。综合历史数据分析发现，对于决策的两个方案，不更改及更改的产品故障概率分别为 0.87 次每颗星每月与 0.015 次每颗星每月，而对应的单机产品研制周期分别是 0.727 月/台与 1.455 月/台。如果设两个方案分别为 X_1（不改）与 X_2（更改），对应的进度指标与产保指标分别为 $f_1(X_1)$、$f_2(X_1)$ 及 $f_1(X_2)$、$f_2(X_2)$。由于在决策过程中，产保指标相对于项目进度指标而言更

为重要，因此，采用多目标决策方法中的化多为少法，给对应的指标分别赋予权重，那么，总体目标函数可以表述为

$$\min \mu(X) = \lambda_1 f_1(X) + \lambda_2 f_2(X)$$

式中，λ_1 取 0.3；λ_2 取 0.7。

由于产品故障概率与单机产品研制周期的量纲不同，首先做无量纲化处理：

$$f_1(X_1) = \frac{0.727}{0.727 + 1.455} = 0.333$$

$$f_1(X_2) = \frac{1.455}{0.727 + 1.455} = 0.667$$

$$f_2(X_1) = \frac{0.87}{0.87 + 0.015} = 0.983$$

$$f_2(X_2) = \frac{0.015}{0.87 + 0.015} = 0.017$$

代入目标函数以后，得出

$$\mu(X_1) = 0.3 f_1(X_1) + 0.7 f_2(X_1) = 0.788$$

$$\mu(X_2) = 0.3 f_1(X_2) + 0.7 f_2(X_2) = 0.212$$

目标函数 $\mu(X)$ 越小越好，因此，综合上述分析结果，北斗导航卫星项目群采用了进行 FPGA 转 ASIC 的更改决策，事实表明，这一决策大大减少了在轨单粒子事件，提升了单机正常工作的连续性，保证了导航系统的高效稳定运行。

6.3.4　经验和体会

在北斗导航卫星项目群目标及决策管理中，我们主要获得了以下几点经验体会：

（1）目标制定首先关注合理性。目标的制定要符合北斗的实际情况，考虑各方面因素的影响，包括政治环境、企业本身的环境、技术难度等。

（2）目标制定应具有层级性。北斗导航卫星项目群目标的制定过程是从上往下，即先制定整个星座的总体目标，然后将目标依次分解到整星、分系统、单机。

（3）重视实施中的目标修订。项目群总体目标在一段时期内一般是不发生变动的，但是，在保证总体目标实现的前提下，可以适当地调整整星、分系统或单机对应的目标。以载荷分系统为例，用户对载荷分系统的最低要求是下行的功率强度 EIP，实现这一功率强度是由载荷分系统的管子的能力、系统传输

的衰级以及天线本身的增益共同决定的。天线增益满足不了预期的指标，但是，管子的能力仍有余量，由于我们追求的是系统的协调性、最终任务的完成，因此，可以对载荷分系统的一些指标做一些更改，最终也能满足用户的要求。

（4）目标决策重点关注约束关系。由于目标之间存在一定的约束关系，因此，在决策时，要依据目标的重要性进行决策。例如，在涉及产保指标与进度指标的权衡时，首先应侧重考虑产保指标，因为不管产品研制的进度有多快，如果其质量、可靠性等指标不满足要求，都是毫无意义的。

6.4　项目群组织文化管理

组织文化建设与管理是"1 个核心、3 条轨道、15 个要素"的北斗项目群管理体系的重要"轨道"之一，主要解决用什么样的组织和团队来保证项目群目标实现的问题，在此方面的应用与实践主要是总结提炼了16字的北斗精神及如何从组织维度、项目文化维度进行有效的项目群管理的经验体会。

6.4.1　北斗精神内涵

参与北斗导航卫星工程研制的所有成员全面继承了载人航天和"两弹一星"精神，发扬"严、慎、细、实"和"一丝不苟，分秒不差"的优良作风，肩负起历史的使命，与时俱进，开拓创新，顽强拼搏，凝聚了可以为后人所书写的"北斗精神"，赋予了组织文化以灵魂，正是凭着这种精神，北斗人不断创造了我国航天事业的新辉煌。

2012 年 12 月 27 日，随着中国北斗导航卫星工程正式开通，党中央、国务院、中央军委贺电嘉许"自主创新、团结协作、攻坚克难、追求卓越"的北斗精神，寄望 2020 年全面建成小康社会之际，成功实现全球卫星定位导航，造福人类文明发展。在工程建设之初，星载铷钟采用国外进口的方案，但由于供货商涨价和禁运等问题，星载铷钟成为制约工程建设的最大瓶颈。为摆脱受制于人的被动局面，选取了 3 支科研团队并行开展星载铷钟的国产化攻关。经过科技人员 3 年的拼搏，国产星载铷钟终于取得重大突破。北斗卫星工程的研制过程，是一个自主创新、攻坚克难的过程。在工程建设的关键时刻，也曾因供配电系统存在安全隐患而导致发射任务的短暂停滞。为尽快解决问题，邀请了国内空间电源、空间环境等10多个专业的相关专家100多人，开展各类仿真和验证试验100余项，耗时近半年，彻底解决了供配电系统的安全性问题。北斗卫星工程的研制过程，也是一个团结协作、追求卓越的过程。

这简短的16个字，囊括了多代北斗人数十年来的拼搏、奉献、坚韧与忍耐。小内容，却有大内涵。从这16个字中可以看出：

（1）北斗人具有"咬定目标不放松"的信念。20世纪70年代，我国开始启动卫星地面定位研究，因诸多因素而流产，从1994年我国重新全面启动工程研制，到2000年10月31日第一颗北斗导航试验卫星升空，2000年底第二颗北斗导航试验卫星被成功送入空间轨道，再到2003年5月25日，又一颗备份卫星升空，如果没有当初的坚持，没有对未来的决心，不会有北斗人今天的成就。

（2）北斗人具有"板凳乐坐十年冷"的意志。板凳要坐十年冷，文章不写半句空。北斗人经历了数十年默默无闻的奉献，其间多年的付出没有任何的回报，没有任何的效益。与参加国家形象工程的人员相比较，作为参加北斗导航卫星工程这一国家基础设施的人员，相对来说没有很高的展示度。但是，每一个工作人员都清楚导航卫星工程对国家战略的重要意义，全身心投入，甘于奉献，不计较个人的得与失，抱定了达成目标的必胜信心，用"白加黑""6+1""5+2"的工作方式和态度迎来了如今的巨大成就。这种苦中作乐的坚定意志使得北斗人定会在世界导航史册中留有自己的光辉位置。

（3）北斗人具有"大肚能容天下事"的胸襟。北斗团队的开放与交流，竞争与合作，坚持面向全球范围的推广应用、开放兼容，向全世界展示了开放文明的开阔胸襟，体现了北斗团队在世界导航领域的责任意识和担当意识，这必是一个国家成长为国际导航大国所应具备的胸怀和品质。

6.4.2 经验和体会

在北斗导航卫星项目群组织文化管理中，我们主要获得了以下几点经验体会：

（1）建立基于项目群的卫星系统多任务柔性管理模式。北斗卫星批产特点投资规模大、研制周期长、系统技术复杂、要求高、参研单位多、协调面广、需要投入商业运营和作战运用，是一项重大的科技工程和复杂的系统工程。长久以来，卫星研制都是以单星为研制模式，对于卫星这种特殊产品而言，其具有产品寿命短、在轨不可修复的特点，以及空间环境的复杂性，对卫星的可靠性要求极高。对于导航卫星星座的研制管理难度则是几何级数增加，因此要求必须采用科学的管理理论、柔性的管理方法，优化资源，统筹安排，流程再造，才能满足任务要求。

（2）应用系统工程理论，首次构建批产卫星系统管理体系。北斗导航卫星系统的复杂性和任务的艰巨性决定了卫星项目管理理论和方法的技术创新与工程实践的高度结合，要求在工程建设过程中，以科学的管理理论和方法为指导，并不断对现有的管理理论和方法进行创新，实现以理论指导实践、在实践中不断创新的高度统一。本项目对"项目管理+系统工程"的有效结合进行深入研究，提出并建立了卫星在批产形式下的管理知识体系框架，奠定了卫星批产管理的理论知识基础，提出并建立了卫星系统管理体系的理论模型，以人员管理、沟通管理等作为管理体系的基础保障，以进度管理、计划管理等为系统建设的实施内容，以可靠性管理、任务管理等为系统建设的控制手段，以系统决策、系统评价等为工程建设的评估方法，形成了具有导航卫星系统工程管理的体系构架，从而在科学理论的指导下，实施了导航卫星批生产的工程管理。

（3）采用"总体最优及平衡协调"系统工程方法，实施流程再造。项目团队采用"总体最优及平衡协调"系统工程方法，建立了基于卫星系统任务的柔性管理模式，利用定期对卫星的技术状态进行统计分析，对薄弱环节进行定期梳理，将不同事件按照轻重缓急进行评估，采用项目专用管理软件对问题进行汇总等方式和手段，确保导航卫星研制工程总体优化，兼顾平衡协调。对于北斗导航卫星系统14颗卫星的大型研制工程项目而言，其项目群的特点使卫星工程系统变得更为复杂，对工程项目管理提出了新的挑战。流程再造成为本项目研究的重要内容。通过制定流程基线、固定工作单元、动态资源调配等方法，避免流程设计与实际规划要求偏离过多，为各个卫星之间的工作顺序灵活调整尽量提供较充分的技术准备，减少调整引起的非预期连锁影响。如在试验配置上对首发星进行全面试验验证，做透试验，议透接口，对后续卫星根据情况对试验项目进行裁剪。首次建立了北斗导航卫星自身的通用件设计库与产品库，改变了以往直属件随单星图纸走、每星一类的状况。设计上，注重了通用性和互换性，数量上可以统一备份、通用互换，实现了中国导航卫星系统管理办公室直属件的通用、先行、优化。打破卫星批产研制过程中的人员短缺的瓶颈，项目团队实施一人多岗、专业互补、滚动备份的人员配置原则，精兵简政，成功解决了批产卫星组织生产能力和资源等限制因素。完成《面向批产模式的北斗导航卫星流程再造分析》报告，开发 OPLAN 专用软件对资源调配、计划管理进行控制。

6.5　项目群整合管理

北斗导航卫星项目群整合管理是最重要、最核心的要素管理，强调的是一种系统性的综合管理能力。以计划为龙头是整合管理的基本要求，本节主要介绍北斗导航卫星项目群整合管理的计划体系、经验体会等。

6.5.1　计划体系

北斗导航卫星项目群整合管理的计划体系，应用了工业工程的计划和控制体系理论（IE 原理）作指导，整合计划按管理层次可分成 I 级至Ⅳ级不同类型的计划，如图 6-8 所示。

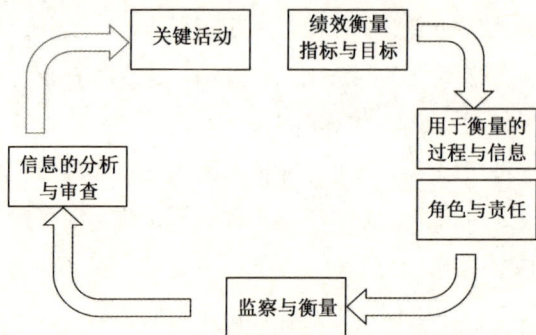

图 6-8　北斗导航卫星项目群整合计划四级管理的组织模式

（1）项目群 I 级计划。又称北斗导航卫星项目群里程碑计划。它反映项目实施主要节点及进度，体现客户（合同甲方）要求和协调各部门工作的功能，也是用户及大工程总体检查、考核、评审的主要节点。

（2）项目群Ⅱ级计划。北斗导航卫星项目群实施计划，由北斗导航卫星项目组织制订，是北斗导航卫星项目群的主要实施计划。它是 I 级计划的细化，主要根据批准的研制任务书和实施方案，反映项目实施各分系统、各有关部门的主要工作节点和进度，也是考核各分系统、各有关部门工作的依据。

（3）项目群Ⅲ级计划。Ⅲ级计划又称分系统计划和专项计划，是反映项目群及每颗卫星的分系统、专项工程的实施计划。Ⅲ级计划依据 Ⅰ 级、Ⅱ 级计划由各型号分系统项目指挥和总师负责组织制定，北斗导航卫星项目群分系统计划一般由各厂（所）的科技处负责编制，北斗导航卫星项目群的专项计划一般由负责此专项的项目经理负责组织和编制。北斗导航卫星项目群Ⅲ级计划主要由各分系统、厂（所）组织实施。

（4）项目群Ⅳ级计划。北斗导航卫星项目群Ⅳ级计划，也称作业计划或承诺计划（简称 CDS 计划）。Ⅳ级计划采用 MRP（物料需求计划）和 JIT（准时生产）原理，反映项目产品的装配顺序，细化至每个部件、组件、零件的制造资源需求进度计划。所以，Ⅳ级计划是具体协调各项研制工作的精细计划。它与Ⅰ、Ⅱ、Ⅲ级计划一起，构成了一个完整的产品计划体系。同时，Ⅳ级计划又是该计划体系的基础与核心。

北斗导航卫星项目群Ⅳ级计划的编制是一个系统工程，由于分系统、各厂（所）、外协配套等几百个厂家计划的编制模式不尽相同，Ⅳ级计划的编制由分系统、各厂（所）、外协配套等单位的科研部门或车间、研究室组织实施。北斗导航卫星项目办公室主要对一些重要件、关键件、重大专项试验、评审进行把关。有些专项也组成一个临时的 IPT（联合产品工作队）来完成。

6.5.2　经验和体会

在北斗导航卫星项目群整合管理中，我们主要获得了以下几点经验体会：

1. 面向整体目标进行全面策划

在整体目标优先的原则下，必要时可以牺牲个体项目利益；整体策划要全面，计划要迭代，动态更新；在综合层统一的模型基础上为所有项目编写项目定义报告；在策略层为所有项目编制里程碑计划和职责表；在战术层根据项目类型调整项目计划。

2. 整合管理始终坚持以产品保证为中心

在北斗卫星项目群管理要素中，整合管理扮演的是一个提纲挈领的角色，其宗旨在于统筹理顺其他各要素之间的关系。但是整合管理并不意味着面面俱到，其要诀在于抓重点。重点环节抓住了，其余的环节将会纲举目张。在不同阶段，管理的重点不同。在启动阶段，范围管理是重点，风险管理和沟通管理都围绕着确立范围进行。而到了计划阶段，进度、成本和质量三坐标是重点，围绕三坐标制订各种计划；实施阶段，质量管理变成了核心问题，从 ISO 9000 体系的构成可以看出，《项目管理质量指南》ISO 10006 是作为质量保证体系的支持系统存在的。项目整合管理最经常采用的计划调整手段，往往都是以质量标准不变为前提，在成本与进度这两个要素之间进行资源转换。因此，在整合管理中，应以项目群产品保证为中心进行整合管理。

3. 整合管理明晰了项目群阶段管理重点

北斗导航卫星项目群启动阶段的主要任务是决策立项，涉及的领域首先是项目群的范围。范围的核心问题是决定做什么、不做什么，这也是一个国防项目立项最基本的决策。范围的取舍实际上是通过效益与风险的对比来决定的，而整个权衡利弊的综合分析过程，构成了整合管理的重要内容。

4. 整合管理是明确和协调项目群要素管理计划的基础

（1）范围管理计划显然是北斗卫星项目群管理的基础计划，没有这个基础，其他管理根本无从谈起。只有工作内容确定了，工期计划才有基准，成本预算才有根据，质量体系才有主体，责权分配才有目标。因此从操作步骤上，范围管理计划的制订应先于进度、成本、质量和人力资源管理计划，它是其他计划框架的基础。

（2）进度管理计划、成本管理计划、产保管理计划三者构成了北斗卫星项目群管理的核心部分，也是技术含量最高的部分。进度、成本、质量是项目群的三条约束边界，在不突破边界的情况下达到目标，是项目群整合管理计划的宗旨。

（3）信息沟通计划与风险管理计划是北斗卫星项目群管理的辅助计划，作为工具程序甚至需要先于范围管理计划形成，因为设定工作范围，在很大程度上取决于型号项目利益相关方之间的沟通协调，同时范围的取舍在很大程度上取决于对风险的评估。另外，在其他所有计划的制订过程中，这两个辅助性计划将始终贯穿全程。

（4）物资供应计划是产保管理、成本管理、进度管理的支持性计划。是自己干还是让别人来干，决策的关键是性能价格比。保障工期完成，不但取决于团队本身的效率，同时也取决于供应商的信誉，这就是第三方依存关系。因此，作为支持性计划，物资供应计划的衔接目标就是要使项目群的产保管理计划、成本管理计划、进度管理计划同时达到最优化。

（5）与物资供应计划一样，人力资源管理计划也是相对独立的支持性计划，如果前者计划的关注点是物质资源的获得、交易和外加工，那么后者的关注点就是人力资源的获得、授权和激励培养。而人力资源是项目实施的原动力，没有这个支持性动力，所有的计划都是纸上谈兵。

（6）整体的要素管理计划是整合管理的关键。凡事预则立，不预则废。项目群整合管理计划的龙头，是关键，是一个整体的计划。整体计划主要包括以下附件：

范围管理：工作范围的取舍决策，编制工作分解结构（WBS）；

进度管理：活动的排序，工时估算与工期计划；

成本管理：资源需求计划，成本估算和成本预算；

产保管理：从 9 个方面制定产品保障体系；

人力资源：组织架构与授权模式，建立激励机制；

物资管理：注重物资计划，建立内部管理程序，按五统一要求掌控；

风险管理：建立风险识别机制，建立风险防范（控制）系统；

沟通管理：信息发布计划，信息接收计划。

6.6　项目群范围管理

北斗导航卫星项目群范围管理在卫星研制的各个阶段均遵照"近细远粗，滚动细化"的编制原则，将项目范围按整星级、系统级、分系统级等逐层分解到位，为开展各项管理计划提供层次化、结构化的数据，为实现有效范围管理打下良好的基础。北斗导航卫星项目群范围管理的过程分为范围规划、项目群范围管理计划、项目群工作分解、项目群范围变更控制等，下面主要介绍项目群范围规划、项目群工作分解、经验和体会等应用与实践。

6.6.1　项目群范围规划

1. 星座级项目群范围规划

北斗导航卫星项目群范围规划，主要是基于系统工程的思想进行工程的系统分解。其工程系统结构分解的总体思路是：以北斗项目群目标体系为主导，以工程技术系统范围和项目的环境系统为依据，由上而下、由粗到细、由整体到局部进行分解。

北斗导航卫星项目群的系统工程过程是按照不同的层级进行分解的。系统工程过程是在提出系统分解需求后，将系统使用需求转化为系统性能参数和优化的系统技术状态描述的各项活动和决策逻辑序列。这一过程包括四项主要活动，如图 6-9 所示。

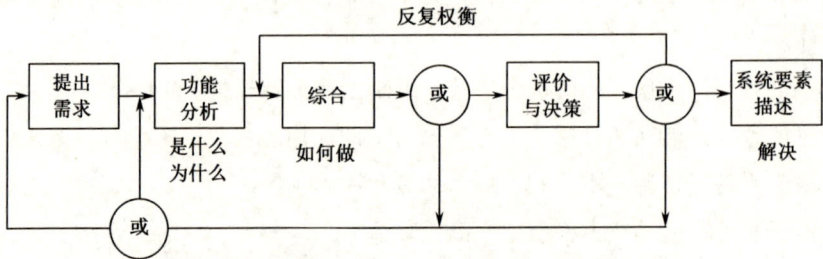

图 6-9　北斗导航卫星项目群系统工程过程

（1）功能分析。功能分析明确系统必须完成的基本功能是什么和为什么，它回答有关系统设计"是什么"和"为什么这样做"的问题。

（2）综合。综合对功能分析的"是什么"的输出提供"如何做"的回答。

（3）评价与决策。评价与决策指在设计和研制全部活动中，连续进行评价与决策，以满足需求、进度、费用、可接受的风险要求。

（4）系统要素描述。系统要素描述是对硬件（设备）、软件、人员、设施和技术资料的说明。

北斗导航卫星项目群系统工程过程是一个反复迭代的过程，随着每一次的应用，系统要素描述变得更加具体，最后输出的是系统所有要素的技术状态描述或一组准备生产的文件和图纸，从而产生一个技术上合理、经济上合算、研制周期短、使用效能高、可生产、可使用、可保障的实际系统。

实践证明，对于北斗导航卫星项目群这样的现代大型复杂群体项目，没有科学的工程系统分解，或分解的结果得不到很好的利用，则不可能有高水平的项目管理，因为项目的设计、计划和控制不可能仅以整个笼统的项目为对象，必须考虑各个部分、各个细节，考虑具体的工程子系统的设计与实施以及子系统之间的关系与存在的界面。

北斗导航卫星系统由星座、整星、分系统、单机及部件等层级组成，共有

GEO、IGSO、MGO 三类轨道卫星在轨运行，可以按照系统方法进行结构分解，形成星座级项目群范围结构，如图 6-10 所示。

图 6-10　工程系统分解的结构

2. 整星级项目范围规划

每一颗卫星研制的工作范围包括主线工作、专项工作和项目管理活动三大项。主线工作主要围绕方案设计、产品研制、总装、测试、大型试验、出厂准备（试验验证卫星）、飞行试验（试验验证卫星）等工作进行。同时为提高卫星的可靠性，确保飞行成功，开展专项工作，针对北斗导航卫星的各项工作开展项目管理活动。例如，GXX 电性星在其启动阶段，项目团队绘制项目系统级工作结构分解图，如图 6-11 所示。表 6-1 为卫星系统级工作分解表（部分），明确整星级总装、测试及大型试验等影响项目主线的工作项目。

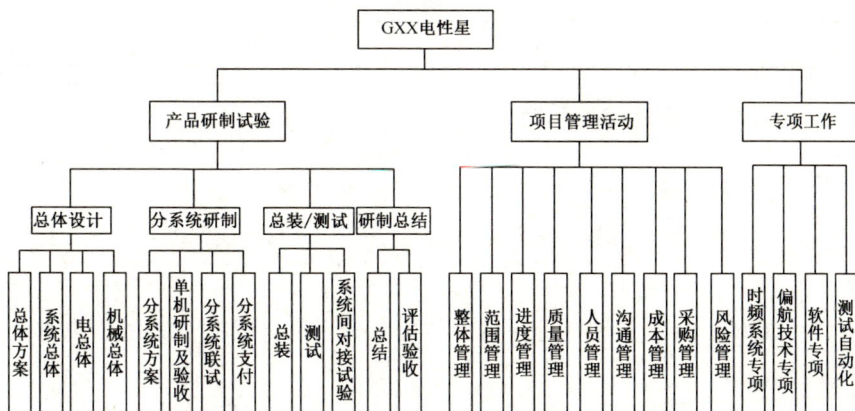

图 6-11　GXX 电性星工作结构分解图

表 6-1　卫星系统级工作分解表（部分）

工作编码	名称	工作内容
BD2.2G.1	产品研制试验	
BD2.2G.1	总体设计	包括总体方案设计、系统总体设计、电总体设计、机械总体设计
BD2.2G.1.1	总体方案设计	根据大总体的任务要求进行设计： （1）编写总体工作说明，明确项目内容、可交付物； （2）编制文件体系表； （3）进行总体设计； （4）进行研制技术流程设计； （5）进行试验流程、试验大纲设计
BD2.2G.1.2	系统总体设计	（1）大系统间技术协调； （2）技术状态管理； （3）总体对分系统技术要求、验收大纲； （4）技术状态控制； ……
BD2.2G.1.2.1	大系统间技术协调	（1）与各大系统间技术协调，明确接口控制文件并会签； （2）提出对各大系统的技术要求； （3）参加编制卫星与运控系统对接试验大纲、卫星与应用系统对接试验大纲、卫星与测控系统对接试验大纲； （4）参加卫星与运控系统、应用系统、测控系统的联合操作程序的协调并会签
……	……	……

3. 分系统级项目范围规划

根据功能的不同，卫星分为有效载荷和卫星平台两部分。

（1）有效载荷包括导航分系统、天线分系统、空间环境探测与激光测量分系统等。

（2）卫星平台包括测控分系统、供配电分系统、控制分系统、推进分系统、热控分系统等。

以推进分系统为例，卫星推进分系统的任务是与控制分系统配合，为卫星提供变轨、位置保持和姿态调整所需动力，使卫星能按全三轴稳定的控制方式工作。推进分系统由气路部分和液路部分组成，这两部分又由多个组件和管路连接件组成，具体范围不再详细介绍。

4. 产品配套分类

根据国军标、航天及中国空间技术研究院等有关标准，北斗导航卫星产品配套根据产品技术状态分为 A、B、C、D、E 五类。

A 类：完全继承已经通过鉴定的产品，在设计、制造、元器件、工艺、材料、生产单位等方面没有更改，设计规范和技术要求（包括性能、可靠性、设计寿命、环境条件等）均不高于被继承产品；

B 类：继承已经通过鉴定的产品，在设计、制造、元器件、工艺、材料、生产单位等方面均没有较大的更改，当继承产品的使用环境或性能要求不高于被继承产品时，需要进行验收试验或准鉴定试验，当继承产品的使用环境或性能要求高于被继承产品时，需要进行准鉴定试验或补充鉴定试验；

C 类：继承已经通过鉴定的产品，但在设计、制造、元器件、工艺、材料、生产单位等方面有较大更改，需要进行相应的补充鉴定或全面的鉴定试验；

D 类：新研制的产品，需要进行全面的鉴定试验；

E 类：引进产品，按照 A、B、C、D 等级分类原则，分为 E-A、E-B、E-C、E-D 四类。

6.6.2　项目群工作分解

1. 工作分解思路

按照中国空间技术研究院编制的《项目管理手册——范围分册》的要求，组织总体单位和各分系统负责人结合现有的工作流程和信息化工具进行了工作分解结构的编制。

工作分解主要以交付物为导向逐级进行分解，以单星为例，北斗导航卫星项目办公室采用了自上而下的方法：第一级是整星级，第二级是分系统级，第三级是单机级。项目办公室分解到整星级或分系统，采用了团队方法，再往下的分解由各分系统、承制单位分解，最后汇总形成各级别的工作分解结构。

2. 管理计划 WBS

WBS 作为范围管理的重要工具，即把项目最终交付成果细分成更小、更容易管理的部分，直到可交付成果被足够详细地定义，以支持项目活动的展开。WBS 是一个以产品为中心的项目组成部分的"家族树"，规定了项目的全部范围，是对项目范围做 100%描述的方法和工具。北斗导航卫星项目管理计划 WBS 见表 6-2。

表 6-2 北斗导航卫星项目管理计划 WBS

标识号	WBS	任务名称
1	1	项目群管理
2	1.1	范围管理
3	1.1.1	初步范围说明书
4	1.1.2	范围管理计划
5	1.1.3	范围说明书
6	1.1.4	工作分解
7	1.1.5	范围变更申请及批复文件
8	1.1.6	范围核实文件
9	1.2	进度管理
10	1.2.1	进度计划的编制
11	1.2.2	进度计划的实施
12	1.2.3	进度计划的控制
13	1.3	产品保证
14	1.3.1	产品保证计划
15	1.3.2	可靠性和安全性管理
16	1.3.3	技术状态管理
17	1.3.4	质量控制
18	1.3.5	软件工程化管理
19	1.4	成本管理
25	1.5	采购管理
31	1.6	沟通管理
35	1.7	综合管理
36	1.7.1	集成管理
37	1.7.2	风险管理
38	1.7.3	人力资源管理
39	1.8	项目策划

3. 整星级工作分解结构

具体到某型号卫星总体项目纲要 WBS 如表 6-3 所示。

表6-3　某型号卫星总体项目纲要WBS

WBS	任务名称
1	某型号卫星
1.1	项目管理
1.1.1	整合管理
1.1.2	范围管理
1.1.3	进度管理
1.1.4	产品保证
1.1.5	成本与经费管理
1.1.6	物资保障
1.1.7	沟通管理
1.1.8	人力资源管理
1.1.9	风险管理
1.2	系统设计
1.2.1	卫星与用户及其他系统的接口协调
1.2.2	任务分析与设计
1.2.3	构形布局和总装设计
1.2.4	对分系统技术要求、接口协调和验收
1.2.5	对大型试验的要求
1.3	分系统研制
1.3.1	导航分系统
1.3.2	天线分系统
1.3.3	控制分系统
1.3.4	推进分系统
1.3.5	数管分系统
1.3.6	测控分系统
1.3.7	热控分系统
1.3.8	结构分系统
1.3.9	供配电分系统
1.3.10	激光反射器
1.4	总装和试验
1.4.1	总装
1.4.2	电测
1.4.3	EMC试验

续表

WBS	任务名称
1.4.4	与测控系统的对接试验
1.4.5	与运控系统的对接试验
1.4.6	力学试验
1.4.7	热试验
1.4.8	与运载系统的对接试验
1.5	地面设备维护
1.6	飞控
1.7	在轨管理

4. 分系统级工作分解结构

以 MEO 电性星工作分解结构为例，如图 6-12 所示。

6.6.3　经验和体会

在北斗导航卫星项目群范围管理中，我们主要获得了以下几点经验体会：

（1）基于管理重心前移理念的产品基线梳理、确定与控制。在项目管理中，很难避免而且非常难以控制的就是项目范围的经常变化，因此需要对项目群范围进行严格控制，包括产品配套、软件状态、硬件状态等。在北斗导航卫星研制中，项目范围管理的创新之一在于产品基线的提前确定和优化控制。产品基线管理开展了提出产品化、充分应用产品成熟度理论、尝试产品定型等管理创新活动。这些为以后的管理工作提供了较好的经验。

（2）基于管理重心前移理念的系统级范围管理。系统级范围管理包括项目范围如何确定、范围变化如何控制两个方面，重点是对项目范围变化的管理。

（3）WBS 的有效灵活应用。北斗导航卫星项目群范围管理包括各方面的内容，贯穿于项目管理的整个过程，WBS 作为其中一个重要的管理手段，是界定工作界限的有效工具，例如可以通过 WBS 建立事件保障链，明确做事要点和保障条件，从而保证项目顺利实施。WBS 对成本控制等也有很大好处，WBS 如果运用得好，将是成本经费控制的一个重要工具，可以在成本控制等方面发挥重要作用。但 WBS 的形成不是一蹴而就的，在项目群工作开始时，范围管理一度被认为等于 WBS，只要达到用户提出的指标就完成任务。北斗导航卫星项目群的管理实践证明，WBS 是随着工作的细化反复迭代，步步细化深入，从而不断完善的。

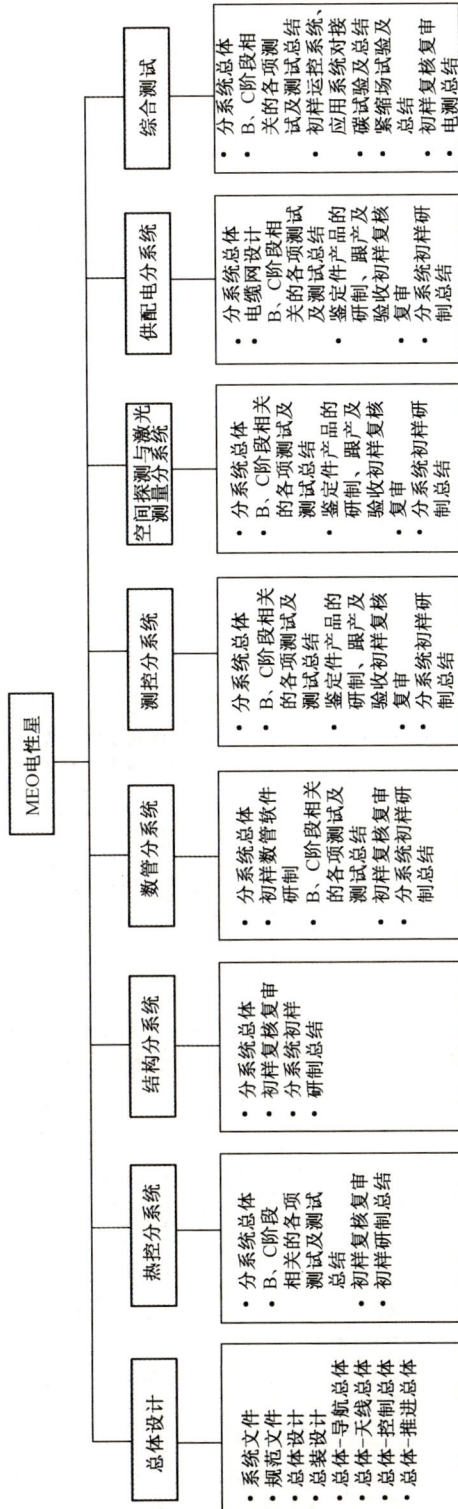

图 6-12 MEO 电性星工作分解结构

6.7 项目群进度管理

北斗导航卫星项目群进度管理是项目群管理的重点和难点，也是一项经常性的工作，在管理实践过程中，通过建立项目群进度管理体系，制订进度计划，实施跟踪和控制，从而实现预期的进度管理效果。本节主要介绍北斗导航卫星项目群的进度管理组织体系、进度管理计划体系、进度实施与控制、经验和体会等。

6.7.1 进度管理组织体系

按照常规卫星进度管理组织，结合北斗导航卫星星座系统研制特点，北斗导航卫星项目群星座系统进度管理采用四级管理组织模式，如图 6-13 所示。

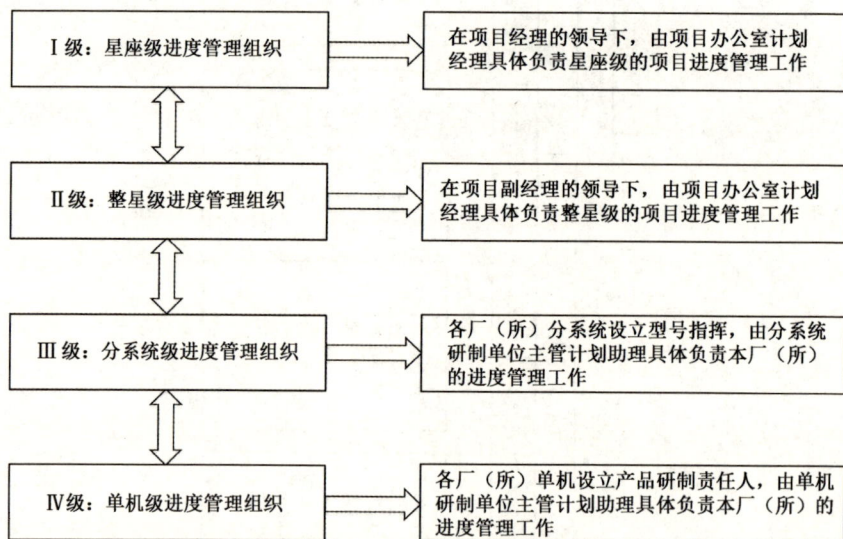

图 6-13 北斗导航卫星项目群星座系统进度管理的四级管理组织模式

北斗导航卫星项目群星座系统进度管理组织机构如图 6-14 所示。

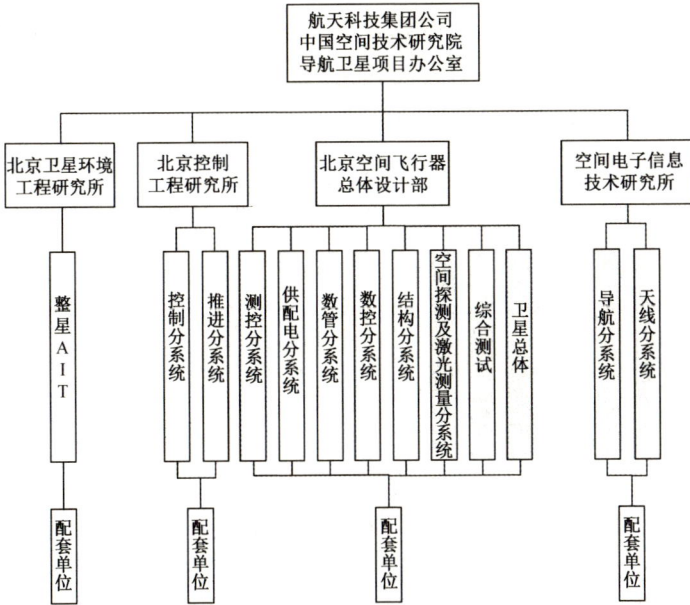

图 6-14　北斗导航卫星项目群星座系统进度管理组织机构

6.7.2　进度管理计划体系

任何项目成功的基本条件都是以科学合理的项目计划和项目进度管理为核心的。进度计划是项目相关方关注的重点，其对于项目群的关键作用如图 6-15 所示。

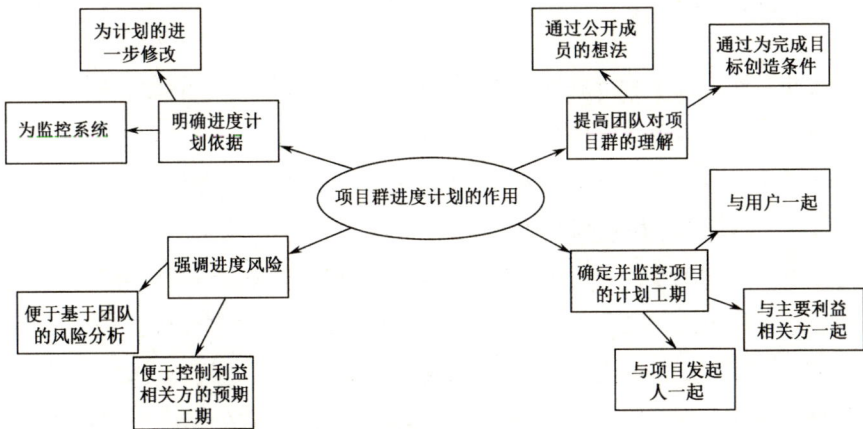

图 6-15　进度计划的作用

北斗导航卫星项目群的进度计划是一个体系。以用户下达的任务书为依据，形成星座级进度总计划。在此基础上，按阶段分，有型号研制各阶段计划；按要素分，有各要素管理的进度计划；按系统分，有星座、单星、分系统、单机和专题专项等；按时间分，有总进度计划、年度计划、季度计划、月计划、周计划等。

计划流程是进度计划管理的依据和出发点，北斗导航卫星项目群项目进度计划的层次结构从系统层次分为四层：星座系统级进度计划、整星级进度计划、分系统进度计划、单机/专题专项进度计划，其关系如图 6-16 所示。

图 6-16　项目计划的层次结构

其中，星座系统级进度计划包括各卫星研制计划和星座组网研制计划；整星级进度计划包括整星设计、生产、AIT 和发射试验计划等；分系统进度计划包括分系统设计、生产、组装、分系统测试和试验及交付等研制计划；单机进度计划包括单机设计、生产、组装、测试和试验及交付等研制计划。

6.7.3　进度管理实施与控制

1. 进度计划实施

北斗导航卫星项目群进度管理程序有：制订计划，及时调整计划项目内容和控制、监督与综合协调计划的执行过程，确保计划按进度要求按时完成。进度计划形成后，北斗导航卫星项目群运用综合调度会、专题调度会、现场调度会等方式动态跟踪进度计划的执行情况。

在项目群实施过程中，项目群团队持续不断地对进度进行检查与督促，确保计划的顺利实施。要求各分系统定期书面上报工作进展情况，上报的进展情况包括：项目办公室下达计划的完成情况，分系统工作进展情况，存在的问题及其解决办法，下一步工作安排，需要项目办公室提供的保障条件等。进度跟踪采用现场跟踪、调度会议跟踪、信息化管理跟踪等方式。

（1）现场跟踪。现场跟踪是指计划经理、计划助理在研制或试验现场进行实时跟踪，对能够现场解决的问题进行现场解决。

（2）调度会议跟踪。为掌握星座系统项目各单位和各分系统进度情况，项目办公室定期组织召开综合调度会、专题调度会、现场调度会。会后，由项目办公室形成会议纪要，下发各单位执行，由计划助理根据纪要组织追踪。

（3）信息化管理跟踪。项目办公室推行信息化管理控制手段，首次提出并开发了 IDS 数据管理系统，并通过 AIT 信息集成系统提升管理能力，利用导航门户网站，建立导航卫星质量问题信息库和风险管控信息库，型号质量问题及时解决，及时归零，对进度风险项目及时跟踪、控制、闭环处理，使卫星颗颗按期出厂。

2. 进度控制

北斗导航卫星系统的进度管理计划一旦制订后，各个研制单位必须严格执行。在进度的执行中，对于可预见的短线或风险项目，要提出应对策略，优化现有计划流程，对于出现的影响进度实施和执行的任务及活动，应采取各种纠偏措施，相互之间加强协调，动态调整计划进度，尽最大努力保证进度按原计划执行。当出现不可抗拒因素导致进度不能顺利执行，需进行调整时，必须上报导航卫星项目办公室，就调整的原因、调整的方案等内容进行详细说明，待导航卫星项目办公室做出决策。下面仅以星座级进度过程控制为例对北斗导航卫星项目群进度控制进行说明。

由于星座系统的研制过程中面临诸多技术、质量等方面的不确定因素，初期制订的计划不可能完全按照预定的方案实施。导航卫星项目办公室对星座系统研制进度计划采用了优化和纠偏两种方式进行过程控制。

（1）星座系统计划流程优化。在星座系统进度管理中，星座系统的进度根据研制实际进展，不断识别风险项目、不断追踪主辅线进度，对分析出的问题进行前馈控制，提前对计划流程进行适应性调整，实现星座系统的计划流程优化。

（2）星座系统进度计划纠偏。在星座系统进度管理中，在研制过程中实时跟踪，对能够现场解决的问题进行同期控制，对影响进度的短线或出现的质量问题进行反馈控制，编制专题计划，成立专题小组，集同作业。及时调整研制阶段计划，避免单项任务的推迟影响整体目标的实现。

对出现的短线项目采取成立集同工作小组、加大资源投入等方式进行纠偏。如纠偏措施仍不能满足基准计划，则启动计划调整程序。对计划流程的变更，需要提高审批级别，对整星影响研制进度的变更，必须就变更原因提出专题申请报告，报主管院领导批准，并报中国航天科技集团公司和北斗导航卫星工程总体评审批通过后才能调整。下级单位计划流程中不影响主线和其他单位工作的项目，本单位可以调整，但必须书面报项目办公室。影响其他单位但不影响主线的计划更改，可以与有关单位协调确定，形成纪要后按新确定的流程执行。影响主线的项目必须充分研究，提交计划流程更改申请单，报请项目经理批准。北斗导航卫星项目群进度补充计划编制流程如图6-17所示。

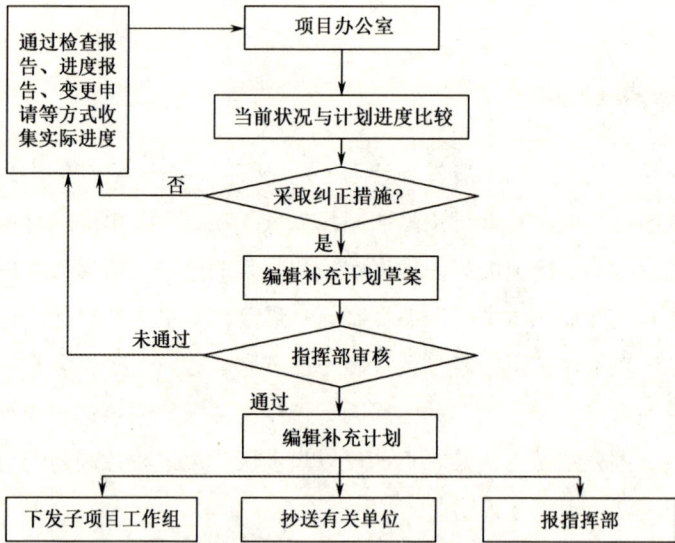

图 6-17 北斗导航卫星项目群进度补充计划编制流程

当进度计划的实际执行情况偏离原定计划时，需要采取纠偏措施。所采用的纠偏措施同时也满足技术指标要求、产品质量、进度和成本偏差最小的要求。

（3）星座系统进度动态控制。在星座系统进度管理中，在不影响研制总目标实现的情况下，单颗卫星的研制进度可能会根据星座整体进度安排进行动态的调整。

6.7.4 经验和体会

项目办公室结合星座系统具有卫星多类型、小批量、并行生产试验、密集发射的研制特点，从计划管理体系、进度计划策划和计划控制等方面开展星座集群卫星研制进度计划管理首次创新实践，在3年时间内创造了14星研制发射成功的成绩，为完成北斗导航卫星星座系统第一阶段的卫星组网任务做出了贡献，星座系统项目进度计划管理首次实践成功也为今后多项目多任务航天器进度计划研制管理积累了经验并提供了参考。通过对工程管理过程的总结，进度管理经验和体会如下：

（1）合理安排和处理进度计划。进度计划目标要明确，以便指导项目顺利进行和资源合理利用，同时要及时获取进度信息并进行反馈，对于项目进程中产生的偏差及时纠正。进度计划安排要有适度的缓冲区间，确保进度计划顺利进行。资源瓶颈是动态变化的，要及时发现变化，及时找到新的关键链，进度控制要严格，进度计划的推迟要有相应的处理手段，必须保留管理的控制权。

（2）时刻对进度进行检查和督促，定期总结进展。为确保计划的顺利实施，各负责人持续不断地对进度进行检查和督促；同时要求各分系统按沟通管理计划每月两次上报工作进展情况，包括项目办公室下达的计划完成情况、存在的问题及解决办法、下一步工作安排等内容。在单机生产阶段，将所有单机信息纳入产品信息数据库进行单机模块化管理，实现生产过程网络化管理；在整星进入AIT及基地发射阶段，实行型号研制信息集成管理，加大分析力度和透明度；依据计划流程体系作为基准计划，通过定期评估会议、阶段评估会议、定期进展报告、项目总结等形式评估、总结、监控项目进展，发现进度偏差。

（3）把握原则，控制进度。牢牢把握"一次设计，集中投产，组批发射"的原则，确保计划的整体性、连续性和协调性。项目群的进度控制较单星具有其复杂性和关联性，因此为确保项目群管理目标的实现，必须基于统一的技术状态，开展一次设计，同时批量集中投产为进度控制提供了重要的窗口期，将进度控制的风险因素降到最低，提高了进度控制的机动性。同时，北斗导航卫星作为一个复杂的项目群管理，又有着与单项目共同的目标导向，因卫星在轨寿命要求，不可能提供更长的发射周期，需要短期内完成项目目标，进而也加大了目标实现的难度，因此北斗导航卫星采用了组批发射的模式，在一次设计、集中投产的基础上，严控质量，用不到3年的时间完成了14颗卫星的组批发射任务，通过科学的进度控制模式，成功实现了项目群管理目标。

（4）充分利用"事前控制""可视化"控制、闭环控制进行进度控制。控制可分为事前控制、事中控制、事后控制，强调事前控制也就是把进度控制工作的中心由传统的"事后纠偏"变为"条件保障"。北斗导航卫星项目群为保障项目顺利进行，充分利用事前控制，将变更在项目进行前和进行时即有效充分控制，以减少事后控制带来的进度推迟和风险增加等不利因素。可视化控制方法是应用图形、图表和表格等形式简洁、直观地表达项目的进展情况、存在的问题、问题的责任单位和责任人、对质量和经费的影响以及解决问题的措施和要求，从而进行有效控制。

北斗导航卫星项目群的进度控制还采取计划与目标结合形式，实行闭环控制，出现偏差时，及时修正，尽可能保证进度按计划稳定实施，确保目标顺利实现。例如初样阶段就充分利用了过程闭环控制，使进度信息环内及时反馈，及时采取措施并检验成果。

（5）充分识别并有效规避风险。北斗导航卫星项目群项目复杂，不可控因素较多，风险管理尤其重要。风险存在于项目群进程的各个阶段，任何一个潜在的风险都可能给项目带来或多或少的损失，包括进度计划的无法按时完成和项目的无法按时交付以及由此引发的其他隐患。因此，制订进度计划要尽可能充分识别项目群进程中可能存在的风险，针对可能风险制定有效规避和控制措施，以及风险发生时的应急措施，并结合 WBS 进行管理。

6.8 项目群合同与费用管理

北斗导航卫星项目群的合同与费用管理是基本的要素管理。在项目管理知识领域中，费用管理属于单独的一个管理范畴，而合同管理的内容则属于采购管理的范畴，依据北斗导航卫星项目群的管理特点以及总包单位的管理体制，在北斗导航卫星项目群管理体系中，将合同与费用管理作为一个要素进行管控。本节主要介绍合同管理实施、费用管理实施、经验和体会等。

6.8.1 合同管理实施

北斗导航卫星项目群实施的顶层合同关系属国家指令性计划合同，中国卫星导航应用管理中心管理总合同和通过审批的年度合同。执行层面的合同由卫星系统的总包单位中国空间技术研究院确定并实施管理，包括根据分包单位的任务情况、年度研制计划、产品价格等而做的分包计划，并依据批准的合同进行分类拨款。

1. 合同管理原则

北斗导航卫星项目群的合同管理执行《中国空间技术研究院合同管理办法》，遵循"谁签约，谁负责""谁承办，谁负责"的原则，实行统一领导、归口管理、分工负责的管理模式。为保证北斗导航卫星项目群顺利实施，在合同管理方面特别强调关注风险，通过严格的程序防范和控制合同风险，并规范合同附件，如项目合作保密协议、法人授权委托书和合同管理台账等。

2. 合同管理程序

（1）合同的订立。包括资信情况和履约能力调查、合同谈判、合同文本起草、重大合同评审、合同报批、授权委托、合同签订等。合同订立遵循平等、公平、协商、诚实信用的原则。合同签订前，合同承办部门应组织调查了解对方的资信情况和履约能力。对方资信状况不明的，不得与其签订合同。合同谈判程序包括谈判预案的准备、预案的审查、技术和商务谈判。

（2）合同的履行和监控。包括合同收付款、合同变更、合同纠纷与合同诉讼、合同验收结算、合同归档、监控等。由合同承办部门根据合同约定的收付款条款及合同执行情况，按照相关财务制度的要求，办理收付款。合同条款需要变更时，由合同承办部门负责，重新履行审批手续；评审或审批完成后，签署变更协议，并在合同归口管理部门备案。合同发生纠纷时，由合同承办部门及时与法律事务管理部门沟通并制定预案，主动协调做好纠纷处理工作。合同各方应协商解决有关纠纷，协商不成需要诉讼解决的，合同承办部门将有关材料移交至法律事务管理部门。

（3）重大合同评审。型号研制过程中涉及的重大合同由合同承办部门组织业务部门评审。依据"三重一大"决策管理的相关规定，依照合同标的、标的额、性质、风险度等因素进行确定。合同承办部门应根据所涉及的业务，组织相关的计划、财务、风险、法律等部门对重大合同进行评审，其中相关项目论证或审批过程中已经按照规定组织过评审并包括合同主要条款的内容，可不再重复组织评审。

重大合同评审前，合同承办部门应完成或组织完成合同评审材料的准备，主要包括：合同的目的、可行性、风险分析及必要的合同背景情况，合同、协议及其附件，签订合同的其他背景资料，如政府许可、合同各方主体资质、中介机构及其报告、双方认可的文件等资料。重大合同评审可采用会议评审和会签评审两种形式，合同承办部门汇总评审意见，形成评审结论。

（4）合同变更控制。型号研制过程中，对于因用户要求更改、其他型号"举一反三"等非承研单位自身原因引起任务变更（型号研制配套及试验配套等变更）导致分承研合同经费发生变更的，按分承研合同变更处理。对于系统级的任务变更，由型号项目办提出变更申请，总体单位审查后报院审定；对于分系统和单机级任务变更，由分系统或单机单位提出变更申请，经型号项目办公室审查后报院审定。根据各单位的变更申请，型号组织变更项目的审定，并组织各承研单位确定变更项目经费。审批后的变更项目经费纳入分承研合同。

3. 合同分类

在北斗导航卫星项目群的组织实施中，从外部获取资源的过程——采购，主要体现在确定合格的承研分包单位、技术合作单位及物资供应的合格供应商等。

北斗导航卫星项目群合同主要包括聘用或劳动用工类合同、本部非法人独立核算单位及其他组织等平等主体之间签订合同、相关设立、变更、终止权利义务关系的协议。依据卫星系统的研制需求和管理重点，北斗导航卫星项目群合同重点管控项目分包和项目采购这两类合同。

（1）项目分包合同。根据任务和技术方案，首先划定卫星工程项目研制阶段和专项工作项目，依据任务和阶段进行工作分解，并形成 WBS，经过两总和项目办公室核实、确认。各研制单位根据任务情况将相应的经费需求上报中国空间技术研究院发展计划部，根据年度研制计划，结合产品价格，参考研制单位上报材料，参与编制年度直接经费计划，形成合同管理的主要内容。与分系统承制单位的合同管理依据《中国空间技术研究院型号项目分承包合同管理实施细则》实施。

（2）项目采购合同。项目采购合同管理分为 6 个阶段：计划填报及必要性审查、合同价格审查、合同谈判、合同审批及签署、合同执行、合同验收。依据上述合同管理流程，共计完成了若干份采购合同的谈判、签署、付款工作，所有合同已执行完毕，并通过了专题审价和审计，结果满足要求。

4. 合同管理中的费用分解结构

项目群费用分解结构（Cost Breakdown Structure，CBS）是根据项目群需要依照预算或成本核算体系建立的一种费用体系，用于对项目群的费用控制。WBS 是基于项目的工艺的分解，用于指导项目的执行，如工程的施工，由各作业的费用依照 WBS 层层汇总可以得到费用的总体，但是这种汇总往往无法满足企业成本核算或者合同费用体系。CBS 的建立正是为了解决这一问题，让项目群更好地控制项目群内各个项目的费用。

北斗导航卫星项目群的费用分解结构如图 6-18 所示，分解后经过两总和项目办公室核实、确认。各研制单位根据任务经费需求报告上报中国空间技术研究院发展计划部，根据年度研制计划、结合产品价格，参考研制单位上报材料，编制年度经费计划。

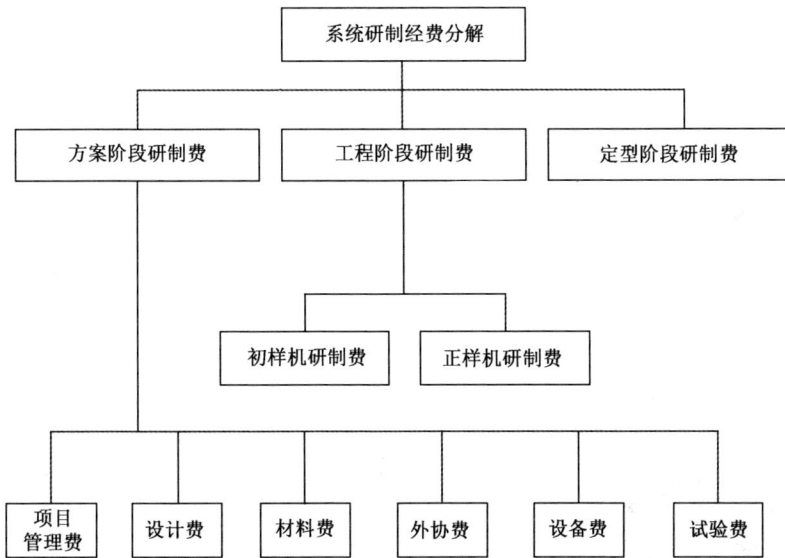

图 6-18　北斗导航卫星项目群的费用分解结构

5. 基于合同管理的项目群监控

广义上讲，监督是指观察过程，而控制是指采取措施保持这一过程或更正错误的过程。相应地，项目群监控需要绩效测评以及提出改正和预防措施的建议，这些建议是根据所测量出的绩效同计划绩效相比的差异报告所提出的。项目群控制则需要实施经过批准的改正和预防措施。

在北斗导航卫星项目群的实施中，开展三个方面的监控：

（1）获取同项目群有关的项目工作的进展和状态信息；

（2）获取并记录各组成项目状况和进展的信息；

（3）监督项目群同项目群管理结构的接口以确保管理信息的清楚和准确。

北斗导航卫星项目群基于合同管理的监控过程如图 6-19 所示。

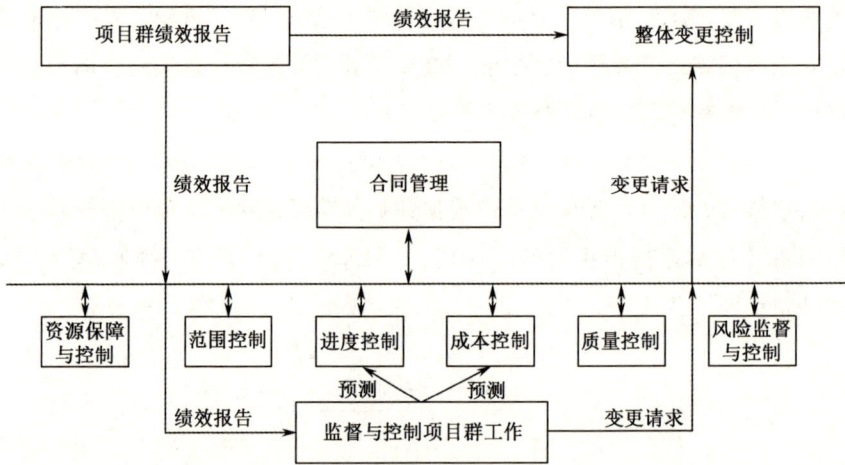

图 6-19　北斗导航卫星项目群基于合同管理的监控过程

监控项目群需要基于合同管理进行活动整合，完成项目群监控，需要完成 4 个过程，即整体变更控制过程、资源保障与控制过程、监控项目群工作过程、问题管理与控制过程，无论是范围进度、成本和质量的控制，都是通过规范、有效的合同执行的。

6.8.2　费用管理实施

北斗导航卫星项目群的研制费用是国家全额拨款，中国空间技术研究院实行全面预算管理，所有型号收支活动均纳入综合计划和预算管理，对项目经费按照项目进度实行预算控制。

1. 费用管理与使用原则

（1）统一管理，分级负责。项目群费用实行统一管理，使用中必须严格按照国家和上级有关费用管理法规执行；综合管理层相关部门、各承研单位按职责对项目群费用管理和使用分级负责。

（2）保证研制，控制成本。项目群费用要保障型号研制任务完成，必须加强型号全周期的整体策划，严格控制成本，加强风险防范，提高项目群经济效益。

（3）落实责任，加强考核。落实相关部门及承研单位在项目群费用管理中的相关责任，建立项目群费用闭环管理的评价和考核机制。

按照上述原则，制定了北斗导航卫星项目群费用管理的总体思路：根据项目群立项批复或市场合同签署情况，通过型号全周期费用策划，确定费用控制指标，与各承研单位（含总体单位）签署分承研合同，各有关部门和承研单位（含总体单位）按费控制指标或分承研合同，在型号全周期内进行管理、控制和使用，型号全周期费用执行情况评价和考核结果纳入各单位经营业绩考核体系。

2. 费用管理流程

（1）在项目群立项论证（投标）阶段，院发展计划部或国际业务部组织财务部、宇航物资保障事业部、总体单位及所属项目办公室、各承研单位进行技术经济论证，完成技术经济论证报告，报院决策后上报用户，并配合用户开展立项工作。

（2）项目群批复立项或签署市场合同后，院发展计划部根据项目群立项情况或市场合同情况，组织财务部、科研生产部、质量技术部、国际业务部、审计与风险管理部、宇航物资保障事业部、总体单位及所属项目办公室、各承研单位开展型号全周期费用策划，各相关业务部门及各单位按职责对费用需求进行预测，配合发展计划部开展全周期费用策划。

（3）发展计划部完成型号全周期费用策划方案的编制，并报院审批。

（4）依据批准后的型号全周期费用策划方案，发展计划部结合型号研制任务分工，组织科研生产部、院办公室、财务部、总体单位及所属项目办公室与各承研单位进行分承研合同谈判，并将谈判结果报院通过后，按照全成本范围完成与各承研单位签署分承研合同，同时向各相关部门下达费用控制指标。

（5）型号项目研制过程中，发展计划部编制型号项目年度费用计划，并将型号项目年度费用计划纳入院综合经营计划进行管理，编制项目群费用月度拨款计划，跟踪检查项目群费用使用情况。

（6）型号项目研制过程中，财务部按照院下达的院本级间接费指标进行策划与控制，并依据项目群经费月度拨款计划拨款。

（7）型号项目研制过程中，各承研单位提出项目群引进元器件和引进原材料采购需求，并上报宇航物资保障事业部，宇航物资保障事业部将需求汇总、整理后，形成引进元器件和引进原材料计划，并实施采购。

（8）型号项目研制过程中，科研生产部负责审查型号全周期科研管理工作策划及投产矩阵、试验矩阵、测试设备配套、技术流程和计划流程，考核各承研单位（含总体单位）计划完成情况，并确认各承研单位（含总体单位）费用拨付节点完成情况。

（9）型号项目研制过程中，质量技术部负责审查和控制单机技术状态，确认与考核各承研单位（含总体单位）质量待办事项、质量问题归零彻底性等工作完成情况。

（10）型号项目研制过程中，纪检监察部负责对项目群费用管理制度执行情况进行监督。

（11）型号项目研制结束后，财务部按要求开展完工结算工作。

（12）型号项目完工结算后，审计与风险管理部组织发展计划部、财务部、科研生产部、宇航物资保障事业部等部门对型号项目研制费用使用情况进行内部审计。

（13）型号项目完工结算和审计后，发展计划部组织财务部、科研生产部、审计与风险管理部、宇航物资保障事业部等部门，编制完成型号全周期费用策划执行总结报告，报院领导审批。

（14）发展计划部组织对型号全周期费用执行情况进行评价与考核，并纳入各单位经营业绩考核体系。

3. 费用阶段性管理

（1）立项论证与启动阶段。在项目群立项论证（投标）阶段，应用技术—经济一体化论证方法，技术方案和技术流程的合理性论证与经济性论证紧密结合的方式保证经济方案与技术方案的可行性。院发展计划、国际业务部组织财务部、物资部、总体单位及项目办公室、各承研单位开展技术经济论证，履行相关决策程序后由院上报用户，形成如《技术经济可行性论证报告》等文件，包括项目群的费用估算。

（2）项目群实施阶段。包括确定项目群分承研合同、确定项目群年度拨款计划、项目群分承研合同经费变更三个环节。

（3）项目群收尾阶段。在项目群结束后，项目办公室将组织合同收尾与验收，督促相关承研单位财务部按要求开展完工结算工作，总包单位审计与风险管理部根据院确定的审计计划组织发展计划部、财务部、科研生产部等部门对型号项目研制费用使用情况进行审计；发展计划部组织财务部、科研生产部、物资部、审计与风险管理部等部门，完成型号全周期经费策划执行总结报告，报院领导审批。发展计划部将型号全周期费用使用情况提交人力资源部，人力资源部按照相关考核办法对各责任部门及单位进行考核并实施奖惩，考核结果纳入院考核体系。

4．费用变更控制

北斗导航卫星项目群每年按计划节点落实经费指标，按照节点完成情况拨付经费，按照研制阶段和年度投资强度进行概算和决算，在转阶段后实施专项审计，保证经费的合理使用。

由于用户项目范围变化（如增加电性星、引进部件国产化试验等）新增需求引起的成本增加，通过追加专项经费，规避项目整体风险。在项目运行过程中，通过对分承包商计划节点完成情况和质量成本损失情况的考核结果进行评估，对分承包商的成本变更申请遵照项目群费用变更流程进行管理（见图 6-20）。

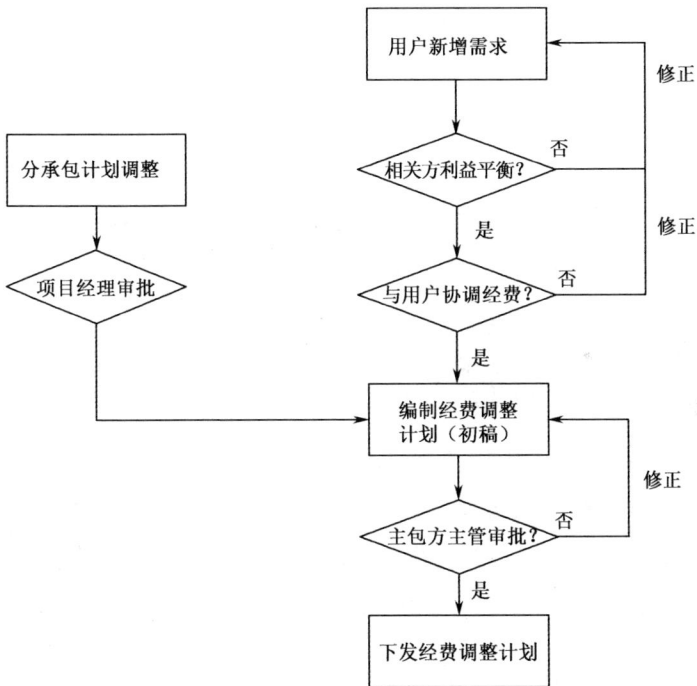

图 6-20　北斗导航卫星项目群费用变更流程

6.8.3　经验和体会

由于北斗导航卫星项目群时间跨度长，在合同管理过程中，合同的管理方式也发生了变化。从 2004 年至 2007 年，北斗导航卫星系统的系统级合同由项目办公室直接管理，随着中国空间技术研究院型号任务的增多，院设立发展计划部，各总体单位也都成立了经营管理部门来规范合同管理工作。中国空间技术研究院外分系统级的合同由发展计划部牵头办理，各总体单位负责单机级的合同办理，规范了中国空间技术研究院合同管理体系，减少了财务、审计的风险。

北斗导航卫星项目群相对于其他航天型号研制的一个显著特点是批产，对于批产化的产品，以上管理方式的转变有利于横向规范价格、压缩成本、降低费用，有利于整体预算的实现，也有利于项目群整体收益的实现。同时，这样更加集中的合同与费用管理体制，使机关职能管理与型号研制项目管理、研制进度和合同执行进度等方面的结合紧密度以及项目办公室对承研单位的约束力需要进一步提升。

在北斗导航卫星项目群合同与费用管理中，获得的主要经验和体会如下：

（1）规范合同管理，有利于项目群的顺利实施。用项目群管理的思路来管理业务和工作，更加关注项目之间的依赖性、不同项目的优先排序问题以及执行项目要实现的组织的战略目标和目的，更加强调资源整合与系统保障以实现整体收益。要顺利完成项目群实施，就要合理执行相应的监控过程，无论是范围还是进度、成本和质量的控制，都是通过规范、有效的合同执行的，监控项目群需要基于有效、规范的合同管理进行系统整合。

（2）通过合理的流程优化与再造，可以很好地保证进度，并能合理节约费用。

（3）实施装备研制全寿命期费用管理是非常重要的方向，这也是目前型号研制管理的一个亟待加强的薄弱环节。全寿命期费用定义与管理技术、装备研制过程中的费用设计技术与挣值分析等方法，能够在费用指标范围内实现装备各种参数的最佳组合，使性能和费用达到最佳平衡。

6.9 项目群沟通管理

北斗导航卫星项目群的复杂性结构给项目群内部、外部的有效沟通带来了一定的难度，在沟通方面的诸多信息干扰因素会给沟通的结果带来不确定性。本节主要介绍沟通管理策划，面向问题解决的项目群沟通管理实施，以及经验和体会等。

6.9.1　沟通管理策划

北斗导航卫星项目群内部、外部的信息交流和沟通活动对北斗导航卫星系统组网目标的顺利实现有着重要影响。通畅的信息交流和有效的沟通活动，有利于项目群成员协同工作，有利于知识的共享，有利于良好组织关系和氛围的形成，有利于项目群的决策。

1.项目相关方分析

为了有效地对项目相关方进行管理，制定相应管理策略，要对项目相关方进行划分。项目相关方可分为外部相关方和内部相关方。对于内部相关方，可以通过管理技能、人际关系技能、团队文化、工作流程等进行管理；对于外部相关方，仅通过柔性管理措施则很难避免风险发生时对项目造成的影响，对于此类相关方则需要通过合同等法律约束来进行管理。

北斗导航卫星项目群的外部项目相关方主要有：

（1）中国卫星导航系统管理办公室：项目出资方的代表。

（2）中国卫星导航应用管理中心：项目的直接用户代表。

（3）中国航天科技集团公司：卫星系统、火箭系统的主管单位。

（4）北斗工程的其他各大系统：与卫星系统存在接口关系，负责各大系统的全周期研制工作的单位。

（5）系统外的合作单位。

北斗导航卫星项目群的内部项目相关方主要有：

（1）中国空间技术研究院：卫星系统的研制单位，关心卫星系统的全周期研制、交付、在轨情况，关心卫星系统经费情况。

（2）中国空间技术研究院职能部门：卫星系统研制的服务保障单位。

（3）导航卫星项目办公室：卫星系统的抓总研制单位，关心卫星系统的全周期研制、交付、在轨情况。

（4）卫星研制单位：负责各自承研产品的研制工作。

由于北斗导航卫星项目群由多项目组成，项目办公室同时支持着多个项目，因此各个项目经理需要通过人际关系来提升 PMO 对于各自项目的重视程度，以获取更多的支持与帮助。综合考虑北斗导航卫星项目群的研制总要求及研制特点，项目利益相关方主要包括：

（1）上级领导关系：中国卫星导航系统管理办公室、中国卫星导航应用管理中心、中国航天科技集团公司。中国卫星导航应用管理中心的目标是快速高质量地建成区域卫星导航系统，为我国军民领域提供服务，关心工程交付、在轨工作、产生的效益；中国卫星导航系统管理办公室的目标是使卫星系统在完成卫星研制任务基础上，花费最少，关心工程的全周期建设、费用使用情况，对项目的实施具有关键作用，关注的是项目群有较高的投资收益率和较低的风险，以及项目成本控制在预算范围之内；中国航天科技集团公司是卫星系统的管理单位，目标是保质保量按时完成卫星研制任务，关心卫星、火箭系统的研制进展和在轨情况。

（2）平行协作关系：指卫星系统与本工程其他 5 大系统的关系，6 大系统各自承担不同的分工责任，但卫星系统是整个工程的核心，其他 5 大系统为卫星系统提供保障条件，其工作的开展需要卫星系统的输入文件，目标是完成整个区域卫星导航系统的建设。

（3）下级关系：主要是卫星系统 8 个分系统和单机设备供应商，目标是保质保量按时、花费最少地完成研制任务。

（4）与中国空间技术研究院其他职能部门关系：卫星系统抓总归口于中国空间技术研究院，导航项目办公室的成员从中国空间技术研究院科技委、发展计划部、物资部、总体部等职能部门抽调，职能部门负责团队成员专业技能的培训，配合项目实施，关心项目质量、工期和成本等，保持和项目的良好合作关系。

（5）其他关系：与大学、科研院所有合作研制新产品、开发新技术的合作关系，关心项目的经费情况、项目的实施等。

2. 沟通信息分类

北斗导航卫星项目群的信息分为 6 类，分别为技术状态控制信息、生产进度和调度信息、质量管理信息、成本经费管理信息、物资管理信息、上下级沟通信息。

（1）技术状态控制信息：强调的是对技术信息的控制，主要内容为北斗导航卫星技术状态变化项目、总体单位内需要解决的技术问题、总体单位与其他分系统承制单位之间传递的技术信息等。

（2）生产进度和调度信息：是指北斗导航卫星工作进展情况和工作计划调整、突发事件处理的组织安排及短线工作调度等信息。

（3）质量管理信息：包括研制过程中质量工作进展情况、验收中不合格项、新颁布的质量管理要求、质量问题归零通知、出现质量问题的汇总、其他型号质量问题的举一反三等信息。

（4）成本经费管理信息：是指因成本基准计划、计划进度和变更申请等进行请款和拨款的信息。每年年初由计划助理整理直接经费需求，经项目责任人审查后，报经营发展处汇总，并由经营发展处统一上报。上级（院计划发展部）批准后，经营发展部负责下发文件给项目办公室，项目办公室根据下发的计划执行。完成年度计划后由项目办公室完成归档。

（5）物资管理信息：是指元器件、原材料需求，目录外元器件报批、元器件质量问题信息传递，由设计师提出元器件、原材料需求，计划助理负责审核，项目责任人审批。产品保证经理转发元器件质量问题信息给各有关单位，完成后由项目办公室归档。

（6）上下级沟通信息：上下级综合信息交流、与各层次领导沟通。

3. 信息流向

北斗导航卫星项目立项后，卫星系统以导航卫星项目办公室为核心，分析了卫星系统与外界的信息传递关系，建立了北斗导航卫星系统级信息流向图（见图6-21）。

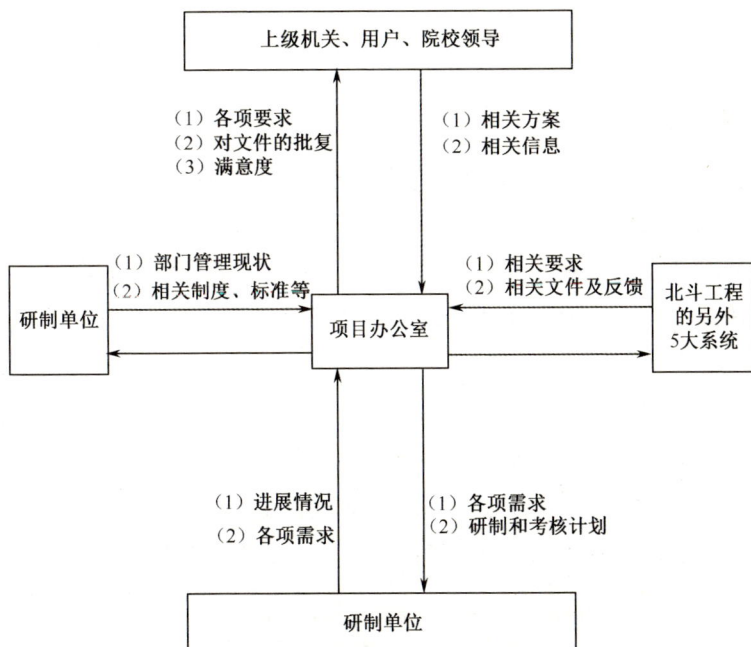

图 6-21　北斗导航卫星系统级信息流向图

4. 沟通管理计划

项目启动后，项目办公室开展项目信息与沟通管理策划，制订有关计划，建立信息传递体系，明确信息种类、沟通原则、方式、频率、对象、程序、渠道等内容，形成以下主要文件：

（1）《项目信息与沟通管理计划》；

（2）《信息传递矩阵表》。

北斗导航卫星研制过程的沟通管理上，结合卫星研制的历史经验，做好有关人员的信息需求、制订好沟通管理计划，坚持型号工作会、工程总师例会、专题协调会、综合调度会、专题调度会、责任人例会、周调度例会制度，并充分利用项目管理信息系统、研制情况记录、综合信息月报、变更申请等方式和研制一线人员的沟通，利用研制情况报告、综合信息月报、顾客满意度调查、大总体协调会等方式进行与上级领导的沟通。

在信息沟通过程中，常用的方式方法主要有会议沟通、电话沟通、书面沟通、数据信息沟通、信息沟通管理系统。

6.9.2 沟通管理实施

1. 问题解决机制

任何工程实施都会始终伴随着各种问题，在北斗导航卫星项目群实施中最典型的问题是多目标的协调、资源的冲突与平衡、风险的控制等，具体的如单星级、系统级和星座级目标的协调问题，范围、质量与进度、费用等的矛盾冲突问题，批产中的状态一致性问题，保持队伍长期稳定运行的激励问题，等等。为更好地协调项目群进展，确保总体目标的顺利实现，北斗导航卫星项目群管理确定了项目群问题解决策略，如图 6-22 所示。

2. 沟通机制

在沟通机制方面，北斗导航卫星项目群管理以计划为牵引，确定项目群管理的主要阶段和关键工作，确立审查点，如图 6-23 所示，沟通的目的是确保项目群各阶段、各子项目的交付物顺利实现，并确保项目群的整体收益。

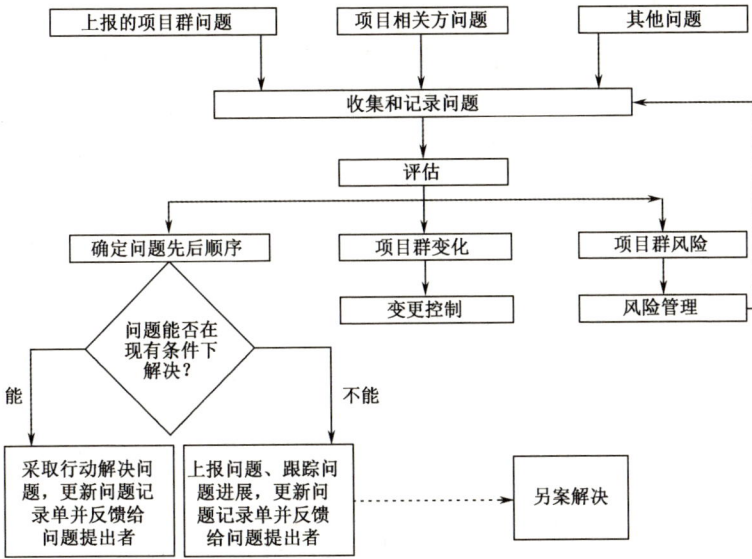

图 6-22 北斗导航卫星项目群的问题解决策略

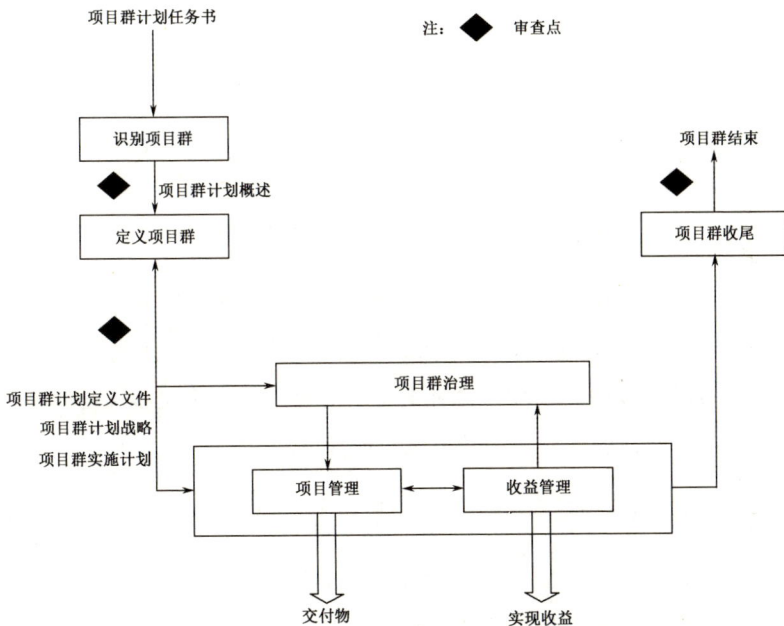

图 6-23 北斗导航卫星项目群管理的主要阶段

在北斗导航卫星项目群实施中，特别强调了计划流程与技术流程的协调，在管理上采用统一的项目管理工具和方法。图 6-24 给出了项目群管理构件及其关系。

北斗导航卫星项目群管理团队和各子项目团队及时形成项目管理文档，每月进行进展汇报，每季度进行综合协调。监督由北斗导航卫星项目办公室进行阶段性检查，控制主要依据中国空间技术研究院的质量管理体系、项目管理程序及北斗导航卫星项目群章程。

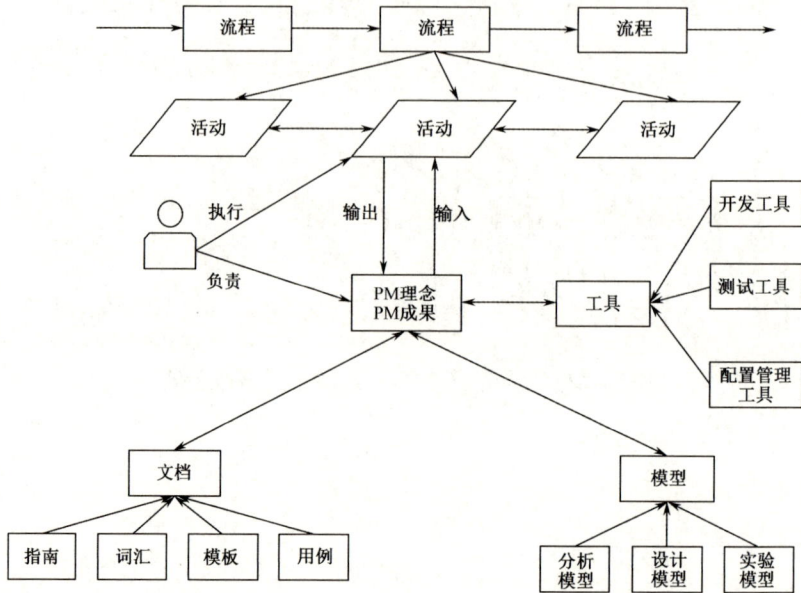

图 6-24　项目群管理构件及其关系

项目进展报告是用于描述项目进展情况和取得的成果，传递项目执行绩效的汇总报告。通过项目进展报告，可以明确项目按照进度计划已经到达的阶段，项目已按时完成的活动和未按时完成的活动，已完成的项目活动对项目资源的使用情况，原定的项目目标是否已经达到等。

3. 具体的沟通措施

（1）加强项目群信息管理系统体系建设，完善了沟通管理信息系统。依托院网络平台和项目管理软件，将项目有关技术、计划、质量、综合等管理信息纳入信息管理系统体系，规范项目管理。沟通管理信息系统通过收集、存储及分析项目实施过程中的有关数据辅助项目管理人员及决策者规划、决策和检查，其核心是对工程项目中的进度、费用、质量目标等的规划与控制。这是一种将各种管理职能和管理组织沟通起来并协调一致的神经系统。建立信息沟通管理信息系统，并使它顺利地运行，是项目管理者的责任，也是完成项目管理任务的前提。

北斗导航卫星已经建成的平台有：航天集团建立的 Avidm 系统，作为技术文件审签、外发、归档的工具；IDS 数据库，作为整星接口数据单的签署工具；科研生产管理系统，作为计划、进度与任务的管理沟通工具；风险管理系统；质量快报系统；等等。由于研制队伍相对年轻化，工程经验不足，应组织人员培训，强化对项目研制人员的培训和各类标准规范的宣贯，熟悉各种信息的规范格式，提高文件质量。

（2）定期调度例会制度。为了及时对信息进行综合分析，与各相关单位保持快速沟通联系，以便及时解决存在的问题，导航项目办公室建立了定期综合调度例会制度作为各层次综合信息面对面交流的主要手段。会议由项目办公室组织，各相关单位参加，根据事先准备的会议材料，由各研制单位汇报进展情况，现场协调解决研制中的技术、进度和质量等问题，最后形成会议纪要，明确解决措施和各利益相关者待办事项。加强待办事项闭环管理。对各类信息分别由相关责任人建立进度、质量、综合信息待办事项表，形成项目办公室待办事项闭环管理体系，实时对信息的处理进行督办。

（3）建立总结制度。在项目总体及分系统研制阶段结束、总装阶段结束、电测阶段结束、环境试验阶段结束、出厂前、发射场加注前、发射后及在轨运行中都应按照项目绩效报告的格式完成阶段性总结报告，对取得的经验和需要改进的不足进行归纳总结，以便对项目进行全面评估和为后续工作提供借鉴。

在沟通方面，卫星发射在轨后，卫星系统为分析数据需要从用户单位获得业务遥测、工程遥测数据信息。这些信息通常数据量很大，分为实时传输、事后传输两类。对于业务遥测数据，均采用刻录光盘、由专人送至的传输方式。对于工程遥测数据，北斗导航卫星依托航天数据网可以在 TCP/IP 网络上建立传输双方的点对点传输通道，直接通过网络传输。新的传输方式更加便捷，同时数据的完整性、正确性也可以得到保证。这些方式既适应了高密度研制、发射的新需求，又使传输通道的构建更加灵活，能够充分利用网络的便利性。

6.9.3 经验和体会

北斗导航卫星项目群管理中协作单位众多，系统非常复杂，信息来源广泛，如何规避传统沟通手段方法的单一、时效性差、信息滞后等问题是摆在管理人员面前的头等重要问题。经过不断探索和实践，北斗导航卫星项目群在信息沟通方面积累了一些经验和体会，并向较为成熟的信息沟通管理模式迈进。

（1）组织的扁平化更适于信息沟通。组织结构的扁平化，能够影响信息的传递效率及信息沟通的有效性，因此对于组织结构的设置应该尽量采用有利于组织沟通的模式。北斗导航卫星无论是在国家层次、大总体层次还是在系统层次，均设立有专门的卫星导航管理部门，其主要任务在于协调各参与方之间的关系和信息沟通，保障各方的利益和目标实现。卫星导航管理部门的设立有利于减少信息传递的层级，从而减少信息在层层传递过程中所引起的信息失真及信息扭曲，并能够保证信息在有效的时间范围内发送到所需要信息的人的手中，避免由于组织结构的管理层级过多所造成的信息传递延误而带来的损失。

（2）多层次沟通模式的构建有助于管理。在一个项目环境里，团队成员通常依靠或者仅局限于某种沟通方式，事实上选择其他方式可能会更加合适、更有说服力并且更加有效。多层次的沟通模式构建有助于北斗导航卫星的管理。北斗导航卫星针对不同需要提供不同的媒介，为项目团队建立了一个多层次的信息沟通系统，有助于解决紧急程度、重要程度不同的问题，大大提高了工作效率，并且有助于在参与人员之间建立更密切、更持久、更和谐的工作伙伴关系。

如果远距离沟通相对不是很重要的问题，则必须借助一个媒介来传递信息，如电话沟通、中国卫星导航系统管理办公室内部开发的文电系统沟通等。当需要知识共享时，则要用文件的传递来进行沟通。当需要处理微妙的人际关系或传递复杂信息时，则要借助会议来进行，这不是最节约时间的，却是最有效的方式。这是因为，在某个沟通方式里包含的非言语的沟通系统越多，使用者之间的沟通就越直接。换句话说，一个沟通方式越接近面对面沟通，其信息沟通也就越丰富。因此，会议的信息比电话更丰富，而电话则比即时信息更丰富，即时信息比电子邮件更丰富。此时，系统权衡使用某种沟通方式的成本和其信息沟通的丰富程度非常重要。如果试图把每个事项都安排在总师办公会或专家组会议解决，其代价将会太高，不利于操作；完全依靠电子邮件则会造成混乱且疏远关系。有鉴于此，北斗导航卫星一直致力于采取一个平衡的沟通计划：不同层次的会议、电话通知、文件共享直到信息管理平台，这是非常有益的尝试。

（3）营造鼓励风险沟通的团队文化。优秀的组织文化能够促进信息的沟通，有效的信息沟通有助于组织内部的成员之间、组织与组织之间建立起稳固的联系，并进一步传播组织文化。在工程研制建设运行过程中，由于一些项目团队成员担心进行信息沟通的行为可能会影响报酬和人际关系，所以对信息沟通和知识共享会产生消极的态度，甚至产生敌对态度。这就要求组织从文化和观念上进行根本性的转变。高层管理者应该负起支持和推动风险管理工作的责任，把有效的信息沟通成果纳入绩效考核的工作中，让成员能够积极地参与信息沟通。因此，组织可以从塑造利于沟通的项目文化和塑造提供沟通机会的组织文化这两个方面营造鼓励风险沟通的团队文化。

6.10　项目群风险管理

北斗导航卫星项目群风险管理是要素管理的重要组成部分，也是北斗导航卫星项目群各项目相关方关注的重点。由于北斗导航卫星项目群不确定因素多，是一个高风险项目，做好风险管理，对于保证项目群星座目标的实现具有重要的意义。本节主要讲述北斗导航卫星项目群风险管理的体系和组织，项目群风险规划、识别、分析、应对、监控的管理过程，经验和体会等。

6.10.1　风险管理体系和组织

风险管理是项目管理的重要组成部分，贯穿于北斗导航卫星研制过程的所有阶段，研制全寿命期内所有阶段都需要不断地识别风险，并制定应对风险的策略和实施措施，同时确保这些措施的有效性，这就要求必须建立健全风险管理体系。北斗导航卫星项目风险管理体系由风险管理主体、风险管理过程、风险管理规范及风险管理文化四大要素组成，如图 6-25 所示。

项目办公室针对卫星批产的特点，提出了"定位好快省，追求零缺陷"的管理目标，在风险管理体系上实行风险管理三级责任制，即项目办公室/总体、分系统及产品承制责任单位，三级责任主体分别建立风险管理机构，型号总指挥为型号风险管理工作的第一责任人，组织开展本型号的各项风险管理工作。北斗导航卫星风险管理组织结构如图 6-26 所示。

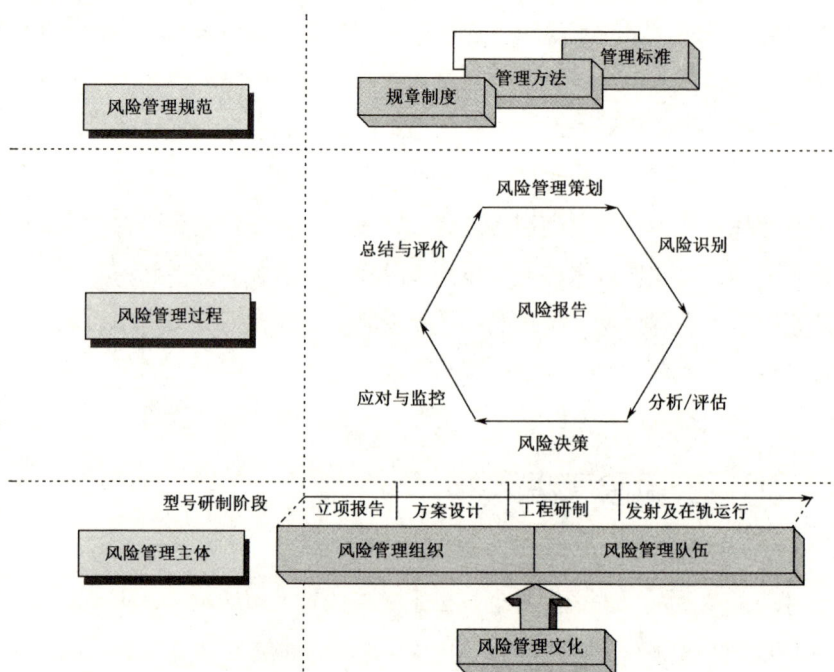

图 6-25　北斗导航卫星项目风险管理体系

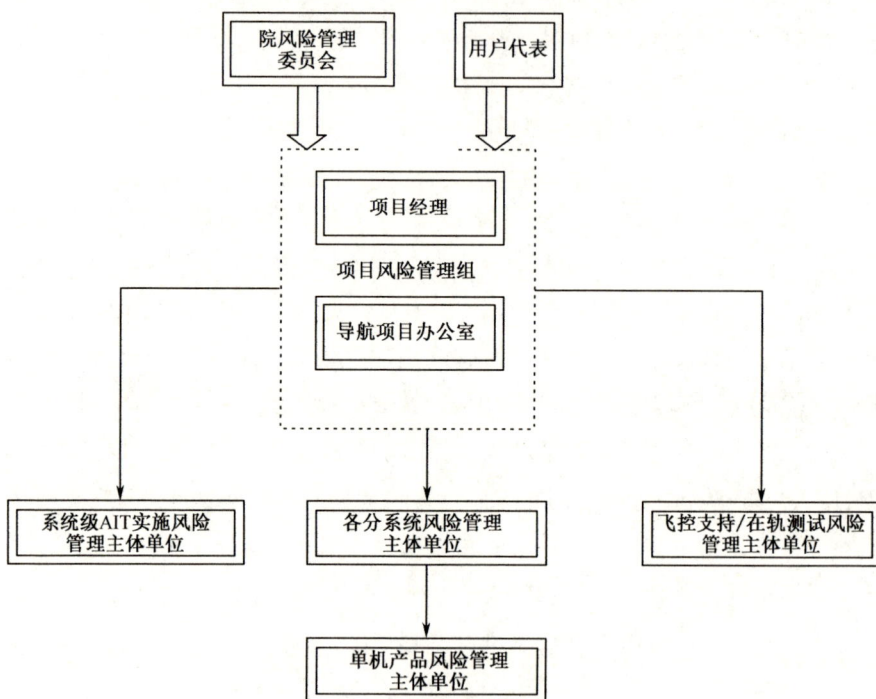

图 6-26　北斗导航卫星风险管理组织结构

针对导航型号行政、技术、成本和质量四条线，项目办公室成立型号风险管理组，由熟悉和负责工程技术、可靠性保证、技术状态管理、综合保障及项目管理的专家及骨干组成，明确责任，明晰接口，明白流程，切实制定顶层风险策划，并对型号风险管理工作开展中的重大问题进行管理和决策。针对批产卫星研制过程中的重大问题实行"三个到位"制度，对问题的风险进行综合评估，对重大共性问题要信息传达到位，措施落实到位，举一反三执行到位，确保将重大问题产生的风险降到最低。

总体、分系统、单机产品承制单位为风险管理主体单位，负责为其分管范围内的风险管理提供保障支持及应对风险所需资源发生冲突时的综合协调，完成风险管理规章制度制定、实施，风险管理策划、指导、监督、检查和信息沟通，对风险事件组织进行应急处理。

通过风险管理体系的初步建设，能够从上到下形成合力，把风险管理观念和行为转化成一种自发的行动，形成导航风险管理文化，树立风险管理理念，培养风险管理的意识。项目风险管理团队的主要职责是对型号研制过程中的风险进行识别与控制。在卫星初样研制阶段，为有效地进行研制全过程的风险管理工作，建立了北斗导航卫星项目群风险管理组织机构，明确其岗位、职责和决策权等级。风险管理组织的职责主要有以下几点：

（1）确定风险事件的定义，制定风险事件评分和解释办法；

（2）对输入信息进行整理和分析，召集风险事件相关负责人进行讨论，对各种事件进行风险事件定性判断，确定风险等级，对有关风险事件进行定量分析；

（3）对达到风险等级的事件确立风险应对措施并进行书面报告，列入项目研制计划或更改项目研制计划；

（4）对风险进行监督和控制。

项目群风险管理的组织也是一个动态管理的过程，在方案阶段建立了风险管理组织，经过 3 年的工作，在初样阶段风险管理取得了很好的成效。在卫星进入正样研制阶段后，为了更加系统有效地开展风险管理工作，根据型号进展情况，将风险管理组织进行相应的调整，更加明确了各自的责任。同时，多年的航天卫星研制实践表明，许多风险问题的发生都是因为有章不循，再好的制度不执行或执行变了样，都是没用的。因此，在北斗导航卫星项目群风险管理的实践中，从组织管理层面采取了以下措施：

（1）型号两总要对中国航天科技集团公司有关风险管理的规范和要求深入

学习，理解到位。许多总师总认为自己是管技术的，只要抓好技术就行了，对风险管理相关规范和要求的学习和贯彻有时表现出不得力，通过强化教育，使大家认清航天型号风险管理对约束航天产品设计、生产行为，确保型号质量和可靠性具有重要的现实意义。

（2）向下延伸。让所有型号队伍人员都理解、掌握航天型号风险管理规范和要求，保证执行到位。

（3）严格要求。两总深入一线，与一线人员共同关注风险点并制定相应的控制措施。

（4）眼见为实。通过对实物和产品数据包的检查，落实风险控制措施的执行情况。

6.10.2 项目群风险规划

1. 确定项目群风险管理目标

北斗导航卫星项目群风险管理的目标是：应用项目风险管理方法和技术，结合卫星研制计划和技术流程，通过专家面谈、假设条件、技术分析等各种风险识别的方法，全面识别卫星研制过程中的各类风险；通过定性分析和定量分析对各类风险进行分析，确定风险的影响等级和发生概率，编制风险事件列表，制定风险应对措施；在研制的日常工作中，积极进行风险的监控和应对措施的落实，使卫星发射前影响进度、质量、成本目标的风险得到规避，残余风险大总体或用户可以接受，卫星飞行出现故障时有有效的风险应对措施。

2. 确定项目群风险控制重点

北斗导航卫星项目群风险管理在确定管理目标的基础上，从卫星研制的各个阶段，确定项目群风险控制的重点。

（1）论证阶段：列举研制过程中可能出现的进度、技术、成本、人员、物资保障和外部风险，并进行分析，论证解决的可行性（技术、进度、成本、组织或人员），找出解决各种风险的途径。

（2）方案阶段：通过分析不同方案的风险来优选确定技术方案，制定全寿命风险管理目标，成立风险管理组织，识别全寿命期内的各种风险，提出应对措施，形成全寿命的风险管理计划，作为指导型号全寿命期风险管理的依据性文件。

（3）初样阶段：在技术上主要是进行各种验证性试验，以降低正样生产和发射飞行阶段的风险。在进度和成本上要跟踪和监测进展数据，进行绩效测量，利用挣值分析法找出进度和成本上的问题，采取一定的纠偏措施，降低风险。

（4）正样阶段：要进一步识别风险，特别是要定期和定环节对成本和进度进行分析，识别出影响进度和成本的风险，采取有效措施，降低风险。在技术风险上，重点是生产中落实方案阶段和初样阶段已经提出的降低风险的措施，详细制定发射和运行阶段的风险（故障）预案。在研制过程中发现可能出现风险的隐患时，对隐患进行处理，以防止风险的产生。出现风险时，采取措施进行处理。

（5）发射和天上运行阶段：主要进行星上数据的监测和分析，出现故障时按照规定程序和预案进行处理。

（6）收尾阶段：要对风险管理进行全面的总结，包括取得的经验和教训，为以后本系列研制队伍持续改进奠定基础，也为其他型号的风险管理提供借鉴。

3. 确定项目群风险管理流程

导航卫星对研制风险的控制主要是通过里程碑决策来实施的。所谓里程碑决策，是指在装备研制的关键性转移点，决策机关根据各个里程碑节点必须满足的要求和相关评价准则，通过"通过或不通过"的决策来实施对项目的控制。项目办公室在一般情况下，从两个方面进行考虑：一是从风险控制角度，根据风险事件发生的时间先后进行控制；二是在项目实施中，对某些风险事件完全可以通过时间上的合理安排，大大降低其发生的概率或减少其可能带来的后果。

型号研制的渐进性决定了风险管理的阶段性，也就决定了里程碑决策对控制风险的有效性。为保证风险控制的动态有效，每一环节进行进度的动态评估，对分析出的短线项目进行前馈控制；对影响进度的短线或出现的质量问题进行反馈控制，编制专题计划，关键短线成立专题小组。研制过程强调对所有研制环节每周之间都要得到详细的评估，评估的结果形成系统研制中关键短线清单和可能造成的风险（影响时间），对所有关键短线项目均以专题计划的方式严格控制（部分项目按小时安排计划）；及时调整系统网络计划，避免或减少单项任务的失败对整体目标实现的影响，使研制风险能够及时得到识别、量化分析和有效的控制；发射场实施阶段每天召开班会后，评估当天的任务完成情况。定期定环节进行系统动态风险分析，对评估出来的进度、质量、技术和成本风险采取应对措施，对进度进行精细管理，对信息进行规范化管理，对可靠性、安全性进行专项管理。导航卫星系统风险管理流程如图 6-27 所示。

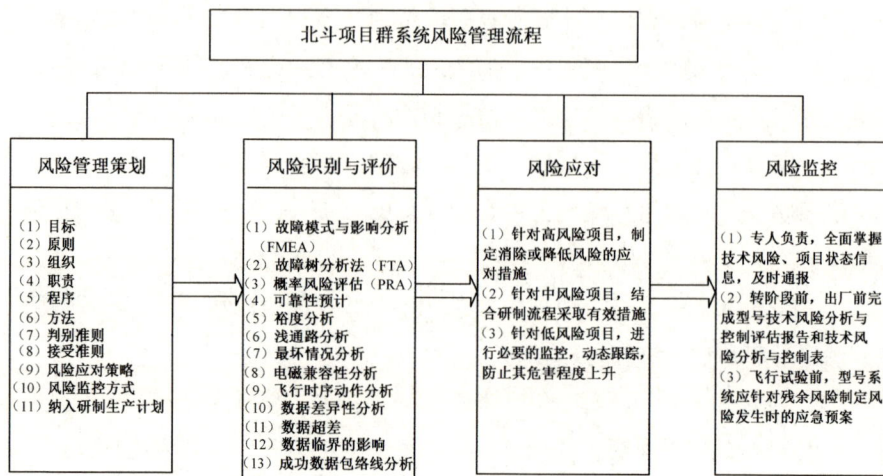

图 6-27 导航卫星系统风险管理流程

4. 制订项目群风险管理计划

风险管理计划是风险管理的导航图，告诉项目管理组织，项目怎样从当前所处的状态到达所希望的未来状态。做好风险管理计划，关键是要掌握必要的信息，使项目组织能够了解目标、目的和项目风险管理过程。

北斗导航卫星项目群风险管理计划内容主要包括以下方面：

（1）方法：确定项目群风险管理使用的方法、工具和数据资源，这些内容可随项目阶段及风险评估情况做适当的调整。

（2）人员：明确风险管理活动中领导者、支持者及参与者的角色定位、任务分工及其各自的责任、能力要求。个人管理风险的能力各不相同，但为了有效地管理风险，项目管理人员必须具备一定的管理能力和技术水平。

（3）时间周期：界定项目生命周期中风险管理过程的各运行阶段及过程评价、控制和变更的周期或频率。

（4）类型级别及说明：定义并说明风险评估和风险量化的类型级别。明确的定义和说明对于防止决策滞后和保证过程连续是很重要的。

（5）基准：明确定义由谁以何种方式采取风险应对行动。合理的定义可作为基准衡量项目团队实施风险应对计划的有效性，并避免发生项目业主方与项目承担方对该内容理解的二义性。

（6）汇报形式：规定风险管理各过程中应汇报或沟通的内容、范围、渠道及方式。汇报与沟通应包括项目团队内部之间的沟通及项目外部与投资方等项目相关者之间的沟通。

（7）跟踪：规定如何以文档的方式记录项目过程中风险及风险管理的过程，风险管理文档可有效用于对当前项目的管理、项目的监控、经验教训的总结及日后项目的指导等。

6.10.3　项目群风险识别

项目群风险管理的首要任务就是做好风险的识别。北斗导航卫星风险管理团队采用的风险识别方法如图 6-28 所示。其主要目的是分析项目中有哪些潜在的风险因素，这些风险因素会引起什么风险，这些风险的严重程度如何。简单地说，项目风险预测和识别就是要找出风险所在和引起风险的主要因素，并对其后果作出定性的估计。

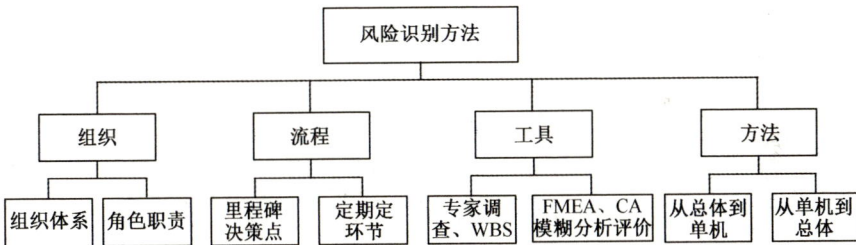

图 6-28　风险识别方法

在具体实施过程中采用了流程图法、检查表法、专家调研法、历史记录统计法、FMEA 法等。实例说明如下：

（1）流程图法：项目风险团队在研制开始，根据技术流程制订了全项目周期的研制计划流程。以时间为横坐标，以16颗单星研制计划流程为纵坐标，采用流程图的方式将整个型号研制任务进行了对比。在不考虑外部因素的情况下，识别出不同时间段下人力资源冲突、试验资源冲突等情况。

（2）检查表法：在研制过程中，项目风险控制团队充分总结了其他型号研制经验，将可能发生的许多潜在风险列于一个表上，供识别人员进行检查核对，用来判别型号是否存在表中所列或类似的风险，并采用"年策划、月迭代"的方式，及时进行更新。

（3）专家调研法：在型号转入正样研制前，项目办公室通过分析认为在正样产品研制过程中产品生产的工艺稳定性将直接影响到后续批产研制任务。组织专家对所有参研单位进行了工艺专题检查，识别出工艺、制造风险近100项。

（4）历史记录统计法：型号在研制过程中针对其他同平台卫星发生的质量问题进行了详细统计，形成了产品保证分析报告。对经常发生质量问题的单机进行了列表，在产品研制过程中作为重点单机进行关注。

（5）FMEA法：型号研制过程中，卫星总装是系统级的关键环节。为此，项目办公室组织总体总装人员、总环工艺人员等针对总装过程，开展了FMEA分析，共分析了59个过程，100个故障模式，根据风险顺序数（RPN）进行管理。

（6）多种分析方法的综合使用：以北斗导航MEO卫星一箭双星为例，项目办公室组织研制团队组合分析了任务特点，对比了与IGSO卫星任务的差别，再结合中国航天科技集团公司下发的天科宇〔2011〕34号文《关于发布"宇航型号技术风险分析与控制要求（2011版）"的通知》的要求，利用多种分析方法，从系统级关键特性、AIT过程关键特性、分系统及单机级关键特性等多个方面入手，梳理出从发射场总装至飞控过程的14个风险点，作为重点控制项目。

风险的识别很重要的一项就是风险的迭代，在不同阶段根据任务的侧重点不同，对本阶段的风险进行识别，这需要项目研制团队有着很高的敏感性。不能盲目相信以往的经验，两总系统要始终保持高度的警惕性，充分识别技术与管理上的风险，这样才能做好风险的管理工作。

6.10.4　项目群风险分析

对北斗导航卫星科研生产过程中不同阶段、不同层级的风险进行分析。

导航卫星研制项目中，涉及的元器件总量非常高，按照单星9万只计算，总量在100万只以上。故障模式纷繁复杂，除单星故障模式外，还有星座故障模式。为此项目办公室在风险评估方法方面，主要采用失效模式、影响与致命度分析（FMECA）、故障树分析（FTA）、事件树分析（ETA）、原因—后果分析等多种方法。型号研制项目的风险评估过程中，将这些方法结合应用，或在一种方法中体现，如 PRA 等。

对项目风险进行评估是处置风险的前提，是制订和实施风险处置计划的科学根据，因此一定要对风险发生的概率及其后果作出尽量准确的定量估计，但由于历史资料的不完整、项目的复杂性、环境的多变性及人们认识的局限性都会使人们在评估和分析项目风险时出现一些偏差，导航项目办公室在研制过程中对风险的评估是一个逐步纠偏的过程。

风险分析分为定性分析和定量分析。

（1）定性分析。定性分析是采用专家判断法、头脑风暴法、核对表法、类推法和面谈法等方法，对项目全过程中潜在的风险因素进行预测和识别，列出所有与项目相关的过程、客户及存在的问题。预测和识别时，着重回答的问题：项目中有哪些潜在的风险因素？这些风险因素会引起什么风险？这些风险的严重程度如何？

评估所有的风险，要在不同的甚至常常相互竞争的目标之间进行权衡，对不希望的事件要估计其严重性和发生的可能性，要反复对减缓风险的各种方法作出估计，并将得到的估计结果和风险趋势用于优化可利用的资源。

在风险评估过程中产生并整理可用的风险信息，以便促进风险的沟通和管理决策，风险评估和风险降低的后果及残余的风险要向项目团队通报以便了解和跟踪。

（2）定量分析。经过定量分析后，形成风险事件汇总表。北斗导航卫星在进行风险定量分析时，主要考虑三个因素来决定风险的重要值：一是风险发生的概率；二是风险如果发生对项目影响的严重程度；三是是否可以在风险发生之前监测到它。

通过风险定量分析，明确风险等级，对风险事件进行分级管理，其中对于风险综合评估值大于 10 的风险事件由项目办公室直接负责。其他风险事件由风险管理组明确相关设计师进行跟踪管理。对于航天器项目，风险事件的负面后果主要分为进度拖延（C_1）、成本与费用增加（C_2）、质量技术指标减低（C_3）三个维度，因此对这三个维度负面后果的赋值采用 5 级标度，具体赋值规则见表 6-4。

表 6-4　风险影响评级标准

项目目标	非常小（1）	较小（2）	中等（3）	较大（4）	非常大（5）
成本	不明显的成本增加	成本增加小于5%	成本增加介于5%～10%	成本增加介于10%～20%	成本增加大于20%
进度	不明显的进度拖延	进度拖延小于5%	整体进度拖延5%～10%	整体进度拖延10%～20%	整体进度拖延大于20%
质量/技术指标	质量降低几乎感觉不到	技术指标的次要部分受到影响	技术指标的主要部分受到影响	技术指标的超标不被大总体接受	技术指标超标不能发射

6.10.5　项目群风险应对

卫星系统风险管理遵循"系统策划，识别全面，分析准确，措施有效，风险受控"的原则，明确各级责任，配备必要的资源，并充分发挥专业机构和同行专家的作用，按照策划、识别与评价、应对、监控的步骤，开展各阶段的技术风险分析与控制工作，并在型号研制各阶段迭代进行。风险管理过程是一个动态的过程，需采用主动控制的方法和工作，将风险降低或规避。

制订风险应对计划，风险分析完成后制订风险管理计划。

6.10.6　项目群风险监控

根据定量分析后的风险事件列表，可以认为项目整体风险水平是可以接受的。虽然有了风险应对措施计划，但并不等于风险可以完全避免。卫星研制过程中，各种因素影响度是不断变化的，很难准确评估；同时，随机性、相对性和可变性使风险在项目生命期的不同阶段有不同的表现。因此，在项目全过程中，风险管理计划不可能一成不变，我们必须实行动态的管理和调整，随时监控已识别的风险，继续查寻未出现的新风险，贯彻全程的"识别、分析、控制、监控、调整"循环，把风险滚动管理进行到卫星研制工作全面完成。

加强跟踪识别的风险，识别剩余风险和出现的风险，修改风险管理计划，保证风险计划的实施，并及时评估降低风险的效果。对风险规避方法（包括减轻、预防、转移、回避、自留和后备措施），按各风险事件的不同特点分别灵活运用，尽量避免和减少损失，将威胁转化为机会，从而保证项目目标的实现（见图6-29）。

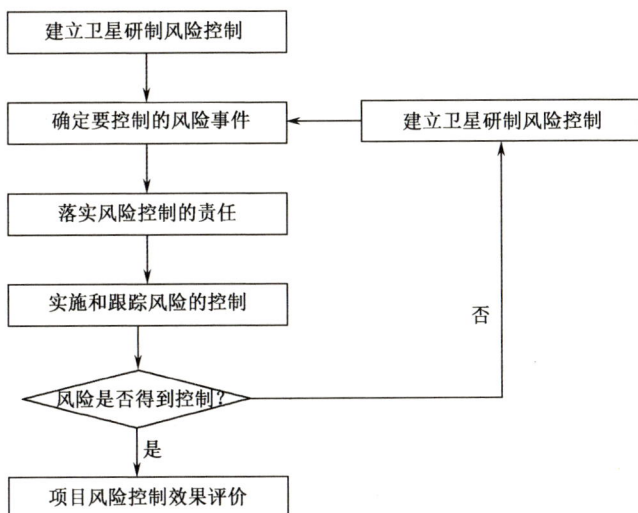

图 6-29　控制风险流程

项目研制现场出现风险问题或事故后，项目办公室在第一时间组织相关责任人和责任部门召开专题协调会，分析问题产生的原因、明确问题后续应对方案、制订专题控制计划、落实各项保障条件，确保问题或事故能够按计划解决。同时，分析事故对系统计划的影响，优化流程，做好计划纠偏，将事故对系统计划的影响降为最小。

根据卫星研制大型试验及阶段工作项目、工作分解和研制计划流程、研制技术流程，结合历史经验和信息，确定预知风险。根据研制过程中技术状态、技术流程变更申请、调度会会议纪要、质量管理人员的验收记录、进度节点完成情况、短线项目的计划安排和实施情况、可靠性安全性工作情况、关键子项目的设计方案、研制过程中的工作协调会议记录、项目进展报告、各阶段设计研试文件及研制总结报告，以及其他所能获取的输入信息进行风险监控。

6.10.7　经验和体会

在北斗导航卫星项目群风险管理中，获得的经验和体会有以下几点：

（1）坚持精细化管理，确保风险控制到位。产品研制单位结合产品的特点，通过对产品技术要求、用户要求、产品保证大纲要求进行系统梳理，深入开展产品的故障模式及影响分析等可靠性设计分析和测试分析工作，识别对产品最终质量与可靠性有决定影响的关键项目和关键环节等特性，制定规避和控制风险的措施。

（2）基于三类特性分析的产品，实现全过程风险控制。宇航型号风险控制贯穿在产品实现的全过程，在起始阶段开展总体策划、系统分析、制定措施。产品研制单位结合产品的特点，通过对产品技术要求、用户要求、产品保证大纲要求进行系统梳理，深入开展产品的故障模式及影响分析等可靠性设计分析和测试分析工作，特别是针对"九新"等进行深入的分析，识别对产品最终质量与可靠性有决定影响的关键项目和关键环节等三类关键特性，制定规避和控制风险的措施。

（3）针对关键环节进行量化控制，确保风险管理全面有效。量化控制是航天型号系统工程过程成熟度的重要标志，北斗导航卫星项目在技术过程和管理过程中不断推行量化控制工作来确保风险管理全面有效。技术过程量化控制重点是对识别出的关键环节实施定量化、数据化的控制，包括设计的量化、工艺的量化、生产过程控制的量化和交付后操作使用的量化等方面。管理过程量化控制重点是对管理目标进行量化分解，管理过程进行量化分析、纠偏，管理结果进行量化记录，重点开展型号和产品计划进度管理的量化、质量管理的量化、风险管理的量化、产品体系管理的量化等方面的工作。量化控制工作覆盖型号和产品研制全过程，承担任务的各个单位（含外协）对承制型号和产品的关键环节风险进行量化控制。

随着智能时代的到来，军地协同项目的发展空间更加广阔，以大数据、云计算、人工智能、区块链、量子技术为代表的智能时代的新技术必将运用在新一代的北斗项目中，航天人将利用智能时代的新技术创新新一代的军地协同项目管理的最佳实践。

参 考 文 献

[1] 游光荣，赵林榜. 军民科技融合发展理论与实践[M]. 北京：国防工业出版社，2017.

[2] 贺光明. 国防科技工业军地协同发展研究[M]. 北京：科学出版社，2009.

[3] 沈建明. 中国国防项目管理知识体系[M]. 北京：机械工业出版社，2017.

[4] 沈建明. 现代国防项目管理（上下册）[M]. 北京：机械工业出版社，2017.

[5] 中国项目管理研究委员会. 中国项目管理知识体系[M]. 北京：电子工业出版社，
      2006.

[6] 国际项目管理协会.国际项目管理专业资质认证标准[M]. 中国（双法）项目管理研
      究委员会，译. 北京：电子工业出版社，2006.

[7] 卢昱. 军事装备保密概论[M]. 北京：国防工业出版社，2008.

[8] 杨建军. 武器装备发展系统理论与方法[M]. 北京：国防工业出版社，2008.

[9] 袁家军. 神舟飞船系统工程管理[M]. 北京：机械工业出版社，2006.

[10] 袁家军. 航天产品工程[M]. 北京：中国宇航出版社，2011.

[11] 杨保华. 神舟七号飞船项目管理[M]. 北京：航空工业出版社，2010.

[12] 李长江，等. 项目群管理理论与实践[M]. 北京：电子工业出版社，2014.

[13] 美国项目管理协会. 项目管理知识体系指南（PMBOK 第六版）[M]. 北京：电子工业
      出版社，2018.

[14] 美国项目管理协会. 组织级项目管理实践指南[M]. 北京：中国电力出版社，2015.

[15] 美国项目管理协会. 项目集管理标准[M]. 林勇，等，译. 3 版. 北京：电子工业出
      版社，2014.

[16] 美国项目管理协会. 项目组合管理标准[M]. 杨钦，石泉，章旭彦，译. 3 版. 北京：
      电子工业出版社，2016.

[17] 马旭晨. 现代项目管理评估[M]. 北京：机械工业出版社，2008.

[18] 马旭晨. 项目学概论[M]. 北京：人民日报出版社，2015.

[19] 装备学院武器装备建设军地协同研究中心. 民企参军促进与探索——武器装备建
      设军地协同式发展研究报告 2015[M]. 北京：国防工业出版社，2015.

[20] 白思俊. 现代项目管理（升级版）[M]. 北京：机械工业出版社，2010.

[21] 郭永辉. 国家战略背景下的军地协同理论研究[M]. 北京：中国财富出版社，2017.

[22] 2018 年军工行业军地协同分析报告[EB/OL]. https://wenku.baidu.com/view/ac745f3649d7c1c708a1284ac850ad02de800730.html.2018.6.

[23] 中国（双法）项目管理研究委员会. 中国项目管理知识体系[M]. 北京：电子工业出版社，2006.

反侵权盗版声明

电子工业出版社依法对本作品享有专有出版权。任何未经权利人书面许可，复制、销售或通过信息网络传播本作品的行为；歪曲、篡改、剽窃本作品的行为，均违反《中华人民共和国著作权法》，其行为人应承担相应的民事责任和行政责任，构成犯罪的，将被依法追究刑事责任。

为了维护市场秩序，保护权利人的合法权益，我社将依法查处和打击侵权盗版的单位和个人。欢迎社会各界人士积极举报侵权盗版行为，本社将奖励举报有功人员，并保证举报人的信息不被泄露。

举报电话：（010）88254396；（010）88258888

传　　真：（010）88254397

E-mail：　dbqq@phei.com.cn

通信地址：北京市万寿路 173 信箱

　　　　　电子工业出版社总编办公室

邮　　编：100036